장자, AI 시대 교육을 생각하다

장자, AI 시대 교육을 생각하다

발행일   2024년 8월 9일

지은이   조평호
펴낸이   손형국
펴낸곳   (주)북랩
편집인   선일영   편집   김은수, 배진용, 김현아, 김다빈, 김부경
디자인   이현수, 김민하, 임진형, 안유경   제작   박기성, 구성우, 이창영, 배상진
마케팅   김회란, 박진관
출판등록   2004. 12. 1(제2012-000051호)
주소   서울특별시 금천구 가산디지털 1로 168, 우림라이온스밸리 B동 B111호, B113~115호
홈페이지   www.book.co.kr
전화번호   (02)2026-5777   팩스   (02)3159-9637

ISBN   979-11-7224-207-7 03370(종이책)   979-11-7224-208-4 05370(전자책)

(주)북랩 성공출판의 파트너

북랩 홈페이지와 패밀리 사이트에서 다양한 출판 솔루션을 만나 보세요!

홈페이지 book.co.kr   •   **블로그** blog.naver.com/essaybook   •   **출판문의** book@book.co.kr

작가 연락처 문의 ▶ ask.book.co.kr

작가 연락처는 개인정보이므로 북랩에서 알려드릴 수 없습니다.

장자,
AI 시대 교육을
생각하다

조평호 지음

 북랩

어느 방송국에서 '학교 가는 길'이라는 프로그램을 방영한 적이 있었다. 세계 곳곳의 오지에서 학교를 가는 아이들의 모습을 다큐멘터리 형식으로 제작한 것이었다. 어느 곳에서는 외줄을 타고 강을 건너야 했고, 어느 지역에서는 눈을 헤치고 꽁꽁 얼어붙은 강의 얼음을 지치며 가야만 하였고, 어느 지방에서는 산길을 걸어서 외롭게 가는 길도 있었다.

이들은 모두 배워야 한다는 일념으로 그 어려운 길을 뚫고 학교로 향하였다. 배움을 위한 열정이 이처럼 대단함을 새삼 알 수 있었다. 그들이 처한 상황이 아무리 어렵더라도 결코 포기할 수 없다는 신념과 보다 나은 삶을 위한 발걸음이라고 생각하니 한 편 한 편의 프로그램은 감동과 함께 어디 살아도 어떤 상황에 있더라도 배워야 한다는 삶의 숭고한 모습을 볼 수 있었다.

장자 사상을 이해하는 것은 쉽지 않다. 우리는 흔히 그를 절대자유를 추구한 철학자로 이해한다. 그가 추구했던 절대자유는 인간의 한계를 넘어 절대자가 되기 위한 것이 아니라 우리가 살고 있는 현실을 어떻게 이해하고 받아들여야 하는가를 제시한 것이라 생각한다. 그것은 세상의 사물과 현상을 어떻게 보아야 하는가 하는 고민이기도 하고 지금 살고 있는 현실을 직시하여야 한다는 메타포이기도 하다.

이러한 장자 사상을 『장자, AI 시대 교육을 생각하다』를 통하여 절대 자유를 교육의 궁극적 목적인 자아실현과 접목은 인간과 교육을 이해하려는 새로운 관점을 보여 주었다. 또 장자의 웅대하고 거침이 없는 내용을 저자의 교육을 생각하는 마음과 솔직하고 담백함으로 바라보았다는 것도 알 수 있다. 이는 저자의 교육을 사랑하는 마음과 깊은 사유의 결과가 아닐까, 하는 생각을 갖기에 충분하다.

특히 도추의 개념을 새롭게 해석함으로써 장자 사상을 이해하는데 새로운 관점을 제시한 것도 눈에 띈다. 장자 관련 서적을 보면 원문의 해석서, 처세적 관점, 철학적 해석, 문학적 관점 등 다양하지만 장자의 사상을 교육적 관점에서 보았다는 점도 우리가 교육을 이해하고 해석하는 데 도움을 주었다고 할 수 있다.

미래교육포럼 회원으로 함께 하면서 교육을 생각하고 걱정하는 모습을 볼 수 있는 좋은 기회이기도 하였다.

고전을 통해 우리 교육을 의미 있게 살펴 볼 수 있게 해 주셔서 감사합니다. 이 글은 교육가족들에게도 큰 의미를 드릴 것 같습니다. 수고 많이 하셨습니다.

(전) 부총리 겸 교육부 장관 김상곤

오랫동안 교육과 교육 관련 활동으로 생활하였다. 교육은 학교에서 아이들과 생활하는 것이 전부인 줄 알았다. 어느 날 문득 지금까지 알고 있던 것은 교육을 너무 협소하게 생각하며 살았던 것이 아닌가. 이런 생각에 이르자 지금까지 생각해 왔던 교육을 성찰하고 자신을 되돌아 보는 데 한계가 있음을 알았다. 보다 통합적인 이해를 하기 위해서는 인간과 사회를 보다 폭넓게 이해하여야 교육을 깊게 볼 수 있음을 깨달았다.

인간을 이해하기 위하여 생명의 본질을 알아보고, 물리학을 뒤적이고, 뇌 관련 서적을 살펴보고, 철학서적을 찾아보았다. 생명과 우주의 신비함, 마음과 몸의 관계를 생각하고 인간의 인식에 관하여 고민하기도 하였다. 알려고 할수록 모르는 것은 갈수록 너무 많고 그 끝은 없었다.

사회를 알기 위해서는 인간의 본성을 알아야 했다. 사회적 현상을 이해하기 위해서 너와 나의 관계를 이해하여야 하고, 나와 집단을 이해하는 과정에서 삶의 현상을 알아야 했다. 왜 이런 행동을 하는 것인가. 왜 사회적 문제가 발생하는가. 개개인의 행동과 사회적 현상을 이해해야 했다. 개개인의 각기 다른 행동은 자신의 삶을 보다 잘 살기 위한 활동이며 그것이 사회적 현상임을 이해할 수 있었다.

인간의 삶은 개개인 행동과 사회적 활동 속에서 보다 잘 살기 위한 고민과 열정과 갈등의 현상들이다. 그것은 자신이 살아남기 위한 것이다. 자신이 살아남아야 한다는 것은 모든 생물의 가장 기본적이고 근본적인 삶의 진실이다. 이것이 모든 생물에게 최우선이다. 교육 역시 인간에게 과거에도 현재에도 미래에도 자신의 행복을 찾아가는 최고의 길이라 여겼다. 그 역할에는 의심의 여지가 없다. 그만큼 교육의 역할을 중요하게 생각하였다. 그러나 잘 살기 위한 욕심이 경쟁으로 이어지고 이런 과정은 무한의 경쟁을 불러왔다.

교육을 실시하고 스스로 배우는 것은 자아실현에 있다. 그런데 이러한 자아실현의 과정은 자신을 위한 것이라기보다는 자신이 다른 사람에게 필요할 때, 쓸모가 있을 때 가치가 있다는 것으로 인식하게 되었고 그런 변화는 더욱 심화되고 있다. 남에게 유용함이 자신보다 더 중요하게 여기게 되었다. 남에게 쓸모 있는 자신이 자신을 위하는 것보다 더 자신을 위한 것으로 생각하는 사회가 되었다. 이러한 사회는 무엇이든 유용성으로 쓸모 있음의 그 가치로 인정하기에 이르렀다. 이 또한 인간도 사물도 마찬가지이다. 나를 찾는 것보다 우선하는 것이 쓸모 있는 것, 쓸모 있는 인간이 되어야 한다.

이를 뒷받침하고 있는 것은 무엇일까. 그것은 지금의 능력주의 교육 시스템이 아닐까. 능력주의는 자신이 노력한 만큼, 자신의 능력에 따라 삶이 보장된다는 것이다. 이 바탕 위에는 경쟁이라는 시스템이 작동되고 있다. 개개인은 자신의 타고난 능력에 따라, 자신이 노력한 만큼의 보상을 받는다는 것은 '남보다 더 잘해야 더 잘 살 수 있다'는 의미를 전제하고 있다. 이는 자신의 능력, 개개인의 가진 능력만큼 보상을 받는다는 것으로 '행복하게 잘 살자'보다 '남보다 더 잘 살아보자'는 의미이다.

이를 경쟁이라 하고 이것은 유용성의 다른 말이다. 자신을 위해서 누군가에게 어딘가에서 필요한 사람이 되는 것이 우리 모두의 희망이 되었다. 이런 사회에서 지금의 교육시스템은 경쟁을 심화시킬 뿐 근본적인 해결은 될 수 없을 것이다. 교육이라고 말하지만 그것은 경쟁의 다른 말이고 쓸모 있어야 한다는 의미가 되었다. 이러한 지금의 교육시스템은 천재와 영재와 수재만이 자아실현의 길을 가는 것은 아닐까?

다시 교육 관련 서적을 살펴보았다. 70~80년대의 교육위기, 교육 난국이라는 말 속에서 위기 의식이 고조되었던, 그 시절 그 문제들은 어떻게 해결되었는가. 그 당시 제기되었던 문제들은 지금도 여전히 그 문제를 안고 있었다. 그렇다고 노력하지 않았던 것도 아니었다. 수많은 노력이 있었고 고민하고 그 해결 과정에서 갈등도 컸다. 근본적인 것에서부터 다시 생각하고 싶었다.

교육만으로 교육의 문제를 해결할 수 없을 것이라는 생각을 하게 되었다. 이것은 우리가 그토록 갈망하였던 교육의 본질은 아니라는 생각에 이르렀다. 그렇다면 초등학교부터 1:1 학습방법 시스템을 개발하고 적용하면 어떻게 될까. 가장 최고의 교육방법인 1:1 교수학습 방법을 실천할 수 없을까. 공교육이 시작되는 시점에서부터 완전학습을 시작하면 어떻게 될까? 인공지능을 활용한 완전학습을 실시하게 된다면 어떻게 될까? 완전학습이 가능하다면 지금의 교육 중심의 사회에서 학습 중심의 사회로의 전환의 계기가 되는 것은 아닐까. 이것이 경쟁을 최소화하는 방법은 아닐까.

인간, 교육, 학교교육, 학습방법, 평가관점, 학습자 등등 다시 보는 것이 필요하다고 생각하였다. 모든 것은 보는 관점에 따라 달리 이해되듯이 '교육' 역시 어떤 시각에서 보느냐에 따라 그 내용과 방법이 달라질 수 있음을 인식하였다. 우리가 생각하고 있는 교육은 교육의 방법과 대상을 중심으로 이해하고 있는 것은 아닐까. 가르치고 기르는 것, 그것이 교육의 전부가 아니라면 '교육'의 개념을 다시 정리하고 이해하여야 하고, '학습'의 개념을 다시 해석하여야 한다는 생각이 들었다.

모두를 위한 교육이 되고, 모두를 위한 자아실현을 이루기 위해서는 지금 생각하고 있는 교육에 관한 생각을 바꾸어야 한다. 교육은 모두를 위하고 모두가 자아실현을 이루기 위한 것이어야 한다. 이를 위해서는 대상과 방법 중심에서 벗어나야 한다. 가치 있는 인간, 필요하고 쓸모 있는 유용성 있는 인간 육성에서 벗어나야 한다. 더불어 잘 살고 함께 행복하기 위한 교육의 방법과 생각의 전환이 필요하다는 생각에 이르렀다.

그렇다면 이제는 의도적이고 목적적인 교육사회에서 스스로 배우고 익히는 학습사회로의 전환이 이루어져야 하지 않을까. 이를 뒷받침할 수 있는 것은 무엇인가.

다가올 인공지능 학습사회는 인간의 자율적인 학습과 능동적인 생활을 뒷받침하는 가장 강력한 학습의 기초가 될 것임을 잘 알고 있다. 스스로의 배움과 익힘 중심의 사회에서 인간은 스스로 원하는 것을 하고자 할 때 가장 강한 힘의 원천이 되며 강력한 원동력임은 너무 잘 알고 있다. 가장 효과적인 것은 자신의 삶에 대한 책임을 실현할 수 있을 때 가장 효과적이라는 것도 이해의 공감대가 넓다. 이제 교육은 스스로 배우고 깨쳐나가는 과정에서 배움의 희열을 느끼게 하여야 한다. 이는 스스로의 배움과 익힘 중심의 학습사회가 될 때 가능할 것이다.

인공지능을 활용한 학습사회의 도래는 뒤바뀐 인간의 가치를 확실히 찾을 수 있는 기회를 맞이할 것이다. 지금의 교육체제를 확실히 바꿀 수 있는 계기가 될 것이다. 인공지능의 학습사회는 우리가 상상할 수 없는 변화를 이끌어 낼 것이다. 교육사회를 넘어서 학습사회로 전환이 가능할 것이다. 이러한 학습사회는 진정한 나를 찾아가는 교육이 되어야 한다.

인공지능시대의 학습사회는 스스로 배우고 익힘의 사회를 의미한다. 이러한 학습사회는 머릿속 정보의 양에 따라 달라지는 '아는 것이 힘'의 사회에서 스스로 익혀 나가고 실행하고 실천하는 익힘의 사회가 될 것이다. 이런 사회는 아는 것으로 그치는 것이 아니라 할 수 있어야 '하는 것이 힘'이 되는 사회를 의미한다. 배우는 것으로 만족하는 것이 아니라 익힘으로서 행복한 삶을 찾아야 함을 말한다. 인간이 교육적 동물이고 학습하는 존재로 이해한다면 스스로 익혀나가는 것이 행복이 되는 사회가 되어야 할 것이다. 행동하고 실천하는 것이 행복으로 가는 길이라면 보다 많은 행동과 실천할 수 있도록 유도하는 학습사회가 되어야 하지 않을까.

이런 고민을 하면서 장자를 접하게 되었고 장자 사상과 교육의 자아실현의 의미가 매우 가깝다는 생각을 하게 되었다. 장자관련 서적을 읽으면서 교육에 주는 메시지를 생각하였다. 그것은 일상의 삶에서, 의미 있는 모임들에서 나누고 듣고 논의하는 과정을 거치면서 생각을 가다듬고 정리하였다. 인간은 사회에서 생활하면서 자신의 삶을 영위해 간다. 자신의 삶을 보다 잘 실현하기 위한 교육을 다시 살펴보면서 결코 쉽지 않은 장자의 사상을 교육과 관련하여 쉽게 풀어 해석해 보려고 노력하였다.

이 책은 이러한 과정 속에서 교육을 다시 보면서 생각을 정리한 것이다. 그런 까닭에 학문적 체계를 이루려고 하지 않았다. 편하게 읽고 다시 한번 생각해 보는 계기 되었으면 한다.

1부에서는 인간이 살아가는 사회에서 어떻게 교육을 이해하고 있으며, 교육활동에서 인간의 활동 역시 사회의 권력과 역학관계가 이루어지고 있음을 알아보았다.

2부에서는 장자의 절대자유의 경지가 교육에서의 자아실현과 유사한 개념으로 이해하고, 절대자유에 이르기 위해서 세상과 사물을 제대로 볼 수 있어야 하며 자신의 생각을 바꾸어야 가능함을 알 수 있었다. 이 과정에서 장자를 '도추' 개념으로 새롭게 정리하였다.

3부에서는 장자의 여러 가지 에피소드를 우리의 생활 주변에서 그리고 우리 교육 현실과 관련하여 이해하려 노력하였다.

따라서 이 책은 어느 부분을 먼저 읽어도 불편함이 없을 것이다. 자신의 관심사에 따라 선후를 달리하여도 좋을 것이다.

이 글을 정리하면서 감사하여야 할 곳이 한두 곳이 아니다.

미래교육포럼을 함께하면서 김상곤 전 교육부 장관님의 격려와 김성기 회장님의 관심에 감사드린다. 모임을 통하여 나누었던 이야기들이 많은 도움이 되었음은 두말할 여지가 없다. 이원기 회원님의 꼼꼼한 원고 정리도 큰 도움이 되었다.

출판을 맡아주신 북랩 출판사와 사장님께도 감사의 인사를 드린다.

가족들의 응원과 격려도 빼놓을 수 없다. 특히 자라는 손주 은채를 보며 이들이 살아갈 세상은 보다 나은 학습사회가 되기를 희원한다.

책의 도시, 쾌적하고 조용한 군포도서관들은 집필하는 데 많은 도움이 되었다.

추천의 글   5

들어가는 글   7

1부 – 인간의 삶과 교육

1장 인간과 사회에 관하여   18

　　인간의 이해   18

　　사회 속에서 개인 이해   22

　　교육사회에서 인간 이해   24

2장 교육의 기본적 이해에 관하여   27

　　교육과 학습에 관하여   27

　　사회와 교육에 관하여   36

2부 – 장자 사상의 이해

1장 장자의 생애와 핵심 사상   58

　　장자의 핵심 사상   58

　　도추 개념에서 본 장자 내편의 구성적 이해   61

2장 도추(道樞)개념으로 장자 이해하기   68

     성심(成心) 이해하기   68

     성심의 생성 근원   70

     도추(道樞)의 개념   72

     이분법적 사고에서 벗어나기   76

     절대자유에 이르는 길   78

     도추 개념이 주는 시사점   84

3부 - 장자, 교육을 생각하다

     만남을 사랑하자   89

1장 교육의 시작은 만남이다   93

     우리 교육의 현실은   95

     교사의 열정과 혼의 소리는   101

     학생을 위한 교육은   106

     함께 어울리며 살아가는 교육은   110

     교육은 곧 실천이다   115

     우리 모두는 장애인   120

     아이들을 사랑하는 마음은   125

     교육에서도 소통은   129

     꿈의 학교 운영의 아쉬움은   134

     학교 운용의 다양화는   139

     올바른 역사교육은   144

     유치원 CCTV 설치는   148

     한자 병기 교육의 문제는   153

     현장교사의 어려움은   156

2장 교육의 본질은 변화(變化)이다   160

    우리 교육이념을 생각한다   169

    승자와 패자가 없는 것이 교육이다   175

    가르치는 것이 우선일까   180

    배움과 가르침은 어디에나 있다   185

    서로 가르치며 서로 배운다   190

    교육의 근본을 생각한다   196

    인간의 가치는 동등하다   200

    잠재적 교육과정이 중요하다   203

    인성교육은 인성의 획일화이다   207

    인성과 지성은 하나이다   212

    교육자치시대에는 교육감 명칭을 바꾸어라   217

    선행학습은 왜 문제인가   221

    인사 행정의 원칙은 사기 진작이다   225

    인재 선발과 활용은 진정성에 있다   228

    어떤 선생님을 존경할까   232

    역사 교과서 국정화는 역사의식을 눈멀게 한다   235

3장 교육의 목적은 행복이다   240

    내 삶의 주인은 나다   243

    교육의 목적은 아이들의 행복이다   247

    자신을 이기는 방법은 무엇일까   252

    삶, 그 안에 즐거움이 있다   258

    교육은 자기를 찾아 가는 것이다   263

    모두가 주인이 되는 교육 세상이 있다   267

    우리는 과연 어느 시대에 살고 있는가   271

    비주지교과의 가치는 무엇인가   276

    편리함이 본질에 기여하였는가   280

    교육 생태계의 현실은   284

    아주 사소한 것에도 관심을 가져야   289

창의성 교육은 어디에서부터 출발하는가 293

끝날 때 아쉽지 않으려면 298

인생은 짧고 지식은 끝이 없다 302

나가는 글 306

참고문헌 310

1부

인간의 삶과 교육

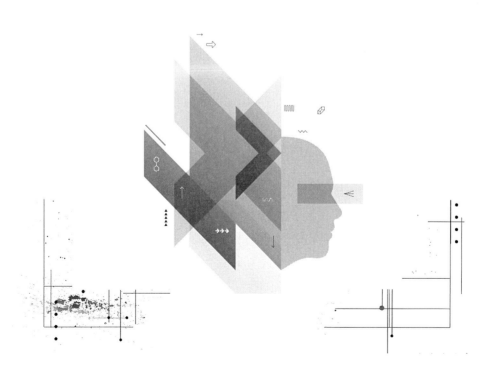

1장

인간과 사회에 관하여

인간의 이해

자기 자신을 인식하고 다른 사람을 인식하게 되면서부터 인간은 인간을 이해하려는 노력이 싹트기 시작하였다. 이러한 노력은 지역과 시대를 넘어 지금까지 줄기차게 계속되고 있다.[1]

인간 이해의 방식은 시대에 따라 삶의 영역에 따라 다양한 모습으로 이루어졌다. 오늘날은 개인주의 문화가 확산되어 몸과 마음을 자유롭게 해석하고 다양한 방법으로 연구가 이루어지고 있으며 통합적으로 이해하려는 경향이 강하다. 그렇지만 서양 중세에는 종교 중심으로 인간을 이해하였고, 근대에 이르러 과학의 발전으로 객관적이며 합리적으로 접근하기도 하였다.

그러나 인간의 삶의 영역은 정치, 경제, 사회, 문화, 종교, 교육과 같은 여러 가지 복합적인 분야에서 다양한 모습으로 이루어지고 있다. 이렇게 복합적으로 활동하고 있는 인간 이해는 관점의 차이에 따라 다르게 해석되고 이해하고 있으며 이러한 차이는 이념의 편견과 지식의 부족 등으로 혼란에 빠지기도 하였다. 또한 이런 과정을 거치면서 심각한

---

[1] 우리사상연구소 엮음, 『우리말 철학사전 1』, ㈜지식산업사, 2007. p.177~179.

마찰과 갈등을 빚어내기도 하였다.

인간을 복합적으로 이해하기 위하여 개인과 사회, 자연적인 측면과 인위적인 것, 일하는 것과 놀이하는 것, 이성적인 것과 감성적인 것, 언어를 통한 의사소통과 그 의미에서의 인간 등에 기초하여 다양하게 접근하여 정의하기도 하였다. 그러나 이 또한 삶을 구성하는 특정한 국면에 치중하여 단편적인 설명에 그치고 있음도 부정할 수 없다. 인간을 이해하려는 노력은 수많은 연구와 각각의 분야에서 개인적인 연구 또는 집단과 사회적 측면에서 끊임없이 이루어지고 있다.[2] 이처럼 인간을 이해하기 위하여 매우 다양하고 복잡하게 서로 다른 영역에서 활발하게 이루어지고 있으나 단편적으로 이해되고 있는 것이 학문적 연구의 한계인 점도 인정한다.

전통적으로 인간 이해의 시작은 인간의 몸과 마음의 구조를 알아보는 것에서부터 시작하였다. 인간의 몸과 마음을 통합적으로 이해하는 것이 쉽지 않아 개인과 집단에 따라 이해하는 방식에는 많은 차이가 있었다. 어떤 사람은 몸과 마음을 동시에 이해하려 하였고, 다른 사람은 몸과 마음을 따로 존재한다고 이해하였다. 어떤 사람은 물리적으로 분리될 수 있다고 보는 반면, 어떤 사람은 분리가 불가능하다고 이해하였다.

인간은 다른 생명체와 비교하면서 이해하기도 하였다. 이는 인간에게서만 볼 수 있는 면을 강조하면서 생각하는 존재라는 '독자성' 또는 '고유성'으로 파악하기도 하였다. 이러한 독자성 또는 고유성은 다른 생명

---

2) 우리사상연구소 엮음, 『우리말 철학사전 1』, ㈜지식산업사, 2007. p.179~189.

체와 다르게 이해하고 해석하였으며 이런 해석을 통하여 고등동물이라는 우월의식을 갖게 하기도 하였다.

인간은 인간 본성을 선과 악의 대비적인 비교를 통한 이해로 그 폭을 넓히기도 하였다. 하지만 무엇보다도 인간이 인간다울 수 있는 것은 욕망하는 존재로 이해할 때 더욱 명확해지는 것은 아닐까. 우리는 애써 인간의 욕망과 탐욕의 부분을 경시하거나 무시하였다. 인간은 이성적인 존재로 다른 동물과 다르다는 점을 강조하기 위한 것이었는지 모른다. 이러한 견해는 인간의 욕망을 '욕구'라는 기본적인 면에서 보는 것이 더 바람직한 인간 이해임을 강조한 결과이기도 하였다. 그러나 인간을 이성적인 존재임을 강조하면서 동물과의 차이를 부각시킨다고 하여도 인간과 인간관계를 통하여 욕구와 욕망은 무한하게 생성되고 변형되고 있다. 이러한 욕구와 욕망은 개인차가 있지만 전체적으로 강한 동질성을 갖고 있기도 하다.

인간의 이해는 단순하지 않음은 너무 잘 알고 있다. 인간을 이해하기 위해 이런 내용에서 논하는 것 자체가 무리인 줄 안다. 그러함에도 논하고자 하는 것은 인간의 근본을 알고 이해하는 것이 무엇보다 중요하다고 생각하기 때문이다. 그동안 우리는 너무나 성선설과 성악설의 이분법적 시각에 치중하기도 하였고, 선한 사회와 선한 의지를 갖는 존재로 인식하려 하였다. 개개인과 인간이 살아가는 사회를 이해하는 것은 이는 개개인의 욕심과 인간집단의 속에서 여러 가지 욕심이 복잡하게 뒤섞여 있음을 이해하는 측면이 부족하였다. 이는 사회 속에서 수많은 대상과 관계를 맺으면서 욕심이 형성되고, 다양한 욕심은 욕망과 탐욕의 경지에까지 오르고자 하는 의지이기도 하다. 이런 욕망과 탐욕은 물욕, 식욕, 성욕, 정욕, 애욕, 명예욕, 권력욕 등을 형성하였고 실현하려는 것이 인간의 욕구이며 욕망이다. 우리는 이런 욕망적 존재임에도 이에 대한 인식을 너무 등한시하였고 인간의 선한 측면, 의지적, 인지적 측면에서 인식하려는 경향이 강하였다. 이런 경향은 특히 교육에서 강조하였고 이해하고 강조하였다. 이러한 측면을 의도적으로 강조한다고 하여도 인간의 삶의 과정은 여러 가지 욕구와 욕망이 통합되어 있는 존재임을 인식하고 인정하여야 한다.

또한 개인은 자신이 처한 상황과 사회의 변화에 삶의 방식과 내용이 계속 변화하고 있는 것도 잊지 않아야 한다. 모든 인간을 동일한 관점과 동일한 상황에서 개개인과 사회를 이해할 수 없기 때문이다. 언제 어디에서든 개인적인 욕구는 수많은 요인에 의하여 또는 사회적인 영향에 의하여 변하여 왔으며 변할 수 있다.

인간에 관한 이러한 끊임없는 연구와 탐구에도 불구하고 개개인은 이런저런 모든 영역을 이해하여야 하며 이해하고 살아야 한다. 즉 인간은 어느 한 부분만을 이해하거나 어느 한 부분을 이해하면서 살아가는 것은 아니다. 개인과 사회, 개인과 집단, 생명과 물질, 자연과 문화, 이성과 감성, 일과 놀이 등 모든 것을 아우르는 통합적인 사고를 하면서 살아가는 것이다. 이렇게 현실을 다각적이고 다층적이며 다양한 영역에서 사고와 활동을 하며 살아간다. 결국 인간의 삶은 이론적, 학문적 측면에서 정의되는 단편적이고 논리적인 것이 아니라 희노애락애오욕의 모든 감정과 살아야 한다는 절대절명의 생존 욕구로 현재를 살아가는 것으로 이해해야 한다.

사회 속에서 개인 이해

개인은 개별적인 인간으로 이해하면 국가나 사회와 같은 집단과 대립되는 개념으로 볼 수 있다. 개인은 인간적, 인격적인 의미로 사용되고 그 개인에게는 누구도 범할 수 없는 권리가 있음은 분명하다. 또한 개인은 공적인 영역보다는 사적인 영역에서 이해되기도 한다. 이처럼 개인은 불특정 다수의 집단에 속해 있는 집단 구성원이면서 동시에 집단과 구별되기도 하고, 또 집단 속에서 개인으로 존재하기도 한다. 이런 점에서 개인은 또 다른 개인과 구별된다. 개인은 자기 스스로 집단과 구별되면서 집단에 포함되려는 집단의식과 강요에 의해 구속되기도 한다. 그러나 개인은 개인이 갖는 고유성을 지니고 있다. 그 고유성은 개인 자체의 내면이며 각 개인이 갖는 내면의 그 깊이는 무엇으로도 측정할 수 없는 특성을 지닌다. 그 깊이는 개념과 언어로도 파악할 수 없으며 그 개인의 고유성은 침해 불가능한 영역이기도 하다.

이는 개인의 어원적 의미에서도 찾을 수 있다. 개인(個人)의 의미를 보다 단순화하여 살펴보면 복수로 헤아릴 수 없는 한 사람 한 사람의 인간을 의미한다. 이런 의미는 개체를 더 이상 나누어지지 않는 최소의 단위이며 개인은 우주적 무게를 지닌 나눌 수 없는 존재(in + dividual)로 고대 그리스시대부터 인식하였다. 이와 비슷한 용어로 개체, 개물(個物), 개성적(individual), 개별적(singugar) 의미도 하나의 존재이며 더 이상 나눌 수 없는 존재로 이해되고 있다. 여기에서 개인은 사회와 국가 같은 집단에 대립된 의미로 사용하고, 개인은 개체나 개별적인 사물과는 구별되는 인간적, 인격적인 개인의 의미로, 그리고 개인에는 타인이 범할 수 없는 권리가 있다는 의미로 사용되고 있다. 이렇듯 개인은 사회와 국가 같은 집단에 대립된 의미로 사용하고, 개인은 개체나 개별적인 사물과는 구별되는 인간적, 인격적인 개인의 의미로, 그리고 개인에 는 타인이 범할 수 없는 권리가 있는 존재로 보고 있다.[3]

이는 르네상스 이후에 개인에게는 범할 수 없는 권리가 있음을 크게 인식하게 되었고 이 인식 정도를 근대화의 척도로 사용하여 왔다. 그러 나 개인을 이야기할 때 반드시 거론되는 것은 개인과 사회는 어떠한 관 계로 보는가부터 출발한다. 개인과 사회의 관계는 불가분의 관계에 있 지만 개인과 사회는 독립적인 존재인가, 아니면 개인은 단지 사회적 존 재인가, 또는 개인은 사회와 함께하는 존재인가 하는 등 논점에서 바라 보고 있다.

그러함에도 불구하고 국가의 경쟁력과 사회 통합을 주장하는 오늘의 국가와 사회는 개인의 행복과 삶보다는 사회적 규범과 필요성을 갖추 어야 한다고 강조한다. 사회화의 규칙과 규범 속에서 개인의 일정한 영 역과 활동은 제한되고 제한하는 것을 당연한 것으로 인식하고 있다. 이러한 사회적 경향은 개인을 너무나 사회적인 측면에서 이해하는 데 그치고 있다. 이와 같은 사회에서는 개개인은 소외되어지고 집단은 과 도하게 존중된다. 이런 사회적 분위기는 개인이 집단이나 사회보다 자 유롭고 존중되어야 한다는 주장을 이기주의적 시각으로 보게 되고 개 인주의로 매도되기도 한다. 개인의 자유와 개성을 존중하여야 한다는 주장에 대해서는 만인이 투쟁하는 살벌한 세상이 될 것이라고 폄하하 기도 한다.

최대다수가 최대행복을 누려야 한다는 사회 최고의 이념도 개개인의 활동을 최소화한 상태에서 최대 공약수를 찾은 것에 불과한 것이 아닌

---

3) 우리사상연구소 엮음, 『우리말 철학사전 3』, ㈜지식산업사, 2007, p.33~34.

가. 이는 모두가 어느 정도 자신의 이익과 자유를 제한하였기에 가능한 것이며 이러한 사회적 약속은 공통점의 합의에 지나지 않는다는 것도 충분히 이해하여야 한다.

사회 속에서 개인의 이해는 개인과 사회는 따로 떨어져 있는 독립된 실체들이 아님은 두말할 여지가 없다. 개인 개인이 모여 집단이 되듯이 집단이 모여 사회가 된다. 개인이 모여 사회가 되고, 사실 인간 개개인이 모여 구성되는 것이 사회이다. 즉 사회는 개개인의 집합체임을 간과하지 않는다. 개개인의 삶이 사회현상이 되고 개개인의 행복 총합이 사회행복이 된다. 사회가 행복하다는 것은 개개인의 행복이 크다는 징표이기도 하다. 그 총합이 사회행복의 총합이고 그래서 많은 사람이 행복할 때 사회가 행복하다고 느끼는 것이며 그 행복의 합은 많아지는 것도 사실이다. 사회는 규범과 질서를 유지하여야 한다는 견해에 한치의 부정도 없다. 단지 이러한 사회를 유지하면서도 개개인의 구속과 규제는 최소화해야 한다. 개인의 행복이 다져지고 난 이후에 사회와 국가의 행복이 달성되어야 하는 관점을 갖는 것이 중요하다. 이는 개개인의 행복이 극대화될 때 사회적 행복도 최대화되는 사회적 관점을 확대하여야 하며 개개인을 존중하는 존엄사회로의 전환이 필요하기 때문이다.

교육사회에서 인간 이해

인간이 어떤 존재인가. 인간은 매우 다의적인 존재이기 때문에 한두 가지 말로로 쉽게 정의할 수 없다. 가장 간단하고 잘 알려진 정의는 인간은 사회적 동물, 경제적 동물, 정치적 동물 등 여러 가지 주장이 있다. 이들의 주장을 보면 어떤 학문을 하고 어느 분야에 관심을 갖고 있느냐에 따라 인간의 정의가 달라짐을 알 수 있다. 사회학자는 인간은 사회적 동물이라고 하고, 경제학자는 경제적 동물이라고 말한다. 이는 지극히 당연하고 그 측면에서 보면 분명 타당하고 적절한 정의이다. 경제적 입장에서 보면 지극히 경제적이다. 정치적 입장에서 보면 인간처럼 집단적이고 자신들의 이익을 위해 투쟁하는 동물도 없을 것이다.

인간을 보는 관점은 수없이 많지만 그중 몇 가지를 제시하면 다음과 같다. 아리스토텔레스는 『정치학』에서 정치적 동물이라 하였다. 토마스 아퀴나스는 『신학대전』에서 인간은 영혼과 육체로 이루어진 존재라 하였고, 칼 마르크스는 『독일 이데올로기』에서 인간의 본성은 생산관계와 사회조건의 산물이라 하였으며, 프리드리히 니체의 『차라투스트라는 이렇게 말했다』에서 인간은 초인과 동물 사이의 존재라고 하였다. 에른스트 카시러는 『인간이란 무엇인가』에서 인간은 상징적인 동물로 보았으며, 사르트르는 『실존주의는 휴머니즘이다』에서 인간은 스스로 만들어 가는 것으로 보았으며, 요한 호이징아는 『호모 루덴스』에서 인간은 놀이하는 존재로 보았다.[4]

이처럼 인간의 이해는 어느 분야에서 어떻게 시작되었는지 보는 관점에 따라 다양하게 정의되고 있다. 그렇지만 인간을 배우는 존재로 이해한다면 교육과 학습, 가르치고 배우는 것은 인간에게 생래적이고 근원적인 활동임은 두말할 필요가 없다. 인간이 이룩한 문명은 이런 가르치고 배우려는 것이 작용하지 않았다면 가능하였을까. 이런 측면에서 인

---

4) 박해용, 심옥숙, 『철학 용어 용례 사전』, 돌기둥 출판사, 2005. p.64~73.

간은 다른 분야의 어떠한 정의보다 교육적 측면에서 이해하고 교육적 동물이라는 인간의 본질에서 새롭게 볼 수 있어야 한다. 가르쳐야 하는 필요성과 배우려는 욕구가 있었기 때문에 보다 나은 후손을 위해서 그리고 자신의 자유와 삶의 풍요로움을 위한 필요에 의한 것이었다. 우리가 누리는 오늘의 문명 역시 모든 근원은 인간의 가르침과 배움이 바탕이 되었음은 너무 자명한 사실이다. 그러함에도 우리는 인간이 교육적 동물이며 배움의 존재라는 것을 잊고 있었거나 소홀히 하였다.[5]

---

5) 한준상, 『이교육』, 아침이슬, 2003, p.297~305

2장

교육의 기본적 이해에 관하여

교육과 학습에 관하여

1) 교육의 의미 이해하기

교육은 대부분의 교육학자들이 가르치고 배우는 일로 이해하고 그 의미를 주로 한자어인 교육(敎育)이나 영어인 에듀케이션(education)에 바탕을 두어 이해하고 설명한다. '교육'이 가지고 있는 한자적 의미인 '가르치고 기르는 일' 또는 '가르쳐 기르는 일'로 해석하고 있다. 서양에서의 에듀케이션은 '안에 있는 능력을 밖으로 끌어내는 일'을 뜻하는 것으로 설명한다.

서양에서의 교육은 그리스어의 'paidagogos', 라틴어 'educare', 영어의 'educate'에서 찾을 수 있다. 그리스어 'paidagogos'는 'paidos(어린이)'와 'aggos(이끌다)'의 합성어이다. 이는 어린아이를 바른방향으로 이끈다는 의미를 갖는다. 라틴어의 'educare'는 'e(밖으로)'와 'ducare(배양하다)'의 합성어로 어린이의 선천적인 잠재력을 밖으로 끄집어내어 기른다는 의미를 갖는다.

동양에서의 교육은 가르치고 기른다는 인격적 의미와 행동 변화적 의미가 크며, 서양에서는 잠재능력의 계발이라는 의미로 이해하는 것이 일반적이다. 이렇듯 동양과 서양이 교육을 바라보는 관점이 달랐다. 이러한 관점의 차이는 교육의 내용이나 방법을 질적으로 다르게 하는 요인이 되었다. 이처럼 교육에 관한 관점이 달라짐에 따라 교육내용과 방법이 크게 달라지고 차이가 발생했다. 이에 따라 교육철학이 달라지고 실제 사용에도 다른 시각을 갖게 되었다.

먼저 어원적 측면에서 살펴보면

교육이라는 단어는 『맹자』에 처음 나오는데 이는 교(敎)와 육(育)이 합쳐진 말이다. 교(가르칠) 육(기르다) 의미하며 '가르치는 일과 기르는 일' 또는 '가르쳐 기르는 일'로 이해한다. 그렇다면 교(가르치는 일)을 우선하는 경우와 육(기르는 일)을 우선하였을 때의 차이를 생각하여야 하고, 가르치고 기르는 일이 하나의 활동인지 아니면 가르치고 기르는 활동은 서로 독립적이지만 상호보완적인 것인지도 살펴보아야 한다. 더 나아가 가르치고 기른다면 이들 선후관계에 따라 달라지는 의미도 생각하여야 한다. 이는 어떻게 바라보느냐에 따라 주는 의미가 다르게 형성되기 때문이다.

교(敎)는 가르치는 일이다. 가르친다는 것은 알지 못하고 있는 것을 알려주고 깨우쳐 주는 의미이고 정신적인 면과 관계가 깊다. 육(育)은 기르는 일로 이해한다. 기른다는 것은 지금의 상태보다 더 나은 상태로의 변화를 의미하고 주로 신체적인 면과 의미가 깊다. 이렇게 이해하면 교육은 정신적인 면과 육체적인 면을 동시에 발달시키는 것이라 할 수 있다. 인간의 정신적인 면과 육체적인 면을 동시에 변화시켜야 한다는 자구적 해석이 가능하다.

이번에는 '교육'의 용어 그 자체를 하나의 개념으로 해석하면 '가르치고 기르는 일'이 된다. '가르치는 일과 기르는 일'은 가르치는 일과 기르는 일을 하나의 활동으로 보는 경우와 '가르치는 일'과 '기르는 일'을 나누어 생각할 수 있다. '가르쳐 기르는 일'을 하나의 의미로 이해하면 이는 하나의 통합적인 활동이 된다. 몸과 마음을 변화시키고 신체를 건강하고 튼튼하게 길러주는 동시에 정신적 함양도 이루어지도록 하여야 함을 알 수 있다.

이렇게 해석하면 교육은 심신을 기르고 함양하는 의미를 갖는다. 이런 경우 가르치는 일을 하는 사람과 기르는 일을 하는 사람은 동일한 사람이 할 수 있는 활동이 된다. 이때 교사는 가르치고 기르는 일을 동시에 하면서 학생의 마음과 몸을 발달시키는 사람으로 이해할 수 있다.

'가르쳐 기르는 일'을 가르친다는 것과 기른다는 것을 따로 떼어 해석하여 보면 가르쳐 기른다는 말은 가르친 후 기른다는 의미가 됨으로 선후관계가 형성된다. 먼저 가르치고 나중에 기른다는 의미가 된다. 이런 경우에는 가르치는 것이 우선이기 때문에 배우는 학생의 상태를 고려하기보다는 가르치는 활동이 더 중요시된다. 그러므로 학생들의 여러 가지 상태는 크게 중요하지 않다. 이 때 교사는 가르치고 기르는 주체가 되고, 학생은 길러지는 대상이 된다.

그러나 교육을 '가르쳐 기르는 일'로 보면 가르치는 활동과 기르는 활동이 동시적 의미를 갖는다. 이 경우 교육은 가르치는 교사와 길러지는 학생이 함께하는 활동으로 이해된다. 교사와 학생의 관계는 수평적인 위치를 갖는다. 가르치고 기르는 활동은 교학상장과 같은 의미로 이해할 수 있다.

이번에는 교육을 자구적 해석에 따라 '가르치고 기른다'는 의미를 보다 확대해석하여 보자.

학생의 발달 정도와 상태에 따라 '기르고 가르친다'는 의미로 해석하면 그 의미는 달리 이해된다. 학생들이 배울 수 있는 상태가 되었을 때 즉 기르는 적절한 여건, 환경 또는 상태가 되었을 때 가르치는 것을 의미하기 때문에 이때는 배우는 사람이 중심이 된다. 배우는 사람이 어느 정도의 지적 능력을 지니고 있는지, 신체적 활동 정도는 어떤 상태인지, 정서적인 상태는 어떠한지 등을 고려하여 배우는 사람의 상황에 맞게 이루어지는 것을 의미한다. 즉 학생 중심적 활동이 된다. 이는 학생의 활동이 주가 되고 교사는 그 활동을 지원해 주는 보조적 역할이 된다. 이렇게 이해하면 교육은 '가르쳐 기르는 활동'이 먼저 이루어지기보다는 '기른 후에 가르쳐져야' 한다. 그렇다면 기르고 가르친다는 의미는 학생 중심으로 해석할 수 있으며 교육(敎育)은 육교(育+敎)로 해석하여야 한다. 즉 자구의 순서를 바꾸어 이해하여야 한다.

가르치고 배우는 역사, 교육과 학습의 역사는 인간의 삶과 같이하였다. 자기 자신의 존재 의미와 가치에 대해 질문하고 답을 찾는 유일한 존재가 인간이고 이런 인간의 삶의 흔적이 가르치고 배우는 역사이다. 시대와 사회적 요구에 따라 가르치고 배우는 결과로서의 삶은 언제나 달라졌다. 이런 관점에서 인간은 누구인가. 사회는 어떤 곳인가. 그리고 그 속에서 이루어지는 우리의 삶은 어떤 의미를 갖는가 하는 것이 교육을 바라보고 이해하는 것이다.[6]

의무교육이라는 말에서 알 수 있는 것처럼 교(敎)라는 의미는 의도적이고 계획적인 의미가 크다. 의무교육을 시키지 않는 부모에 대한 처벌이 규정되어 있듯이 교육의 의미에는 이처럼 강제성이 강하게 내포되어 있다.

---

6)   한준상, 『이교육』, 아침이슬, 2003, p.292~293

이처럼 교육은 의도적이며 강제적이고 가르치고 기르는 것으로 이해하면, 가르치고 기르는 것(교육)은 수동적 타율적이다. 반면 교육이 의도적이라면 학습은 자발적이고 능동적이다, 스스로 배우고 익혀 나가는 것이다. 이처럼 교육은 효율성을 극대화하기 위해서는 강제적이고 계획적이고 의도적으로 접근하는 것을 이해할 수 있다. 반면 학습은 자율적이고 자발적이고 능동적이라면 스스로 할 수 있는 환경과 조건을 마련해 주어야 할 것이다.

이처럼 교육과 학습의 의미를 어떻게 이해하느냐에 따라 그 내용과 방법이 달라질 수 있음을 알 수 있다. 우리는 일상생활에서 교육과 학습을 때로는 혼동하여 사용하기도 하였고, 교육을 위주로 하여야 하는가 학습을 위주로 하여야 하는가. 교육 위주의 학습이어야 하는지, 학습 위주의 교육이어야 하는지, 국가적인 입장과 개인적인 입장, 교사의 입장에서 학생의 입장에서는 어느 부분을 더 강조해야 하는지 제대로 확립하지 못한 채 혼동하여 사용하기도 하였다.

2) 학습의 의미 이해하기

학습은 배운다(學)는 의미와 익힌다(習)는 의미로 이루어졌다. 실천력, 품성, 인격, 정신 등을 길러주는 활동이 교육이라면, 스스로 연마하고 체득하는 활동은 학습으로 이해할 수 있다.

학습의 의미는 유교 사회에서 지배층이었던 군자에게 예(禮)를 배우고(學) 익히는 것(習)이었다. 이들이 배우고 스스로 익히는 것은 예(禮)였으며 생활에 직접 필요한 기술이나 방법이 아니었다. 반면 소인에게는 예를 가르쳐서 복종하게 하는 것이 핵심이었고 이들에게 필요한 것은 농사를 짓고 가축을 기르는 실제적인 삶의 방법이었다. 이렇듯 학습의 의미도 사용하는 사람 또는 대상에 따라 다르게 적용되었다.[7)]

이러한 기본 바탕에는 인간을 군자와 소인으로 나누고 인간을 차별화하는 과정에서 학습의 개념을 달리 규정하게 된 것이다. 이는 고대 그리스에서도 비슷하였다. 철인정치를 주장하면서 통치자, 생산자, 군인으로 나누고 공동체에서 구성원 자신들에게 할당된 역할만을 수행할 것을 강조하였다. 공동체 내에서 구성원들이 해야 할 역할을 규정하여 그 역할에 따라 그에 맞는 교육 또는 학습을 하였다고 볼 수 있다.

이렇듯 학습은 군자 즉 지배층에는 자발성과 실천적 체험의 의미가 내재되어 있다면 소인에게는 복종과 억압당하는 의미가 되기도 하였다. 지배층에는 학습이지만 소인에게는 교육의 의미가 더 강하게 적용되었다고 볼 수 있다. 이는 지배층(군자)에는 자율적이고 자발적인 학습의 의미가 피지배층(소인)에게는 강제적이고 강압적인 의미가 되었음을 알 수 있다. 고대 사회에서의 학습의 이해는 이러한 제한적인 면이 없지는 않았다. 하지만 배움은 스스로 배움과 익힘의 실천이었음은 의심의 여지가 없다. 배우는 것은 자신의 필요에 의해 시작되었다. 따라서 배우는 것은 자발적이다. 배움이 자기의 필요에 의하여 이루어졌다는 의견이 지배적이다. 그러함에도 이러한 배움은 배움 그 자체로 끝나는 것은 아니다.

배움이 자신의 필요에 의하여 생겼고 자발적이었다 하여도 배움 이후에는 반드시 익힘이 있어야 한다. 익힘은 행(行)하는 것이며 실천하고 경험하는 것이다. 익힌다는 것은 체득화한다는 것이다. 말을 하고 머리로만 인식하고 이해하는 것이 아니라 배워서 알게 되었으면 익혀서 실

---

7) 전상인 외, 『배움과 한국인의 삶』, 2008. p.45~48.

천하여야 한다. 배운 것은 반드시 자신에게 맞게 습득되어야 함을 의미한다. 이러한 배움은 연습이 필요하다. 연습은 스스로 행동을 통하여 이루어진다. 자기의 몸에 맞게 익혀야 자기의 것이 된다.

예를 들면 기계의 작동 방법을 이해하고 또는 알았다고 하여 그 기계를 잘 사용할 수 있는 것은 아니다. 그 기계가 작동하는 원리에 맞춰 자신이 사용할 수 있어야 진정으로 배운 것이라 할 수 있다. 기계 사용 설명서를 읽고 작동방법을 이해하였다고 하여 그 기계를 능숙하게 다룰 수 있는 것은 아니다. 잘 다루기 위해서는 연습이 필요한 것이다. 타자기를 사용하는 것이나 워드프로그램을 사용하는 것이나 같은 의미일 것이다.

사람의 배우는 방식도 다양하다. 배움에는 태어나면서부터 가르치지 않아도 스스로 헤아려 배우는 것도 많다. 어떤 경우에는 보고 배우고, 어떤 경우에는 듣고 배우며, 또 어떤 경우에는 따라 하면서 배우기도 한다. 다른 하나는 가르쳐주고 가르쳐주는 사람을 일방적으로 따라 배우는 경우도 있다. 가르치는 방법도 다양하고 배우는 방법도 다양하고 그 이해의 속도와 정도도 개별적 차이가 존재한다.

그러나 배운 것들은 궁극적으로 자신의 몸과 마음에 배어 들어가야 한다. 이는 배운 것을 스스로 생각하고 행동하여야 한다는 의미이다. 몸과 마음이 배운 것을 확실히 할 수 있도록 하기 위해서는 익힘이 있어야 하고, 익힘이 필요한 것이다. 배우기만 하고 익히지 않으면 자기의 활동이 없는 것이다. 그러나 익히기만 하고 배움이 없다면 더 이상의 발전은 없다. 이처럼 학습의 과정은 배우는 활동이 있고 익힘의 활동으로 이루어져야 함을 알 수 있다. 따라서 삶의 과정에서는 배움(學) 이후에는 반드시 익힘(習) 있어야 한다.

3) 교육을 넘어

'가르치고 기르는 것', '가르쳐 기르는 것' 또는 '길러서 가르치는' 의미의 교육을 어떻게 해석하든 가르치고 기른다는 행동과 활동의 의미를 벗어나지 않는다. 이처럼 우리는 교육을 가르치는 활동과 기르는 활동 위주로 생각하였기 때문이다. 우리가 이해하는 가르치고 기르는 활동은 교육에서 방법과 수단을 위주로 이해하는 데 중점을 두고 있다. 왜 가르치고 배우는가보다 어떻게 하면 잘 가르칠 수 있는가에 관심을 두었기 때문이다. 이러한 교육에 대한 이해는 교육의 본질과 목적을 너무 협소하게 이해하였고 그 본질과 목적을 정확히 이해하지 못한 것이라 할 수 있다. 왜냐하면 교육의 궁극적인 목적은 가르치고 기르는 것만은 아니기 때문이다. 가르치고 기르는 것은 삶을 보다 행복하게 살아가기 위한 여러 가지 방법 중 하나에 불과하다.[8]

인간이 살아가는 수많은 방법 중의 하나인 가르치고 기르는 활동을 교육의 전부인 것처럼 이해하고 받아들였다. 배우고 가르치는 것이 삶의 목적이고 교육의 목적이 아니다. 우리는 너무 잘 알고 있듯이 교육의 궁극 목적은 자아실현에 있으며, 자아실현 그 최종목적은 개개인의 행복 추구에 있음을 분명히 인식할 필요가 있다.

4) 학습사회의 도래

아무튼 교육의 결과로 학습은 나타나야 한다. 가르친 결과는 학습의 행동과 실천으로 나타나야 한다. 어떤 사람이 가르치고 길렀다면 그 대

---

8) 한준상, 이교육, 아침이슬, 2003, p.282~284.

상이 되었던 사람은 그것을 익혀서 실천하여야 한다. 즉 가르치고 기른 후 교육의 목적은 습(習)의 결과 즉 익힘으로 나타나야 하는 것이다. 교육의 결과는 가르치고 기르는 것으로 끝나는 것이 아니라 배운 사람이 그 내용을 실천하여야 한다. 따라서 개개인에게 중요한 것이 바로 습(習)의 관점 즉 익힘이 주는 의미가 훨씬 중요하다. 이는 교육의 책무성이 강조되면 강조될수록 교육의 결과는 교실에 머무는 배움이 아니라 삶의 현장에서 배움이 실천의 익힘(習)으로 전환되어야 하기 때문이다. 도덕교육과 윤리교육이 교실에서 아무리 잘 이루어진다고 해도 삶의 현장에서 실천하지 않으면 소용이 없는 것과 같은 이치이다.

과거 산업발전 시대에 '아는 것이 힘이다'의 의미를 학(學)의 영역에서 지고지순한 목표로 이해하였다면 이제는 이 경지를 넘어 '아는 것을 실천하는 것'은 습(習)의 영역으로의 전환이 필요하다. 정보 홍수의 시대에서 자신의 삶에 필요한 지식을 자기화하는 것이 중요하였다면, 특히 인공지능 시대에는 우리 교육의 병폐가 머리로 외우고 입으로 말하는 교육이 아니라 직접 실천할 수 있는 장이 마련되어야 함을 의미한다.

이런 관점에서 교육사회를 넘어 학습사회로 전환이 이루어져야 한다. 학습사회에서는 배우는 것에 그치는 것이 아니라 스스로 익혀 자신이 실천하고 체득하여야 한다. 학습사회가 도래하였다 하여 학습사회에 그치는 것이 아니라 배움을 넘어 실천과 실행이 필요한 것이다.

따라서 도래하는 학습사회는 배움을 넘어 익힘의 사회가 그 핵심이다. 익힘이 가능한 교육환경은 결국 개개인에게 해당되는 문제로 귀착되기 때문이다. 개개인의 행복한 삶은 스스로의 배움을 넘어 스스로의 실천이 가능한 사회적 노력이기 때문이다. 이런 관점에서 지금까지 생각하는 교육을 다시 생각하여야 한다. 가르쳐지고 길러만 지고 배움으로만 끝나는 학습이 아니라 학습사회에서 배움의 영역을 넘어 익힘의 사회로 변화를 추구하여야 한다.

특히 인공지능시대의 제한 없는 배움은 언제 어디서 누구에게 스스로의 배움과 익힘의 가능한 학습사회가 되었음을 의미한다. 이런 학습사회에서 배움은 끝이 없다. 배움의 양도 제한이 없다. 그러나 학습사회가 도래하였다 하여 배우는 것만이 왕도가 아님도 이해하여야 한다. 스스로의 배움이라 하여도 배움 그 자체만으로는 자신의 배움이 되지 않기 때문이다. 많이 배우는 양적인 것이 아니라 배운 것을 자신의 몸에 익혀 체화시켜 나가는 경험과 체화의 기회를 확대하여야 한다. 우리가 너무 잘 알고 있는 불후의 학습예찬론이라 할 수 있는 학이시습지 불역열호(學而時習之不易說乎) 의미에서 학과 습이 주는 기쁨과 희열이 얼마나 대단한 것인지 알 수 있듯이 배우고 때로 익히면 즐겁다는 의미보다 배우고 시시때때로 익히는 것이 즐겁다는 의미에서 배움보다 익힘을 강조하여야 한다. 교육하는 사회에서 학습하는 사회로 바뀌어가고 있으며 학습하는 사회에서는 배우는 것보다는 배운 것을 익히는 익힘의 사회가 되어야 자신에게 충실한 삶을 살 수 있을 것이다.

사회와 교육에 관하여

1) 사회 속에서 교육 이해

사회의 사전적 이해는 "같은 무리끼리 모이어 이루는 집단", "서로 협력하여 공동생활을 하는 인류의 집단 또는 온갖 형태의 인간의 집단적

생활"이라 한다. 이를 간단히 정리하면 사회는 사람의 모임을 말한다.[9] 이런 모임은 같은 무리 사이에서 자연적으로 생길 수 있고, 특정한 이해와 목적을 가지고 형성한 인위적 집단일 수도 있다.

인간은 사회를 통해서만 인간이 된다. 이는 인간이 개별적으로 살지 않고 집단과 무리를 지어 사는 동물이라는 의미이다. 또한 사회적 활동을 한다는 것은 개인 간의 교류를 통하여 가르치고 배우는 활동이 이루어지고 있음을 의미한다. 그렇기 때문에 인간은 매우 우연적인 경우를 제외하고는 사회 안에서 배우면서 자신의 삶을 영위한다.

사회 속에서 살아갈 수밖에 없는 인간은 단지 사회를 통해서만 자신의 존재를 실현한다. 그런데 사회는 다수의 사람들로 구성되어 있을 뿐아니라 서로 다른 사람들로 구성되어 있다. 사람들이 서로 다르다는 것은 서로 다른 생각을 가지고 있다는 것이며, 이는 서로가 서로를 알아가는 과정이라 할 수 있다. 서로 다른 개인이며 다른 생각을 가지고 살아가면서 사회를 이루는 것은 혼자 사는 것보다 무리를 이루는 것이 더 유리한 점을 인지하고 있기 때문이기도 하다. 개별적 존재로서 인간은 항상 물리적으로 위험에 노출되어 있기 때문에 다른 사람들과 힘을 합하여 이겨내거나 사람들로부터 보호받으려는 심리적 측면이 강하였을 것이다. 그렇지만 이러한 사회적 심리적 동일성은 사회는 개인의 손해를 최소화하기 위한 서로 간의 관계이며 약속으로 인식된 것이다. 이는 혼자 사는 것보다 함께 사는 것이 더 유리함을 알고 있기 때문에 사회적 합의라는 약속을 받아들이는 것이다. 그러나 이렇게 만들어진 사회는 개인의 권리와 인격과 자유를 훼손할 수 있음도 이해하여야 한다.

---

9) 이희승 편저, 『국어대사전』, 민중서림, 1995, p.1847.

자신의 권리와 인격과 자유가 어느 정도 침해되더라도 혼자 생활하는 개인은 그 어떤 사람도 자신의 정체성을 독자적으로 획득할 수 없다. 개인들은 오직 사회 속에서 다른 사람들과 더불어 살아감으로써 호혜적으로 자신의 정체성을 확보할 수 있다. 개인은 자신의 인격과 정체성을 주장하면서도 동시에 사회의 질서와 정체성을 유지해야 한다. 사회구조들이 분화될수록 개인은 그만큼 더 복잡해진 사회적 관계를 통해 통합되어야 한다. 사회의 분화는 오히려 관계의 그물망을 더욱더 미묘하고 조밀하게 만들기도 한다. 사회가 복잡해질수록 개인은 사회에 다각적으로 소속하게 된다. 이는 사회와 개인의 어쩔 수 없는 관계임을 의미한다. 사회적 관계를 확대할수록 개인의 자유와 권리가 제한될 수 있는 이중적 상황도 심화된다.

이러함에도 불구하고 사회는 개인들과 대립하는 집단적 실체가 아니라 근본적으로 개인들로 이루어지고 있음도 인식하여야 한다. 이런 의미에서 "개인은 사회적 존재"라 할 수 있다. 그러나 개인의 삶이 사회적 삶의 표현으로 나타날 수 있는 사회만이 진정한 사회라 할 수 있다. 사회는 같은 무리끼리 모여 이루는 집단일 뿐만 아니라 "서로 협력하여 공동생활을 하는 인류의 집단"이기도 하기 때문이다. 사회는 역사적으로 형성된 공동의 가치를 형성하기 위하여 형성될 수도 있고, 최대다수 최대행복이라는 공익을 위한 것일 수도 있고, 구성원들에 의해 설정된 특수목적일 수도 있다. 이처럼 사회는 공익 또는 공동선으로 불리는 목적을 통해 비로소 사회로 구성되며 이는 단순히 사람들의 모임을 넘어서는 일반적, 규범적 의미를 갖는다.

이런 사회생활에서 결코 배제할 수 없는 것이 권력이다. 개인의 권리가 국가로부터 국민에게 주어진 것이든, 아니면 국가의 권력에 투쟁을 통해 자율적으로 획득된 것이든 권력관계를 배제한 사회란 어느 곳에서도 존재하지 않는다. 권력은 사회와 함께 발생하고 형성되어 왔다. 어떤 개인이 엄청난 물리적 힘을 가지고 있다고 하더라도, 사회로부터 고립되어 혼자 살아가는 한 그는 결코 권력을 가지지 못한다. 권력은 상대적인 힘의 역학관계이기 때문이다. 쉽게 말하면 부부간의 관계도 마찬가지이며 부모와 자식 간의 관계 역시 힘의 역학관계 속에서 이루어진다. 이렇듯 권력은 사회를 구성하는 필연적 요소로 이해된다. 이는 권력이 사회와 사회화되는 개인에게 동일한 근원을 가지고 있기 때문이다.

이러한 의미의 사회는 개념 자체가 말해주듯 다원성 의미를 지니게 된다. 다원성을 토대로 다양한 개인이 자신의 개성과 자유를 실현할 수 있는 역동적 관계를 형성한다. 다원성은 오늘날 민주주의 토대이며 전제조건이지만 개인의 권리와 자유를 보장한다는 명목에서 국가권력의 확대로 제한되기도 하지만 사회가 발전할수록 다양성은 더욱 보장되어야 한다.[10]

교육적 동물로서 인간에게 교육 역시 사회적 현상이다. 사회화란 생물학적 존재로서의 개개인이 사회적 관계 속에서 자아와 인성을 형성하는 과정이다. 인간이 집단적으로 모여 살고 사회생활이 시작되면서부터 교육이 사회 기능을 하게 된 것이다. 인간이 사회생활을 하면서 교육은 어떤 역할을 하였는가에 대한 견해 역시 다양하다. 사회 속에서 교육은 보편타당한 자연스러운 것으로 보지만 그 사회의 지배 집단 또는 주류세력의 영향력을 벗어나지 못하고 있다는 견해도 타당하다. 교육이 현존 사회의 유지와 발전에 기여한다는 점을 이해하면서도 교육은 오히려 현존 사회의 구조적 변화의 패러다임에서 사회구조의 절대적

---

10) 『우리사상연구소 엮음』, 우리말 철학사전 1, ㈜지식산업사, 2007,p.81~82.

유지와 사회구조의 필연적 변화를 추구하고 있는 것에 대해서도 단정적으로 이해하여야 하는 양면성을 가지고 있다.

시대를 불문하고 어떤 장소를 떠나서 교육의 영향력은 개인을 넘어 사회, 국가에 미치고 있으며 불가분의 관계이다. 교육이 개인의 성장 발달과 지적 능력의 향상뿐 아니라 사회 전반의 모든 분야에 많은 영향을 끼치고 있다. 그러나 그 지대하며 막강하고 지속적인 영향력은 충분히 인정받지 못하고 있다. (이것이 교육학자들의 노력이 부족해서인지, 영향력이 부족하기 때문인지 알 수 없지만…) 즉 교육이 우리 사회의 중요한 의제이며 국가주도적으로 실시하면서도 그 성과는 개인적인 면에 치중하였다고 할 수 있다.

이는 국가적인 업무임에도 개인의 입신양명과 출세, 부와 이익 창출 등에 주안점을 두고 있었다.[11] 즉 이는 교육이 개인주의적 성취와 개인적인 변화에 집중한 반면 사회변화에 주력하지 않았음을 의미한다. 개인의 변화 즉 내적이든 외적이든 지적이든 육체적이든 개인에만 관심을 기울이고 사회나 국가의 변화, 더욱이 사회적·구조적 변화에는 등한시하였다. 즉 교육은 개인의 학업성취와 선발에 너무 치중하였고 교육활동이 사회 전반에 미치는 영향력과 교육의 핵심 개념인 변화의 의미를 너무 제한적으로 해석하였기 때문이다.

더구나 의무교육의 실시라는 어마어마한 법적 강제성을 갖고 있으며 교육이 개개인보다는 교실, 학교 심지어 국가 단위의 집단으로 이루어지고 있는 현실에서 지식과 기술 습득은 물론 태도, 가치관, 의지 등 변화를 국가 중심적으로 강제하고 있음에도 불구하고 사회변동, 사회개혁, 사회혁명 등에 소홀히 하였다(노력은 많이 하였고 그 성과는 이루 헤아릴 수 없겠지만 이를 정당화하거나 중요성을 강조하지 않은 결과이기도 할 것이

---

11)　정범모, 『인간의 자아실현』, 나남 출판,1997, p.66~ 68.

다). 교육과 국가발전, 교육과 경제성장, 교육과 사회개혁 등 교육을 통한 구조적 변화를 강조하면서도 교육만이 그 역할을 할 수 있다고 주장하고 더 나은 사회변화를 도모하여야 함을 역설하면서도 여전히 그 영향력은 변두리에 있는 아이러니가 존재하고 있다.

그러나 분명한 것은 사회적 존재로서 인간은 사회의 영향을 받을 수밖에 없지만 그렇다고 사회의 요구대로 움직이는 것도 아니다. 개인의 행위와 사회적 현상은 개인과 사회를 함께 고려함으로써 이해될 수 있어야 한다. '사회 없는 개인'이 생존할 수 없듯이, '개인 없는 사회'도 존속할 수 없다. 개인들의 집합으로서의 사회, 그리고 사회라는 조직 속 개인의 존재를 이해하여야 하는 까닭이다.

따라서 교육적 동물로서 학습하는 존재로서 인간은 교육의 영향력을 보다 긍정적이고 적극적으로 해석할 필요가 있다. 그것은 개인적인 성장과 발전 그리고 자아실현의 의미까지도 포함하면서 경제성장을 위한 교육, 국가 발전을 위한 교육 영향력에서 교육에 의한 경제성장, 교육을 통한 국가 발전 등 교육 주도적 개념으로 경제, 사회, 국가 등 교육의 역할과 사회적 측면을 보다 강조하고 확대하여 이해하여야 할 필요가 있다.

2) 교육집단 속에서 사회적 현상 이해

교육이라는 말은 가르치고 기른다는 것이다.

누가 누구에게 무엇을 가르치고 어떻게 기를 것인가 하는 것인데, 가르치고 기른다면 누가 누구를 가르치고 기를 것인가 그리고 무엇을 가르칠 것인가 하는 의미를 생각하게 된다. 가르칠 것이 있는 사람이 있어야 하고 가르칠 내용이 있어야 하며 가르치는 방법이 있어야 한다. 가르치는 사람은 알고 있는 사람이고 먼저 살아온 사람으로 이해하는 것이 일반적이다. 배우는 사람은 알지 못하고 나중에 태어난 사람으로 이해한다. 가르칠 것이 교육 내용이었고 그것은 어느 시대와 장소를 불문하고 삶에 필요한 지식과 기술이었을 것이다.

이러한 가르치고 배우는 것은 가르칠 사람과 배울 사람의 관계를 형성한다. 이런 관계가 형성된 것은 인간은 태어날 때 사람으로서 살아가는 데 필요한 능력과 지식을 갖고 태어나지 못하기 때문에 살기 위해, 생존하기 위해 가르치고 배우지 않으면 안 되었기 때문이다. 이와 같이 삶과 교육은 필연적인 것이다. 이처럼 인간의 삶 자체가 교육의 의미를 담고 있지만 '교육'이라는 말 자체가 있기도 전에 교육과 교육활동은 있었을 것이며, 이런 활동을 '교육'이라 하였다. 제도적 교육이 생기기 전에 교육은 있었고 교육적 행위도 있었음은 두말할 여지가 없다.[12]

형식적, 제도적 교육은 사회가 발달함에 따라 사람으로 살아가기 위해 가르치고 배워야 할 내용이 많아지고 복잡해지면서 일상생활의 경험만으로 다 가르치고 배울 수 없기 때문에 생기기 시작한 것이다. 인간의 삶이 단순했던 사회에서는 가르치고 배우는 내용도 단순하고 간단하였다. 그러나 사회가 발달하고 복잡해짐에 따라 살아가기 위해 배워야 할 내용이 점차로 많아지고 전문화되기 시작한 것이다. 제도적으로 보다 체계적이고 전문적으로 가르쳐야 한다는 책임감이 커짐에 따라 제도적 교육이 비중이 커지고 교육 기간도 점차 길어지게 되었다.

그러나 이러한 제도교육이 발달함에 있어서도 삶의 현장인 가정과 사회 등 비공식적, 비제도적 교육과 가르침 역시 변함이 없이 지속되었다. 제도교육은 학교교육이라는 장소로 한정하였지만 학교사회는 사회의

---

12) 한준상, 『이교육』, 아침이슬, 2003, p.38~39.

한 부분에 지나지 않는 것이기도 한 것이다. 제도적 교육의 영향력이 사회변화와 복잡화와 급격화에 따라 커졌지만 사회 속에서 가르치고 배우는 것 또한 무시할 수 없었다. 즉 교육은 형식적, 제도적 형태로만 이루어진 것은 아니다. 제도적 교육은 동서고금을 막론하고 삶의 과정에서 배우는 것과는 달랐다. 제도적 교육은 사회적 체제를 유지하기 위하여 만들어졌고, 그 사회체제 안에서 기득권 집단에 의해 지배받았음은 너무 잘 알고 있는 사실이다.

18세기 이전까지 거의 모든 제도적 교육은 특정집단에게만 폐쇄적으로 이루어졌다는 사실을 보면 분명히 알 수 있다. 이를 계기로 근대국가에서 교육의 폭이 확대되었지만 사실은 사회적 신분질서와 정치체제의 변화나 개혁을 위해서가 아니라 기존체제와 질서를 더욱 공고히 하려는 데 목적이 있었다. 따라서 제도교육은 보수적 성격을 지니는 것이 일반적이다.[13]

반면 삶의 과정 속에서 이루어지는 교육과 배움은 현실의 삶과 조건 속에서 생존하기 위해 가르치고 기르는 삶의 활동이었다. 이는 살아남기 위한 삶의 교육이었다. 생존을 위한 것이기 때문에 현실적 삶의 내용들이었다. 삶의 상황이 어려우면 어려운 대로, 급변하면 급변하는 대로 그 속에서 살아남기 위해 가르치고 배우는 것이었다.

교육과 사회, 교육적 활동이 이루어지는 교육사회화 과정에서 제도적, 형식적 교육에서 이루어지든 삶의 과정에서 자연스럽게 이루어지든 교육에 대한 권력, 주도권 역시 이해관계를 달리하는 여러 집단이 경쟁하며 발전하는 것은 당연하다. 때문에 교육사회 역시 사회적 현상으로

---

13) 켄 로빈슨, 정미나 역, 『학교혁명』, 21세기 북스, 2015, p.76~77.

서의 교육권력을 이해하여야 한다(교육권력은 교육권으로도 이해하며 이에 대한 논란도 쉽지 않지만 다음 기회로 미룬다). 교사, 학부모, 학교, 정부, 교원단체 등 집단과 집단 간의 이해 갈등과 계층과 계층 간의 주도권 쟁탈도 이해할 수 있어야 한다. 또 교육체제를 이루는 다양한 정치, 경제. 학문, 문화, 종교집단들의 요구는 증대되고 강화되고 있으며 이들의 변화와 주장도 주의 깊게 살펴보아야 한다.

교육사회에서의 교육활동은 이러한 교육적 요구를 반영하기 위하여 부단히 교육체계와 개인과 집단, 집단과 집단간의 상호작용의 이해가 필요하기 때문이다. 교사와 교사, 교사와 집단, 교사와 학부모, 교사집단과 학부모 집단, 교사집단 간의 이해 충돌, 교사집단과 학부모 집단 간의 갈등, 교사집단과 정부와의 관계 등 수많은 이해와 갈등 속에서 충돌할 가능성은 항상 존재한다.

특히 학생들의 학습력은 집단 간의 역할과 갈등 속에서 학생을 가르치고 배우려는 활동에 대한 주도권을 누가, 어느 정도 가져야 할 것인가에 대한 문제로 발전하였다. 수월성과 평등성의 추구는 교육과 학습의 대상자를 어떤 시각에서 보아야 하는가의 관점이다. 교육권력, 교육 영역에서 집중과 분권의 적정화는 누가 어느 정도의 교육권 또는 교육권력을 가져야 하는가의 문제이다. 이처럼 교육사회에서 선발과 교육기회의 균등화, 평등성을 추구하려는 의지는 그 사회 속에서 어떻게 이해하느냐에 따라 교육사회의 성격과 발전과정은 달라질 것이다.

이러한 관점에서 새롭게 이해하여야 문제를 생각해 본다.

(1) 교육집단에서의 학습자 이해

인간을 교육적 동물 학습하는 존재로 새삼 이해하면서 학교에서 이루어지고 있는 인간의 학습력과 학습적 존재로서의 인식에 대하여 생각하여 보자.

학교에서 교육과 배움의 결과는 학업성취로 나타낸다. 학교에서의 학업성취 또는 교육과정 이해정도를 일반적으로 70~80%로 잡는다. 결코 100%로 잡지 않는다. 교육을 담당하는 교육정책 당국도, 학급 담임교사도 이 정도의 성취율을 이루었다면 만족한다. 즉 어느 집단이든 그 결과가 정상분포곡선을 이루면 그 교육과 학습은 정상적이고 성공적이라고 합리화한다. 어느 수준의 학습집단이든 어느 연령층의 학습집단이든 정상분포곡선을 유지하면 그 교육은 성공적이었다고 평가하는 것이 일반적인 경향이다. 이 정도 학급 성취 정도면 성공한 것으로 평가한다. 이는 개인의 집합이 집단이지만 집단 속의 개인은 개인으로 인식하는 것이 아니라 집단으로 이해하는 것이다. 정상분포곡선을 이루었다면 집단은 정상적으로 인식할지 모르지만 개개인의 학습력은 인정하지 않는 것을 의미한다.

달리 표현하면 잘하는 사람도 있고 잘하지 못하는 사람이 있는 것은 지극히 당연하다는 논리이며 합리화인 것이다. 교육집단에서의 이러한 시각은 개개인의 학습 성취에 대한 실패를 인정하는 것이며 집단에서의 학습성취를 이 정도에서 정상적이라고 판단하는 것은 인간 개개인의 잠재력과 자아존중감에 대한 심각한 부정이다. 집단 속에서 개개인의 능력이 어느 정도만(?) 달성되면 만족한다는 의미이다. 개개인의 능력을 집단 속에서 판단하는 결과를 갖는 것이다. 이는 많은 논점을 남겨놓는다.

이는 몇 가지 잘못 이해하고 있는 것이 있다. 이 관점에서는 인간 개개인을 집단으로 이해하고 있는 것이다. 집단 속에서 개개인을 인정하지 않는 것이다. 개개인의 능력과 잠재력을 극대화하는 것이 아니라 어느 집단에서 어느 정도 즉 정상분포곡선을 형성하면 된다는 것이다.

왜 70~80%만 달성되어도 된다고 하는 것인가? 이 정도에서 만족한다는 것은 교육에서 개개인의 능력차뿐 아니라 가르치는 사람의 한계를 전제로 교육하고 있다는 것이다.

시작부터 어떤 학습자는 다 이해할 수 없어도 상관하지 않는다는 것을 전제하고 교육하는 것이며 학습자의 능력 차이를 전제로 하고 있다. 학습자 간의 능력 차이가 있다는 것을 인정하는 것은 분명하다.

능력 차이에 의하여 학습의 격차가 발생한다는 것을 백번 양보하더라도 그 차이가 누적되고 누적되는 과정에서 그 학습자는 학습의 성취 정도가 낮다는 것보다 오히려 자아존중감에 심대한 부정적인 영향을 줄 수밖에 없을 것이다. 이런 관점에서 학습자는 자아존중감을 잃게 되고 오히려 무시되는 학습 과정에서 계속되는 심리적 실패감도 누적되어갈 것이다. 부진한 학습자들의 자아존중감은 계속 실패해도 괜찮다는 것을 의미하는 것이다.

또한 70~80%만 성취해도 된다는 기준은 개개인의 능력을 과소평가하거나 무시한 것은 아닐까. 이런 상황에서 하위 20~30%에 해당하는 개인은 교육을 받을수록 그 성취력의 차이는 확대될 수밖에 없는 기본적인 설계를 바탕으로 하고 있다. 인간을 교육적 존재, 학습하는 존재로 이해한다면 집단의 정상분포곡선을 정당화할 것이 아니라 개개인의 학습성취력 극대화에 최선을 다하여야 하는 것은 아닐까.

(2) 개별학습의 실현을 위한 이해

배운다는 것은 생존하기 위한 것이다. 배움은 삶에 대한 적극적인 표현이다. 효율적으로 손쉽게 가르치는 방법이 동일 연령대의 아이들을 동일 장소에 모아놓고 선생님이 가르친다(이것이 지금의 제도권 교육이다)고 해서 모두 동일하게 이해하고 알았다 할 수 없다. 가르치는 것은 동일하지만 이해하고 아는 것은 지극히 개인적인 것이다. 동일하게 가르쳤지만 배운 내용의 이해는 학습자들 개개인의 능력과 상황에 따라 달라진다. 개개인의 잠재력은 그 어떤 사람의 잠재력과 똑같지 않다. 따라서 가장 철저하게 표준화되고 객관화된 교육과정이라 할지라도 그 누구의 잠재력을 대신하지 못한다. 동일 연령별 지적 수준과 정서적 수준, 심리적 수준, 육체적 발달 단계 등을 과학적이고 체계적이며 계획적인 면을 고려하여 만든 교육과정을 아무리 정교하게 설계하고 표준화하였다고 하여도 학습자의 잠재력은 개개인의 상황에 따라 받아들이는 것이 다르다. 어떠한 경우에도 학습자 개개인의 배움을 표준화할 수 없다는 의미와 같다. 이는 개개인에 맞는 학습 내용과 방법을 제시할 때 가장 효과적이라는 것과 같다. 그 어떤 학습자도 똑같은 잠재력을 갖지 않았으며 그 어떤 학습자도 적성과 취미와 자라온 환경이 같을 수 없기 때문이다.

옥스퍼드대학교는 1:1 튜터 시스템을 지향하고 있다. 1:1 튜터 시스템은 무엇을 의미하는가.

800년 역사를 지닌 세계 최고의 대학 중 하나로 손꼽히고 있는 옥스퍼드대학교가 가장 큰 자랑거리로 교수와 학생 비율이 1:1 교육으로 이루어지고 있다. 3년 과정의 학부생이 되면 담당교수에게 개인교습으로 전공과목을 배운다. 강의는 한 학기당 1~2개만 골라서 듣고 필수학점은 없고 중간·기말고사도 없다. 교수와 학생은 일주일에 1~2번씩 1시간 정도 만나고 매 시간 연구주제를 주고 일주일 동안 다양한 책을 읽고 결과를 작성한다. 수업은 토론으로 진행되며 교수는 다양한 가능성을 제시하고 학생은 이를 통해 사고의 폭을 넓히도록 하는 방법이다.

교수학습 방법의 최고 수준은 1:1 공부하는 것이다. 한 사람의 선생님이 한 사람의 학생을 가르치는 것이다. 천재와 수재에게 1:1 교육을 실시한다면 이는 최상의 교육여건이라 할 것이다. 최고의 인재를 최고의 지성인이 가르치는 것은 배우는 사람도 가르치는 사람도 최고의 자부심과 긍지를 가질 수 있을 것이다. 그리고 그 효과도 상상 이상일 것이다.

왜 이처럼 최고의 명문대학에서 1:1 튜터시스템을 운영하는 것일까. 최고의 인재를 최고 수준의 교수들이 직접 가르치는 것이 가장 효과적이라는 의미일 것이다. 최고 수준의 교수가 최고 수준의 학생을 가르치는 것이야말로 꿈의 만남일 것이다. 이런 만남은 일찍이 동양에서도 천하의 영재를 가르치는 것이 인생 최고의 즐거움이라는 말과 일맥상통하기도 한다. 그렇지만 이런 꿈을 현실로 실현하고 있는 곳이 바로 옥스퍼드 대학인 것이다. 필수과목이 없다는 것은 자신이 연구하고 싶고 관심 있는 분야를 집중적으로 탐구할 수 있다는 의미이다. 학생들의 공부하고 싶은 자율을 최대한 보장한다는 것이다.

이런 시스템을 실시하는 데는 나름 가르치는 입장도 배우는 입장도 최고의 효과가 있다는 객관적인 자료가 있었을 것이다. 즉 최고의 인재를 길러내는 것이기 때문에 이 정도의 투자는 하여도 전혀 과잉투자가 아니라는 의미가 숨겨져 있는지도 모른다. 천재급 수재들이 밝혀낼 예측할 수 없는 어마어마한 이론이나 발명을 한다면 이것은 인류에 커다란 기여를 할 것이라는 기대도 있을 것이다. 또 똑똑한 한 사람이 백 사람의 먹을 것을 마련할 수 있다는 초엘리트주의 학습이라고도 할 수 있다. 장삼이사 필부필부에게 투자하는 것보다 똑똑한 몇 사람을 길러내는 것이 경제적이고 바람직하다는 생각이 있을 것이다(사실 세상은 이렇게 굴러가고 움직인다. 이런 사상이 세상을 덮고 있고 이런 사람들이 세상을 움직이는 위치에서 영향력을 발휘하고 있으며 이 영향력은 절대적이라 할 수 있다. 따라서 감히 이러한 힘에 반론을 제시하거나 반대할 세력은 없을 것이다. 어쩌다 이와 반대되는 새로운 철학이 출현한다면 기대할 수 있을지 모르겠지만).

그런데 만약 이런 학습이 초등학교 과정에서 이루어진다면 어떻게 될까? 모든 국민이 배워야 하고 모든 국민이 배워야 하는 의무교육 과정에서 실시된다면 어떤 현상이 발생할까? 초등학교에서는 왜 실시되지 못하고 있는 것일까? 오히려 초등학교에서부터 1;1의 가르침이 있다면 배움의 능력 차이는 없게 되는 것은 아닐까. 이렇게 시작부터 개별학습을 한다면 오히려 대학에서의 1:1 튜터 시스템은 필요 없는 것은 아닐까?

(3) 자기주도적 학습의 이해

가장 주도적인 학습은 학습자 스스로 학습내용을 정하고 학습속도를 조절하는 것이다. 학습자 개개인에게 언제, 어디서, 무엇을 학습할 것인지를 결정하도록 하는 것이다. 표준화된 교육과정이 모든 학습자의 속도에 맞추어졌다고 하여도 실제로 그것에 맞는 사람은 한 사람도 없다.

주도적 학습이란 모든 단계에서 학습자가 적극적인 자세를 취하는 것이다. 교사 주도가 아니라 학습자 주도적으로 이루어지는 학습을 의미한다. 배움에서 가장 효과가 있는 것은 그것이 자신에게 어떤 확실한 의미를 줄 때 이루어진다는 것이 정설이다. 자신에게 확실한 의미를 준다면 그것이 가장 바람직한 방법이다. 왜 배우는가? 그 의미를 분명하고 확실하게 인식할 수 있게 하는 것이 중요하다. 지금 자신이 하는 일에서 의미를 찾고 그 의미를 정립하는 것이 자기주도적 학습이다. 이를 위해 학습자의 자율성과 학습자 필요에 따라 배울 수 있는 환경을 마런하여야 한다.

그러나 실제의 교수학습과정은 학습활동에만 주도적으로 유도할 뿐 학습내용 선정이나 배움의 시기는 국가에서 주도하고 있다. 국가와 사회와 교육사회에서는 아이들이 주도적 학습이 되어야 한다고 강조하고 있지만 정작 아이들은 그 어느 것 하나 주도적이지 못하다. 배움의 내용도 시기도 전체적이고 획일적으로 제공하고 있다. 진정한 자기주도적 학습의 길은 없는 것인가.

(4) 사회발전과 불평등 심화에 관한 이해

교육 역시 사회 속에서 발전되었다. 사회의 발전은 학교제도, 학년 구분 등 수많은 내용을 변화시켰다. 이런 규정과 제도화는 그 사회의 필요성 때문이었다. 이런 제도들은 지금은 너무나 당연한 것으로 익숙해져 있다. 그리고 당연한 것으로 받아들인다. 그러나 변화할 당시에는 갈등과 충돌을 가져오는 것은 어쩔 수 없었다. 사회의 발전과 더불어 교육사회가 확대될수록 삶의 불평등은 심화된다. 새로운 기기나 도구를 만들어졌을 때 문명의 발전은 획기적으로 변화하였다. 인류의 여러 가지 발명품 중 종이가 있었고, 화약을 제조하고 글자를 발명된 후 인류의 문화는 가속적으로 변화되었다. 그러나 파피루스에 글자를 기록하고 양피나 대나무를 묶어서 책을 만들고 그곳에 지식과 정보를 기록하고 금속활자 등 인쇄술의 발달은 인간을 무지함에서 깨어나는 데 결정적인 역할을 하였다. 그러나 이러한 발명은 획기적이었지만 이용할 수 있는 사람은 극소수의 당대 최고 특권층에 불과했다.[14]

---

14) 오욱환, 『교육과 사회변동』, 교육과학사, 1996. p.47.

우리의 현실 또한 마찬가지이다. AI 등 새로운 지식과 정보의 활용이 적극 추진되고 있다. 보다 나은 방법으로 가르치고 배우는 것은 적극 장려되고 실현되어야 한다. 그러나 그 혜택은 항상 제한적이고 특권층에만 머무르는 결과를 가져왔다는 사실도 바로 보아야 할 것이다. 인공지능시대에는 언제 어디서나 가르치는 현장에서 배우는 공간에서 접할 수 있다. 기술이 발달하고 새로운 방법이 이루어졌을 때 특권층뿐 아니라 모든 사람에게 고루 기술의 혜택이 돌아갈 수 있는 방안은 없는 것인가. 지금까지 많은 발명품처럼 일부의 특권층이나 고위층만의 혜택이 아니라 최대 다수에게 최소한 쉽게 접근할 수 있는 제도가 마련될 수는 없는 것인가.

분명한 것은 사회적 존재로서 인간은 사회의 영향을 받을 수밖에 없지만 그렇다고 사회의 요구대로 움직이는 것은 아니다. 개인의 행위와 사회적 현상은 개인과 사회를 함께 고려함으로써 이해될 수 있어야 한다. '사회 없는 개인'이 생존할 수 없듯이, '개인 없는 사회'도 존속할 수 없다. 개인들의 집합으로서의 사회, 그리고 사회라는 조직 속의 개인들이 개인과 사회의 관계를 적절히 말하고 있다. 모두를 위한 교육, 모두가 자아실현을 가능하게 하는 교육으로의 방법을 생각하여야 하지 않을까. 인공지능의 학습사회는 배움의 빈부격차를 해소하는 가장 적절한 기술적 방법을 찾아야 할 것이다.

(5) 어린이와 청소년을 바라보는 시각에 대하여

장자에 나오는 인물들은 허유, 요임금, 공자, 안회와 같은 실존했던 사람도 등장하지만 진인(眞人), 지인(至人), 신인(神人), 성인(聖人), 덕인(德人), 대인(大人), 천인(天人) 등 가상 인물도 등장한다. 이들 가상인물은 모두 어느 경지에 도달한 사람을 의미하지만 한결같지는 않고 쓰는 문장에 따라 조금씩 의미가 다르다. 이 중에서도 장자가 가장 이상적인 인간으로 보는 것은 진인 또는 지인으로 보는 듯하다.

우리의 일상에서도 인간을 여러 가지 기준으로 바라본다. 성별, 연령, 건강 상태, 교양 정도, 지적 정도, 아름다운 정도, 비만 정도 등 그때그때의 관점과 편리에 따라 나누기도 한다.

학교에서는 가르치는 사람과 배우는 사람으로 구분하고, 교육자와 피교육자로 부른다. 가르치는 사람은 대부분 성인(成人)이고 배우는 사람은 미성년(未成年)이다. 생물학적인 측면에서 인간을 이해하면 인간은 매우 연약한 동물이다. 어떠한 준비도 갖추지 않은 상태에서 태어나기 때문이다. 특히 다른 동물과 비교하여도 인간의 유아 시기에는 어떤 활동도 제대로 하지 못한다. 먹고 자는 활동 등 스스로 할 수 있는 것이 거의 없기 때문에 모든 부분을 보살펴 주어야 한다. 이 기간 동안 부모와 성인들의 적극적인 도움과 보살핌은 필수적이다.

우리는 이 기간을 미성숙한 상태, 영유아기라고 한다. 이 기간은 자신의 삶을 스스로 판단할 수 없고 경제적 능력을 갖추지 못하고 있다. 이렇게 보살펴 주는 생활을 최소한 20년 정도 하여야 하고 생물학적으로 성장이 멈춘 상태에 이르렀을 때 성숙하였다 한다. 이 시기가 되면 스스로 판단할 수 있는 시기(올바른 판단을 할 수 있는 것과는 관계 없음)에 이르렀을 것으로 생각하고 이때부터 성인(成人)이라 한다. 이제 비로소 사람 노릇(?)을 한다고 판단한다.

어린아이의 자라는 과정을 보면 옹알려야 할 시기, 기어다녀야 할 시기, 걸어야 할 시기, 뛰어야 할 시기 등 주어진 과정을 거쳐야 한다. 어느 시기, 어느 단계에 있더라도 그 과정 그 과정은 반드시 거쳐야 한다. 그래서 이를 발달과업이라고 한다. 이렇듯 어느 특정 기간에는 이 기간에 맞는 삶의 과정을 거친다. 미성숙한 상태로 태어나서 성숙한 상태로 발달되어 가는 인간의 삶은 자연이고 순리이다.

어느 한 시점의 순간순간에 인간이 가지는 특성이 있고 그 상태, 상태가 그 삶의 특징임을 이해하여야 한다. 그 과정 과정에 따라 성장하고 성숙해 간다. 따라서 자연스러운 성장 과정에 따라 그에 적절한 보살핌과 교육이 이루어져야 한다. 그 과정 속에서도 보살핌이 주로 이루어져야 하는 시기가 있고, 교육이 주로 이루어져야 하는 시기가 있는 것처럼 그 시기에 따라 적절한 삶의 방식을 제공하여야 한다.

이런 삶의 과정, 그 자연스러움을 단지 성숙하였는지 성숙하지 않았는지로 분류하는 것은 삶의 과정을 너무 단순화하여 미성숙하고 부족한 인간으로 보는 것은 생존능력이 있느냐 없느냐의 기준으로 보는 것은 성인중심적인 판단이다. 이런 구분은 미성숙하기 때문에 교육을 하여야 한다는 의미가 강하다. 그러면서 성인들은 이들에게 여러 가지 이유를 든다. 미성숙한 상태에 있기 때문에, 성인이 되지 않았으므로, 제대로 판단을 할 수 없기 때문에 이런 저런 핑계로 그들의 삶을 제한하고 제약한다. 아니 억누르고 억압하기도 한다. 어느 한 시점에 어느 한 순간에도 어떠한 이유와 어떠한 조건을 내세워 인간이 누려야 할 행복을 놓치게 해서는 안 된다.

이는 자기 스스로 삶을 살아갈 수 없는 상태에 있기 때문에 어쩔 수 없다는 것이다. 그러하기 때문에 많은 제약과 차별을 하여도 괜찮다고 생각하고 인식한다. 이 말 속에는 마치 미성숙하기 때문에 행복하지 않아도 되고 그런 감정을 느끼지 않아도 된다는 것과 같은 느낌을 갖는다.

삶의 과정은 미성숙하면 미성숙한 상태로 그 의미가 있다. 미성숙하면 미성숙한 상태로, 성숙하면 성숙한 상태에서 보살핌과 교육을 받으면서 행복하여야 한다. 영아기는 영아기대로, 유아기는 유아기대로, 어린이는 어린이대로, 청소년은 청소년대로 그 발달단계에 맞게, 그 시기에 맞는 보살핌과 누려야 할 행복을 누려야 한다. 더구나 미성숙하기 때문에 어떤 제한을 하거나 미성숙하여 판단을 잘 할 수 없기 때문에 강요하거나 강제적이어서는 안 된다. 미성숙한 기간이기 때문에 오히려 더 많은 관심과 사랑과 지원이 있어야 할 시기이다.

미성숙한 시기이기 때문에 자신이 스스로 자신의 문제를 해결할 수 없다고 강요하거나 억지로 시킨다면 어린이 상태를 제대로 이해하고 있지 못한 것이 아닐까.

세 살 먹은 유아는 어린이집을 가기 위해 아침 여덟 시경부터 일어나 준비를 한다.

어린이집에서 교구활동을 하고, 친구들과 사귀며 놀고, 놀잇감으로 놀고, 선생님과 함께 산책도 한 후 점심을 먹고 낮잠을 잔다. 반면 퇴직한 사람은 유아들이 어린이집을 간 후 아홉 시경에 일상 생활을 시작해도 아무런 문제가 없다. 직장을 다닐 때 아침 일찍 일어나 하루를 준비하고 부지런히 생활하였지만 이제는 유아보다 더 늦장을 피워도 문제가 없다. 유아들이 아침 일찍부터 서두르지만 어떻게 해줄 것은 없다. 단지 그 아이가 불편함 없이 무사히 어린이집을 잘 다녀오기를 바랄 뿐이다. 반면 유아들은 아침 일찍부터 서둘러야 자신의 생활을 할 수 있는 것이다. 유아의 생활 패턴과 퇴직한 사람의 생활 패턴은 이렇게 확연히 다르다.

그렇다고 퇴직한 사람이 자신이 누려야 할 행복을 누리지 않아도 된다고 말할 수 없다. 그렇다고 유아들이 행복하지 않아도 된다고 말할 수 없다. 유아는 유아 나름의 행복을 누려야 하고 퇴직한 사람은 그 사람대로 누려야 할 행복이 있다. 자신들의 앞에 놓인 여건은 다르고 하는 일은 다르지만….

개체는 계통발달을 따를 뿐 그 어느 특정 시기라고 하여 그 시기에 누리고 보살핌을 받아야 할 권리를 놓쳐서는 안 된다. 성인과 같지 않다고, 성인처럼 원만하게 할 수 없다고, 성인과 같은 판단을 할 수 없다고, 미성숙하고 성인의 판단 수준에 이르지 못하였다고 부족하거나 미숙하다고만 하여서는 안 된다.

미성숙한 과정에 이루어지는 그 시기의 미숙한 사고와 부족한 행동들은 인간의 삶에서 반드시 지나야 할 과정이다. 따라서 그 상황 그 순간이 어떠한 특정 상황에 있더라도 누릴 수 있는 행복이 보장되어야 하는 것은 아닐까. 인간 본연의 고유한 특성은 무엇인가. 다른 동물과 달리 미성숙한 과정도 길고 그 기간은 보다 많은 보살핌이 있어야 하는 것으로 인간으로 살아가는 한 과정이 아닌가.

인간은 어느 시기, 어느 단계에 있든지 그 상태, 그 순간이든 지인, 성인으로서의 대접을 받아야 한다. 그 시기에 누려야 할, 아니 당연하여야 할 삶의 행복을 느낄 수 있어야 한다.

2부

장자 사상의 이해

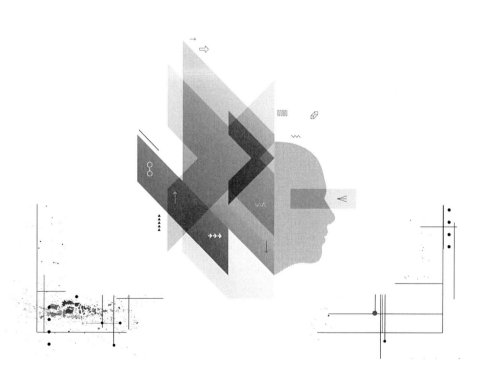

장자의 생애와 핵심 사상

장자의 핵심 사상

　장자사상은 절대자유 추구[15], 무위사상[16], 노자사상의 아류[17], 도가 철학의 일부 등 다양하게 평가되고 있다. 그가 살았던 시기는 기원전 369~286년으로 당시 춘추전국시대는 약육강식의 무차별적인 욕심과 욕망의 세상이었다. 이런 처참한 세상을 벗어나기 위하여 수많은 제자백가가 출현하였다. 이들은 자신의 주장과 논리를 제시하였지만 근본적인 해결방안은 되지 못하였다.

　『장자』를 이해하기 위하여 장자(장주, 장자의 본명)가 살았던 시대를 중심으로 사회와 세상을 어떤 시각에서 보고 이해하려고 하였을지 유추하면서 알아보고자 한다. 장자가 살았던 춘추전국시대를 거치면서 장자는 이런 처참한 세상을 어떻게 바라보아야 할 것인지가 가장 큰 관심사였을 것이다. 모두 이런 상황을 어떻게 벗어날 수 있을까. 인간은 왜 이토록 처절하게 싸워야 하는가. 이 싸움의 근원은 무엇인가? 그의 근원이 개개인이 가지고 있는 생각과 욕망에서 비롯된 것이라면 '개개인

---

15)　오강남, 『장자』, 현암사, 2007, p.20.

16)　양승권, 『장자』, 한길사, 2013, p.43.

17)　박희채, 『장자의 생명적 자유』, 책과 나무, 2013, p.28~31.

이 가지고 있는 생각과 욕심과 욕망은 어디서 비롯된 것인가'에서 출발하였다고 할 수 있다.

그것이 개인적인 욕심과 집단적인 욕망에서 비롯된 것이라면 어떻게 벗어날 수는 없는 것인가. 인간이 지닌 욕심과 욕망은 자신만을 생각하고 자기 집단의 주장만이 옳다고 고집하는 것에서부터 비롯된 것은 아닐까. 그렇다면 이런 아집과 고정관념을 벗어날 수는 없는가. 이런 아집과 고정관념에서 벗어나야 절대자유의 경지에 이른다면 이러한 경지에 도달하기 위해서 세상과 인간을 바라보는 관점에서부터 달리 보아야 한다고 생각하였을 것이다.

장자는 이를 설명하기 위하여 도추(道樞) 개념을 사용하였다. 도추는 문(門)의 위아래로 꽂혀있는 둥근 축을 말한다. 도추는 지도리라고도 하는데 이것이 있음으로써 여닫이문을 열고 닫을 수 있다. 도추는 문을 통하여 안과 밖을 드나들 수 있게 하고, 안과 밖을 볼 수 있게 하는 도구이다. 도추가 있기 때문에 안과 밖을 자유롭게 드나들 수 있다. 모든 것은 바라보는 관점에 따라 다르듯 세상 역시 방안에서는 보는 것과 문을 열고 나와 밖에서 보는 세상은 전혀 다르다. 문은 열면 바깥세상이 펼쳐지고 닫으면 안쪽 세상이 보인다. 이처럼 안과 밖은 전혀 다른 세상임을 이해하여야 하고 이를 인식하여야 세상과 사물을 바로 볼 수 있다는 생각에서 시작하였을 것이다. 장자는 도추 개념을 은유적으로 사용하여 이분법적인 세상을 자유자재로 볼 수 있어야 이런 아집과 고정관념으로부터 벗어나 온전한 세상을 볼 수 있다는 것이다. 문을 열고 나가면 안이 밖이 되고, 문을 닫고 들어오면 밖이 안이 된다. 안에서 보는 세상과 밖에서 보는 세상은 전혀 다른 세상이지만 세상은 어느 쪽에서 보느냐에 따라 달라지기 때문에 이것도 보고 저것도 볼 수 있어야 한다. 이처럼 전혀 다른 세상을 인식한다는 것은 이것과 저것

양면을 모두 볼 수 있어야 한다는 의미이다. 그러나 인간은 자기본위, 자기집단 위주로 보고 생각하고 판단하기 때문에 세상과 사물을 제대로 볼 수 없다. 그러함에도 불구하고 인간은 한쪽만을 보면서 그것이 전부인 것처럼 생각한다. 그렇지만 이러한 인간의 인식의 한계는 어쩔 수 없다. 이것은 인간이 지닌 한계이기 때문이라는 것을 장자는 인식하였을 것이다.

장자는 모든 사람이 세상과 사물을 제대로 볼 수 있어야 갈등과 시비가 없어지는 것으로 생각하였을 것이다. 인간은 자신의 생각과 관점이 잘못되었음을 알지 못하고 살아간다. 이는 자기중심적이고 자기집단적인 생각을 지니고 있기 때문이다. 이를 바꾸기 위하여 합리적인 주장으로 설득하려 하지만 한번 고착된 생각은 쉽게 바뀌지 않는다. 성현들의 말을 인용하여도 어떠한 미사여구를 사용하여도 어느 정도 충격을 주어서도 이미 형성된 생각은 바뀌지 않는다. 그것은 개개인의 생각과 관점이 굳어져 있기 때문이다. 따라서 아무리 논리적으로 설명하고 이해할 수 있도록 하여도 사람들의 생각은 바뀌지 않는다는 것을 장자는 이해하였을 것이다.

장자가 살았던 춘추전국시대에 제자백가의 수많은 사상가가 세상을 살아가는 방법을 제시하였다. 그러나 이들 역시도 자신의 논리만을 주장하였을 뿐 세상과 사물을 보는 근본적이고 기본적인 해법을 제시하지 못하였다. 따라서 장자는 기존의 사상가들이나 선현들이 제시한 여러 가지 논점과 방안만으로 세상과 사물을 제대로 볼 수 없다고 생각하였을 것이다. 따라서 장자는 다른 사상가들과는 달리 세상과 사물을 보는 관점을 제시한 것이다. 그것이 바로 도추의 개념을 통한 세상과 사물에 관한 이해 방법이다.

이를 이해하기 쉽게 설명하기 위하여 장자는 우언과 중언과 치언 등을 사용하였다. 다른 사람들에게 자신의 생각을 피력하기 위해서는 상상력과 과장과 극단적인 예를 들어 설명을 하지 않으면 이해하려 하지 않는다는 것을 알고 있었기 때문이었을 것이다. 따라서 이런 생각을 바탕으로 자신의 주장을 표현하였기에 장대한 장편소설이 되었고 재미있고 상상력이 풍부해진 우화가 되었다고 할 수 있다. 따라서 본 글에서는 이런 장대한 장편소설이자 우화를 생각하며 장자 내편 구성을 살펴보고자 한다.

도추 개념에서 본 장자 내편의 구성적 이해

장자의 내편의 내용 구성을 도추의 개념을 다음과 같이 정리할 수 있다.

1편 대부분 글의 첫마디는 그 책의 전체적인 의미와 목적을 제시하는 것이 일반적이다. 장자에서도 역시 글의 첫 편 소요유(逍遙遊)에서 인간은 모든 속박에서 벗어나야 절대자유의 세계를 향하는 것으로 시작한다. 현실 세계는 탐욕, 분노, 어리석음 등에 갇혀있다. 이런 속박에서 벗어나기 위해서는 변화를 추구하여야 한다. 그래서 먼저 변화를 하여야 함을 제시한다.

그 변화의 첫 번째 모습을 보여준다.
북쪽 어두운 곳의 물고기 곤(鯤)이 커다란 새가 되어 하늘을 날아가고 날아간다(화이위조化而爲鳥). 이 모습을 보는 작은 새들은 그 깊은 뜻을 알지 못하고 비웃는다. 왜 변화해야 하는가. 변화를 위해 어떻게 살아야 하는가 하는 것이 우리에게 주는 메시지이다. 시작 부분을 통하여 그 무엇에도 구속되지 않는 편안한 마음으로 세상을 자유롭게 거니는 자유로운 삶의 의미를 제시한 것으로 볼 수 있다.

2편 제물론(濟物論)은 편명에서 두 가지 해석이 가능하다. 하나는 '물론(物論)'을 제(濟)하다'로 '모든 사람의 논쟁을 가지런히 하다'의 의미로 해석한다. 다른 하나는 '제물(濟物)의 논(論)'으로 보는 것인데 이는 '모든 사물을 가지런히 하는 논설'이다. 제목에 대한 해석은 약간의 차이를 보이지만 그 본질에서는 큰 차이가 없다는 것이 일반적인 견해이다.

따라서 일반적인 견해를 따르면 제물론은 『장자』의 핵심 중의 핵심이다. 우리가 살고 있는 세계는 자신의 시각과 관점에서 보고 판단하며 살아간다. 그러나 이러한 우리가 살고 있는 우리가 실재하고 있는 세계를 한쪽만을 보는 제한적 시각에 갇혀있다. 따라서 이분법적 대립의 세계를 초월하여 하나의 세계로 보아야 함을 주장한다. 우리가 보고 있는 사물과 현상에 대한 제한된 인식의 상식적, 분석적 사고의 틀에서 벗어나야 한다는 점을 제시한다.

일반적으로 인간의 인식은 이것이냐 저것이냐의 한쪽만을 선택하고 판단하려 한다. 이는 개인적 능력의 한계 때문이지만 이러한 경향은 개개인의 편견을 가져오게 되고 다른 사람과의 의견 차이를 보이게 된다. 이러한 차이가 시비(是非)를 가져온다. 이 시비를 넘어서기 위해서는 우리는 이것도 저것도 양쪽을 볼 수 있어야 한다. 이 시비를 넘어서면 모든 것은 같다(제동, 齊同)는 것을 깨닫게 된다(여기서 하나는 사물의 획일화를 의미하는 것이 아니라, 다양함 속의 조화와 일치를 의미한다).

장자는 제물론을 중심으로 이분법적 세계가 아니라 대립을 초월하여 만물제동함의 세계의 논리를 전개한다. 만물은 제동한데 우리의 제한된 시각과 인식의 한계로 만물이 제동함을 알지 못한다. 그것을 이해하도록 하기 위하여 여러 가지 논리와 사실을 예로 제시하며 설명한다.

먼저 인간의 언어에 관한 것이다. 인간은 언어를 통하여 세상과 사물을 이해하는데 그 의미와 실체가 다르다는 것이다. 우리가 소통하는 언어는 사실 하나의 공허한 약속에 불과하다. 인간은 언어를 통하여 세계를 이해하고 있지만 그 언어의 한계성 때문에 어떤 대상을 이해하는 데 어려움을 갖는다.

또 다른 것들은 자신의 관점에 세상과 사물을 보는 문제점을 볼 수 있다. 자신의 관점에서 '이것'은 타인의 관점에서 보면 '저것'이 된다. 이것이 시와 비의 근원이 된다, 이런 논리를 설명하기 위해 백마 비마론, 원숭이의 먹이, 시간과 공간의 이해를 위한 비교, 시작과 끝, 그리고 크고 작음, 삶과 죽음, 유용함과 무용함 등 상대적인 개념을 통하여 인간 인식의 한계성을 지적한다. 이러한 상대적인 개념들은 누가, 언제, 어느 시각에서 보느냐에 따라 달라진다. 장자는 이러한 것은 개개인의 자기 중심적이고 자기본위적인 것 때문이라고 본다. 장자는 이러한 개념들이 가지는 추상성과 애매함 때문에 사람들이 이런 개념을 쉽게 이해하지 못한다고 생각한 것이다. 이는 인간의 인식이 자기중심적이고 자기본위적인 관점이 있음으로 어느 한쪽만을 보고 있음을 인지하지 못한 것으로 이해한다. 따라서 이를 보다 쉽게 이해하도록 하기 위해 유용함과 무용함을 통하여 설명한 것이다.

그것은 인간은 자신에게 얼마나 유용한가, 유용하지 않은가 하는 것으로 세상과 사물을 판단할 때 가장 쉽게 이해하고 파악하는 것으로 보았기 때문일 것이다. 그래서 유용성과 무용성의 의미를 여러 부분에서 강조하고 설명한다. 이런 과정에서 무용함의 시각으로 세상과 사물을 보게 되면 유용함의 가치뿐 아니라 무용함의 가치도 볼 수 있다는 것을 강조한다. 이는 자연스럽게 유용함뿐 아니라 무용지용의 의미와 가치를 새롭게 해석한다. 유리하고 이익이 되는 쪽만을 생각한다. 그러나 어느 한쪽만을 보고 사는 인간의 삶은 그 자체가 꿈이며 그 모든 것들은 꿈에 불과하다는 것으로까지 확대하게 된다(호접몽의 예).

이렇듯 장자는 자신의 편리함과 자신만의 시각으로 세상의 사물과 현상의 일면만을 보고 있음을 비판한다. 유용함과 편리함을 추구하는 것이 인간의 본성이지만 이것은 인간의 본성에 대한 단편적이고 편파적인 부분만을 이해한 것으로 보는 것이다. 따라서 장자는 인간의 시각에 대한 문제점을 제시하면서 자기본위적 사고와 자신만의 이익을 추구하는 세계를 경고하고 있는 것과 같은 것이다. 이런 시각과 관점을 벗어나기 위해서 필요한 것이 도추(道樞)의 개념이다. 도추의 개념을 통하여 이러한 점을 고칠 수 있으며 이런 상태가 되었을 때 자유를 향유할 수 있다. 이런 시각을 갖는 사람만이 절대자유의 경지에 이를 수 있다는 것이다.

3편 양생주의 해석은 '하나는 삶(生)의 주체(主)를 기르다(養)'는 의미와 다른 하나는 삶(生)을 양육(養)하는 근본 의미(主)로 해석한다. 이때 생은 정신과 육체를 모두 포괄하는 의미로 볼 수 있다.

양생주(養生主)에서 인간 욕망의 무한함과 끝없는 지식의 추구는 위태롭다. 어떻게 사는 것이 현명한 삶인가를 논한다. 이분법적 사고에서 벗어났다면 어떤 삶을 살게 될 것인가. 신명 나는 삶, 활기찬 삶은 어떤 것인가? 그것은 자연의 순리에 따르는 것임을 제시한다. 지식욕, 자존심, 자기중심주의를 넘어설 때 생명력이 활성화되고 극대화되어 자유로운 삶을 살 수 있음을 주장한다.

4편 인간세(人間世)는 '사람들이 살아가는 세상'을 의미한다. 3편의 양생주에서는 양생하는 법을 논하였다면 여기서는 처세법을 논한다. 즉 어지러운 세상에서 어떻게 하면 위험을 피하여 자신을 보전하며 살아갈 수 있을지를 제시한다. 그것의 가장 중요한 핵심은 마음을 굶기는 것(心齋)으로 이는 마음을 비우면 도(道)와 하나가 되는 것임을 주장한다.

이 부분의 핵심은 자신의 마음을 비워야 한다는 것으로 마음의 이분법적 상황을 말하고 있다. 자신은 자신의 마음을 알지 못한다. 그러나 자신을 알기 위해서, 자신을 찾기 위해서는 자신의 마음을 비워야 한다는 점을 강조한다.

5편 덕충부(德充府))는 덕이 있는 사람은 어떤 사람인가에 관한 논의이다. 그것은 외모에 있는 것이 아니라 내면에 있음을 명백히 하고 있다. 여러 장애인을 제시하며 육체가 온전하지 않지만 자신의 삶을 의연하고 자존감 있게 살아가고 있는 사람들의 삶을 제시한다. 또한 인간은 장애인이 아니라고 할지라도 완전한 인간은 있을 수 없다는 점을 비유하고 있다고 할 수 있다. 즉 완전한 인간은 절대자 또는 전지전능한 하느님 정도에 지나지 않음을 암시한 것이다.

이 편에서는 어떠한 인간도 완전하지 않음을 장애인을 통하여 제시하고 있다, 외적으로 추악하고 기형적이지만 내적으로 덕이 있으면 충만한 삶을 살 수 있다는 의미이다. 인간은 외적으로 판단하는 것이 아니라 어느 정도 덕을 갖추고 있는지로 판단하여야 함을 말한다. 여기서 덕이라 함은 표면적으로는 인격을 의미한다고 볼 수 있지만 그 심저에는 이분법적 사고를 벗어난 심리적 상태를 말하는 것으로 볼 수 있다.

6편 대종사(大宗師)는 세상에서 크게 존경할 스승은 어떤 사람이어야 하는가를 논한다. 수많은 사물은 서로 다른 모습을 보이고 있지만 분리되지 않는 하나의 상태라는 것을 이해해야 함을 의미한다. 이를 위해서는 각자 지니고 있는 성심(成心)을 버려야 함을 말한다. 그럴 수 있기 위해서는 마음을 굶기는 것이다. 4편 인간세와 깊은 관계를 가지고 있음을 알 수 있다. 따라서 이 부분도 마음의 이분법적 상황이 어떤 것인지를 제시한다. 이를 위해서는 바로 이분법적 사고에서 벗어나야 함을 주장한다.

7편 응제왕(應帝王)에서는 누가 왕의 자격을 갖추고 있는가 하는 물음이다, 왕중왕을 의미하는 제왕은 세속적인 권력을 소유한 왕이 아니라 도를 체득한 사람을 의미한다. 이는 천하를 다스리지 않고 천하에 맡겨 두는 것이 천하를 다스리는 것과 같음을 말한다. 최상의 삶은 인위적인 지식으로 사람을 구속하거나 통치하는 것이 아니라 주어진 삶에 최선을 다하는 삶이어야 함을 주장한다.

즉 내편은 도추 개념을 정리하기 위하여 나름의 기승전결의 체계를 갖추려 하였다고 볼 수 있다.

따라서 소요유편에서는 왜 인간은 변화해야 하는가, 제물론은 그 변화를 위해 인간의 편협하고 자기중심적인 시각을 벗어나야 하며 이를 도추의 개념을 제시하여 세상과 사물을 도추 개념으로 보아야 하며 주장하며, 양생주편에서는 인간의 무한한 욕망이 가져올 수 있는 비참함을, 인간세편에서는 이러한 삶을 살지 않기 위한 인간의 처세적 방법을 제시하고, 덕충부편에서는 모든 인간은 불완전하지만 마음을 굶기는 것, 즉 욕심을 버림으로써 인격적 삶을 살 수 있음을 말하고 있으며, 대종사편에서는 개인의 편견과 자기중심적 사고를 벗어나기 위한 방법을 제시하며, 응제왕편에서는 천하를 천하에 맡기듯이 세상에 존재하는 모든 것이 자연이듯이 이런 삶을 살 수 있을 것이라는 점을 제시한 것이라 할 수 있다.

그 외 외편과 잡편은 이런 내용의 부분들을 후학들이 첨가한 것으로 보는 것이 대체적인 시각이다. 따라서 이 글에서는 내편을 중심으로 그 핵심을 정리하지만 교육적 현상을 보다 쉽게 설명하기 위하여 외편과 잡편의 내용도 활용하여 생각을 정리했다.

도추(道樞)개념으로 장자 이해하기

성심(成心) 이해하기

장자가 생각한 인간 개개인의 인식과 이해의 한계는 어디서부터 온다고 생각하였을까? 그것은 인간 인식의 편협함과 이기적 성향, 자기만을 아는 것, 자기 이익만을 추구하는 것으로부터 발생하는 것으로 생각하였을 것이다. 모든 문제의 근원은 개개인의 의식에서부터 생긴다는 것이다. 즉 각 개인이 가지고 있는 마음으로부터 발생한다고 보았다. 각 개인이 가지고 있는 마음을 장자는 성심(成心)이라 한다. 성심은 개개인이 가진 사물과 사람을 판단하는 자기 나름의 기준이고 잣대이다. 이 기준은 자신이 살아온 삶과 가치관과 신념과 환경에 의해 이루어질 수밖에 없는 극히 개인적이고 제한적인 기준이다. 따라서 모든 개개인은 서로 다른 마음과 판단기준을 갖는 것이다. 이는 어쩔 수 없는 인간 개개인의 한계이다.

자기만의 생각과 가치관, 그리고 사물을 보는 고유함은 인간이 생존하는 데 저마다의 지녀야 하는 필연적인 것이다. 즉 성심은 개개인이 지니고 있는 굳어진 마음이지만 이런 마음이 없다면 개개인은 존재할 수 없다. 누구에게나 있는 자기만의 고유한 가치관 또는 기준인 성심이 있다는 것을 인정하여야 한다. 마음이 굳어졌다는 것은 다른 사람의 생각을 받아들일 만한 여유가 없다는 것이다. 이미 자신의 마음이 이루어져 있다는 것이다(완성되어 있다는 의미와는 다르다). 개성화, 자유화 되었다고 할 수 있다. 따라서 성심 즉 굳어진 마음은 이를 제거하거나 허물어뜨릴 수는 없다. 오히려 타인의 성심을 제대로 이해하고 인정하여야 한다.

개개인이 갖는 성심은 자신의 성심일 뿐이고 상대방의 성심은 상대방의 성심일 뿐이다. 그러므로 이런 성심으로는 '상대방을 이해하지 못한다'는 문제를 안고 있다. 자기중심적이고 자기본위적인 것이기 때문이다. 그러나 성심이 없으면 개인은 존재할 수 없고 그렇다고 성심만 있게 되면 사회에서 존재할 수 없는 아이러니가 발생하는 것이다.

동전의 예를 들어보자. 두 사람이 한 동전의 서로 다른 면을 보고 있다. 한 사람은 앞면을 보고, 다른 사람은 그 뒷면을 보고 있다. 그리고 그 사람은 각자 자기가 본 동전의 한 면이 진실이라고 말한다. 이런 주장은 동전의 앞면과 뒷면을 동시에 볼 수 없기 때문에 자연스럽게 발생하는 현상인 것이다. 동전을 앞면에서 본 것과 뒷면에서 본 것은 당연히 다르다. 이렇게 동전의 다른 면을 보았기 때문에 자신이 본 것과 타인이 본 것은 같을 수가 없다. 자신이 본 것을 이야기할 때 다른 사람은 역시 자신이 본 것을 말할 것이다. 그렇다면 한 가지를 보았지만 서로 다른 것을 보고 그 다름을 자신이 본 것이 옳다고 주장을 하는 것이다. 그렇다고 자신이 본 것이 잘못되었거나 잘못 본 것을 말하는 것은 아니다. 자신은 분명히 정확하게 알고 충분히 이해하였지만 그것은 다른 사람이 본 것과는 다르기 때문에 다른 것은 자명한 것이다. 자기 생각과 타인의 생각은 이렇듯 다른 것은 어쩔 수 없는 것이다.

성심의 생성 근원

성심의 근원은 어디서부터 오는가. 자기만의 가치관, 잣대, 기준은 어떻게 생성되는 것과 관련되어 있다. 모든 생물은 자기본위적이다. 자기본위적이라는 의미는 살기 위한 생존본능이라고 할 수 있다. 생물체가 자기 스스로 생존하기 위해서는 자기중심적으로 활동하지 않으면 생존할 수 없음은 당연하다. 모든 생물의 삶, 인간의 삶 역시 자기중심적이고 자기본위적일 수밖에 없기 때문이다. 모든 생명은 생존하기를 원한다. 그리고 생존하는 것이 최우선이기 때문이다.

인간이 생존하기 위해 보다 많은 것을 갖고 싶어하고 그러기 위해 또 다른 무엇인가를 필요로 하게 된다. 인간이 이처럼 살아가기 위하여 어쩔 수 없이 필요로 한 것들이 물욕과 명예욕 등 그 무엇들이다. 그것은 인간 개개인이 가지고 있는 수많은 욕구와 욕심과 욕망으로 나타난다.

그 욕심과 욕망은 시대와 개인에 따라 다르다. 그러나 일반적으로 죽지 않고 오래 살고 싶은 생각(불로장생), 풍요롭게 살아야 하고 자신이 이룬 부를 자손만대 물려주고 싶은 마음, 누구에게나 존경받고 칭송과 인정받으며 살고 싶은 명예욕, 지적으로 만족하고 세상의 원리와 이치를 통찰하며 살고 싶은 지적 욕심 등. 세속적인 욕심과 욕망을 성심이라 할 수 있다.

이런 삶을 추구하지만 이런 것들로부터 벗어날 수 없다. 누구도 이런 자유를 누릴 수 없다는 것은 다들 잘 알고 있다. 그렇지만 인간은 이런 세계를 추구한다. 그러면서 이것 또한 욕심임을 안다. 인간인 우리는 그것을 알면서도 그 욕망을 멈출 수 없다. 이 또한 인간이기 때문이다. 이것이 인간의 본성이다. 그러므로 자유를 추구한다고 하지만 그 경지에 도달할 수 없고 어느 누구도 그 경지에 도달하지 못한다. 그러함에도 인간은 이러한 자유를 얻고 싶어한다. 그리고 자유를 넘어 절대자유를 추구한다. 절대자유는 시간적으로, 공간적으로, 사회적으로, 경제적으로, 정신적으로, 육체적으로 자유로워야 한다는 의미일 것이다.

인간의 삶은 본질적으로 이기적이고 자신만을 생각하여야 하는 것은 바로 이런 생존의 근본적인 현상이며 발로이다. 장자는 그것이 바로 인간 개개인이 지니고 있는 성심이라고 이야기한다. 이 성심은 다른 사람의 입장을 생각하기는 어렵다. 자신의 입장에서 자신의 이익을 생각하는 것이 인간이고, 이것이 인간이 지니고 있는 인식의 한계이다. 자신만을 생각한다는 것은 다른 사람의 입장을 생각하지 않는다는 것이다. 인간은 본질적으로 자기의 입장에서 자기본위의 이익을 추구하는 이기적인 존재일 수밖에 없다. 자신의 이익을 추구하면서 타인의 이익을 챙겨 주는 것은 쉽지 않다.

무릇 인간은 자신을 볼 수 있으면서 다른 사람도 볼 수 있어야 한다. 이쪽만 보는 것이 아니라 다른 쪽도 볼 수 있어야 한다는 것이다. 양면을 볼 수 있어야 한다는 것은 자신만을 생각하는 것이 아니라 다른 사람의 입장도 생각할 수 있어야 함을 의미한다. 인간은 사회적 동물이기 때문이다.

그러나 보통의 인간은 그렇게 하는 것이 쉽지 않다. 그것은 인간 개개인 생각의 한계이며 자기만을 생각하는 시각에 집착하기 때문이다. 그래서 그 생각을 바꾸어야 한다. 지금 자신이 보고 있는 한정된 세계를 벗어나 다른 쪽도 볼 수 있어야 한다. 인간이 자기만을 생각하며 살아가는 세상은 어렵다. 그런 세상이 지금과 같은 전쟁의 시대 즉 전국시대이다. 용용성 만능의 시대이며 쓸모 있고 나에게 유용한 것만이 가치 있는 것이다. 이러한 극단적인 상황이 전쟁인 것이다.

이렇듯 한쪽만의 시각을 갖는 것은 인간 개개인에게 어쩔 수 없는 것이다. 그 개개인이 가지고 있는 마음 즉 성심은 개인이 갖는 자기만의 가치관이며 사물을 보는 고정된 시각이기 때문이다. 이 성심에서부터 편향된 시각이 일어나는 것이다.

고대로부터 성현들 성인, 군자들은 한결같이 자신을 버리라고 말하였다. 그러나 우리 인간은 자신의 마음 즉 성심을 버릴 수 없다. 성심을 버리는 것은 자기만의 시각과 생각과 이념을 버려야 하기 때문이다. 자기를 버리라고 하는 것과 마찬가지라고 생각하고 있기 때문일 것이다. 그런데 세상은 자기만이 살아가는 세상이 아니며 다른 사람과 함께 어울려 살아야 한다면 자기만의 시각이 아니라 타인의 입장과 시각으로 생각할 수 있어야 한다.

이런 생각으로 세상을 살게 되면 개개인은 절대자유를 얻을 수 있고 그 경지에 도달할 수 있다고 본 것이다. 장자는 이러한 점을 설명하기 위하여 도추라는 개념을 사용하였다.

도추(道樞)의 개념

도추는 돌쩌귀(지도리)라는 것인데 여닫이문을 열고 닫는 역할을 할 때 사용되는 물건이다. 옛날에는 양쪽을 볼 수 있게 하는 의미나 도구로 사용할 수 있는 것이 별로 없었을 것이다. 안과 밖이 다르다는 것, 이쪽과 저쪽의 다름을 일반인들이 쉽게 이해할 수 있는 도구는 여닫이문의 돌쩌귀가 적당하였을 것이다. 돌쩌귀를 통하여 문 안쪽과 바깥쪽을 볼 수 있다. 이쪽에서 보면 다른 면을 볼 수 있다. 돌쩌귀는 문을 열고 닫고 나올 수 있는 기구이다. 생각을 바꾸어야 함을 말하는 은유이고 메시지이다.

돌쩌귀를 이용하여 문의 이쪽과 저쪽을 보고, 또 문을 열고 나와서 보는 세계와 문을 닫고 안을 보는 세계는 무척 다르다는 것이다. 안방에서 문을 열고 나오면 거실이라는 다른 공간이다. 자신의 집에서 문을 열고 나오면 이 또한 전혀 다른 공간이다. 손바닥의 앞면과 뒷면을 살펴보아도 전혀 다른 모양과 상태를 볼 수 있다. 이처럼 안과 밖은 전혀 다른 세계인 것이다. 그러함에도 인간은 자신의 세계 즉 문밖이든 문 안쪽이든 어느 한쪽에 갇혀 세상을 보는 것이다. 문 안과 문밖의 상황이 다르듯이 서로의 생각이 다르다는 것을 알지 못한다. 자기만의 세계에 갇혀 있는 사람은 다른 사람의 세계를 볼 수 없다. 그 세계를 벗어나 새로운 세계를 볼 수 있어야 한다는 것이다. 이처럼 서로 다른 면을 볼 수 있도록 하여주는 것이 바로 도추(돌쩌귀)이며, 안과 밖, 이것과 저것을 볼 수 있는 마음이 도추의 개념인 것이다.

이런 현상은 여러 곳에서 볼 수 있다.[18]

학문 세계도 이와 비슷하다. 유심론적으로 사물을 이해하든 유물론적으로 사물을 이해하든 그 사물의 본질은 변함이 없다. 인간 존재를 이해하는 것도 비슷하다. 인간을 지배하는 것은 신체인가 정신인가 하는 논란도 마찬가지이다. 인간은 신체와 정신이 조화롭게 이루어졌을 때 원활한 활동을 할 수 있으며 개인은 정상적인 삶을 살 수 있다. 그러함에도 어떤 학자들은 정신이 육체를 지배한다고 주장하고, 또 다른 어떤 학자들은 육체가 지배한다고 생각하며 자신들의 편협된 주장을 굽

---

18) 철학사전편찬위원회, 『철학사전』, 중원문화, 2008, p.513~514.

히지 않는다면 인간을 제대로 이해하지 못한 것과 다를 바 없다는 것이다.

세상은 자신이 생각할 수 있는 부분이 있는 반면 자신이 생각하지 못하는 세상이 존재하고 있다. 그러나 대부분의 사람들은 자신이 존재하는 세계에서 자신이 보는 세계만을 보고 세상의 모든 것을 이해하려 한다. 도추는 이처럼 자신이 볼 수 없는 세계가 있음을 인식하여야 한다는 은유이다. 도추는 전혀 다른 세상을 볼 수 있는 계기가 되는 것이다. 도추를 통하여 문을 열고 닫을 수 있으므로 문의 안과 밖의 전혀 다른 세상을 보게 하는 역할을 하는 것이다.

장자는 이런 논의를 제물론의 대부분에서 도추 개념으로 설명하고 있으며 또 전체적으로 일관되게 논의하고 있다. 그 예들은 다음과 같은 것 들이다. 시비와 대소 장단 다소 미추 유용과 무용 등 많은 논리와 이야기를 통하여 이분법적 사고, 즉 한쪽만을 보고 그것이 사물의 전제인 것으로 이해하는 편협함의 문제를 제시한다.

이런 인간의 한계성을 시각의 관점에서도 설명할 수 있다. 인간은 앞으로 걸어가면서 볼 수 있는 시각은 보통 15도나 20도 정도에 지나지 않는다. 앞을 보며 걸어갈 때 볼 수 있는 최대 시야는 고작 180도에 불과하다. 우리가 180도의 시각만으로 세상을 보는 것은 정말 대단한 것이다.

그러나 180도 시각으로 본다고 해도 그것은 겨우 세상의 절반만 보는 것에 지나지 않는다. 이 절반밖에 볼 수 없으면서 모든 것을 다 본 듯이 생각하며 살아간다. 이렇게 절반을 보고 이해하는 삶임에도 불구하고 자신이 모든 것을 보며 살아간다고 생각하고 믿고 사는 것이다.

이렇게 한쪽만을 보고 또는 한쪽만을 생각하고 살아가는 우리의 삶은 바로 꿈과 같이 허망한 것이다. 제대로 보지도 못하면서 모든 것을 보고 알고 있는 듯 생각하며 살아가는 것은 어리석다는 것이다. 인간은 한쪽, 어느 일부분을 보면서도 그것이 전체를 다 본 것처럼 생각과 착각을 하며 세상을 보고 있기 때문이다. 제대로 다 보려면 한 바퀴를 돌아야 볼 수 있어야 한다. 한 바퀴를 돌아야 볼 수 있다는 것은 이쪽과 저쪽을 볼 수 있어야 함을 의미한다. 동전의 양면을 볼 수 있는 것과 같은 이치이다. 이렇게 볼 수 있을 때 전체를 보았다고 할 수 있다. 자신의 생각이 어느 한 곳에 편향되어 있지 않고 자유롭고 유연하게 생각할 수 있어야 한다. 즉 이쪽도 보고 저쪽도 볼 수 있어야 한다.

이렇듯 장자는 인간 인식의 한계를 도추라는 개념을 통하여 이쪽과 저쪽을 볼 수 있는 시각을 가져야 하며 이런 시각을 가질 때 사물의 전체를 이해할 수 있다고 하였다. 그리고 이렇게 변화할 수 있는 개념을 물화(物化)라 하였다.

장자는 이러한 도추의 개념을 통하여 인간 인식의 한계를 벗어날 것을 주장하였고 이런 생각을 갖게 되면 모든 것은 같고 모든 것은 상통한다고 보았다. 이것이 만물제동(萬物齊同)이며 동어대통(同於大通)이다. 이와 같은 경지에서 보면 모든 사물은 동등하며 모든 사물은 모두 존재 이유가 있는 것이다.

무릇 인간관계에서 본다면 사람이 사람과의 관계를 이루어갈 때는 자신도 생각하고 또 다른 사람도 생각할 수 있는 마음이 있어야 한다는 의미이다. 나를 중심으로 생각하면서도 타인의 생각과 시각은 다를 수 있다는 것을 인정하여야 한다.

네가 나이고 내가 너이다. 내가 있으므로 네가 있다. 너와 나를 아우르면 '우리'가 되는 것과 같은 의미이다. 너의 입장이 아니고 나의 입장이 아닌 우리 입장에서 보면 너와 나의 다른 것은 보이지 않는다. 이렇게 볼 수 있는 것은 쉽지 않다. 보통의 인간은 이해할 수 없고 도달하기도 힘든 경지임을 주장한다.

이분법적 사고에서 벗어나기

장자는 물화(物化)의 개념, 즉 이쪽저쪽을 볼 수 있는 생각과 시각을 통하여 인간 인식의 한계를 벗어나고자 하였다. 인간은 세상은 이분법적으로 이루어져 있고 이분법적으로 이루어져 있기 때문에 세상을 이분법적으로 구분하고 이해하려 한다. 이분법적 사고를 하는 것은 세상이 그렇게 구성되어 있고 그렇게 사고하고 판단하는 것이 인간에게는 편리하다는 것도 알게 되었다. 그러나 이러한 이분법적 사고는 이기적이고 자기중심적인 생각에 갇혀 있어 갈등과 논쟁을 유발할 수밖에 없다. 그러므로 이런 관점을 바꾸어야 한다. 장자는 이런 관점을 바꾸어야 함을 이해하도록 하기 위하여 중언, 우언, 치언 등 여러 가지 방법으로 우화 형식을 빌어 수많은 예화를 제시한 것이다.

또한 장자는 인간 인식에는 한계가 있으며 모든 존재는 자신의 입장에서 생각하고 행동하는 것을 인정하고 있다. 그것은 어쩔 수 없는 일이며 오히려 자연스러운 것으로 본다. 거기에는 개개인 각자의 타당성도 있다. 시비가 생기는 것은 인간은 자신의 입장에서 자신의 이익을 추구하기 때문이다. 이러한 자아중심적인 편협한 사고의 전환이 이루어져야 한다. 즉 자기의 시각을 객관화하면서 문제 상황을 통합적으로 볼 수 있어야 한다는 것이다.

우리는 이 경지에 오르기를 갈망한다. 그러나 그런 사람은 존재하지 않는다. 단지 그 경지에 이른 사람을 지인, 진인, 성인 등으로 표현하지만 결코 도달할 수 있는 경지는 아니다. 이들은 세상의 사물과 현상에 관하여 시비를 하지 않는다. 긍정하지도 부정하지도 않는다. 또한 긍정하기도 하고 부정하기도 한다. 그것은 사물을 보는 관점은 자신의 입장에서 자신의 이익이 되는 입장에서 보는 것이 아니라 있는 그대로 볼 수 있기 때문이다. 이것은 어떤 것이든 옳고 그름의 판단, 즉 시비의 절대적인 근거가 없다는 것이다. 절대적인 근거가 없기 때문에 결국은 있는 것을 있는 그대로 볼 수 있어야 한다.

따라서 시비가 있다면 그 시비는 스스로 풀어야 한다.[19] 시비(是非)를 푸는 것은 시(是)와 비(非)를 따져서 판단하는 것이 아니다. 시(是)가 비(非)이고 비(非)가 시(是)임을 알아야 한다. 시를 시로만 보기 때문에 문제가 되는 것이다. 어떤 기준을 가지고 사물과 현상을 보느냐에 따라 달라질 수 있다. 이것은 이것일 수도 있지만 저것일 수도 있다. 따라서 이러한 것은 문제를 해결하는 것이 아니고 답을 얻어내는 것도 아니다. 문제를 문제로 보지 않음으로써 문제가 없어지는 것을 인식하여야 한다. 이처럼 각자의 시비를 따지지 않고 모두를 인정하는 것이 '양행'이며 이와 같이 균형 잡힌 성인의 시각을 '천균'이라 한다. 사물을 있는 그대로 보는 것이 인시(因是)이다. 이런 상태를 양행(兩行)이라 하고 이렇게 균형 잡힌 사람의 시각을 천균(天均)이라 한다. 이는 지인들이 가질 수 있는 시각이며 이는 하늘이 보는 것처럼 모든 사물을 평등하게 보아야 한다는 것이다.

---

19) 정용선, 『장자, 나를 해체하고 세상을 해체하다』, 빈빈책방, 2019, p.180~182.

절대자유에 이르는 길

모든 문제와 갈등은 자신의 마음에서 생긴다. 이는 문제를 해결하고 갈등을 해소할 수 있는 것은 자신의 성심을 버리는 것이다. 나를 잊고 버리고 잃어야 한다. 그렇게 함으로써 있는 것을 있는 그대로 볼 수 있는 것이다. 즉 성심을 스스로 다스릴 줄 알아야 한다.

절대자유는 무엇인가? 어떻게 이해하여야 할까. 절대자유는 인간이 지닌 절대적인 한계성을 초월하여야 함을 의미한다. 즉 인간이 넘을 수 없는 그 어떤 경지를 말한다. 그것은 시간적인 것, 공간적인 것뿐 아니라, 경제적인 것, 사회적인 것, 육체적인 것, 정신적인 것일 수 있다. 시간과 공간을 초월한 삶, 현실의 물질적인 한계와 개개인의 신체적인 한계를 극복할 수 있는 능력, 그리고 살아가면서 갈등과 번뇌를 이겨내야 하는 정신적인 초월함이 있어야 한다고 생각한다. 즉 인간으로 생존하면서 그 어느 것에도 매여있지 않고 자유로울 수 있는 것을 의미한다. 절대자의 의미라 할 수 있다. 그런데 현존하는 인간이 절대적 자유를 누릴 수 있는 것인가? 그 경지에 도달할 수 있음을 제시하고 있다.

그 경지에 도달하기 위해서 절대자유에 이르는데 방해가 되거나 장애가 되는 것을 해소하여야 한다. 현실의 장애를 제거하고 문제를 해소하는 것은 실존하는 현실을 초월하여야 한다. 장자는 절대자유에 이르기 위해 버려야 할 장애물을 두 가지 측면에서 제시하고 있다.

그것은 첫째 세상과 사물을 보는 관점이고 다른 하나는 나의 존재를 파악하는 관점에서 제시하고 있다.

먼저 세상과 사물의 현상에 대한 것이다. 세상에 관한 이분법적 사고라 할 수 있다. 이는 사물과 현상을 보는 관점으로 제물론을 중심으로 논하였다.

상하좌우, 홍망성쇠, 남녀노소, 동서남북, 대소장단, 미추, 선악, 꿈과
현실, 유무 등의 개념에서 볼 수 있듯이 어느 한쪽이 존재하면 다른 한
쪽도 존재하고 어느 한쪽이 존재하지 않으면 다른 한쪽 역시 존재할 수
없다. 인간의 인식 체계도 이와 같을 뿐 아니라 사물의 존재 양태 역시
이와 같다. 또한 이렇게 사물이 구성되어 있으므로 구분하여 인식하는
것이 인간의 인식을 쉽고 편하게 할 수 있다.

이러한 모든 것은 인간이 자기중심적이고 자기 이익을 중시하기 때문
에 자신의 시각과 관점에서 생각하고 판단하고 있다. 그렇게 할 수밖에
없는 존재이다. 이러한 인식의 한계를 벗어나야 한다는 것은 한쪽만을
보는 인식의 한계를 벗어나 양쪽을 볼 수 있어야 한다는 의미이다.

특히 이런 이분법적 현상은 이념적이기도 하고 논리적이기도 하다.
비교와 상대적인 관점에서 또는 추상적으로 설명하고 있기 때문에 이
해하는 것이 쉽지 않고 오해의 소지가 높다. 따라서 모든 사람이 쉽고
편하게 이해하도록 유용함과 무용함을 통하여 설명하고 있다. 왜냐하
면 인간의 가치판단 중 가장 편하고 쉽게 할 수 있는 것은 자신에 관한
것이고 그것이 자신에게 쓸모가 있느냐 없느냐의 기준으로 판단하는
것이 가장 쉽기 때문이다.

장자는 이런 인간의 심리적 측면에서 유용성과 무용성(쓸모 있음과 쓸
모없음)을 여러 곳에서 제시하여 강조한 것으로 볼 수 있다. 그리고 무
용지용을 내세움으로써 유용성의 개념에만 매몰된 인간의 심리를 비판
하고 지적한 것이다.

장자는 이렇게 단편적이고 편협한 시각에서 벗어나 세상을 있는 그대
로 이해하기 위해서 다양한 사례를 들며 설명하고 있다. 이분법적으로

이루어진 세계를 이분법적으로 이해하는 것이 쉬운 방법이다. 그중에서 가장 쉬운 방법은 유용성과 무용성 즉 쓸모 있음과 쓸모없음으로 세상의 이치를 사람들에게 논리적으로 설명한 것으로 볼 수 있다.

다른 하나는 나(我)라는 존재에 관한 것이다. 이는 마음에 관한 이분법적 사고라고 할 수 있다. 앞의 부분은 이분법적 사고로 세상을 보았을 때 우리 인식의 한계를 제시하였다. 이에 관련된 많은 예시를 제물론 중심으로 논하였음을 밝혔다. 유용성에 관한 내용이 많은 것은 제물론에서 논했던 여러 가지의 이분법적 사고의 문제를 제시하였고 특히 유용과 무용을 통하여 편향적인 이분법적 사고의 문제를 이해할 수 있도록 한 것으로 볼 수 있다. 유용성과 무용성을 논하는 것은 이분법적 사고의 문제를 가장 쉽고 편하게 제시한 것이며 이분법적 논쟁의 최고의 논점이라 할 수 있다. 이와 같은 내용은 우리가 인지할 수 있는 외적인 상태를 말하는 것이다.

반면 오상아(吾喪我), 좌망(坐忘), 심재(心齋)는 자신의 내적인 상태, 마음을 어떻게 볼 것인가 하는 것이다. 사람의 마음이라는 것, 내가 나를 이해한다는 것은 내가 나이지만 내가 나를 알지 못하고 있다. 나(我)라는 존재는 내가 생각하는 것과 같지 않다. 따라서 나(我)라는 존재는 내가 생각하는 것과 내가 생각하지 못하는 것으로 이루어져 있다. 내가 생각하는 내가 있고, 내가 생각하지 못하는 내가 있다면 그것은 나 즉 자신을 완전히 이해했다고 할 수 없는 것이다.

분석 심리학자 칼 융이 말하는 의식과 무의식의 개념으로도 이해할 수 있다. 오상아(吾喪我)는 내가 나를 잊는다는 의미로, 편견에 사로잡힌 세속적인 자아를 버린다는 것이다. 여기서 오(吾)는 개방적인 본연의 자아를 의미하고, 아(我)는 세속적인 자아를 뜻한다. 개방적인 자아가 세속적인 자아를 잊음으로써 자신을 찾았다는 것이다. 나를 이해한다는 것도 상반된 현상에 대한 이해와 상반된 가치들에 대한 자신의 이해에서 진정한 자신을 찾을 수 있다는 것이다.

이를 융의 이론을 빌리면 인간의 마음은 아니마(anima)와 아니무스(animus)라는 개념으로 구성되어 있다. 아니마(anima)는 남성성을 의미하고 아니무스(animus)는 여성성을 의미한다. 그러나 아니마(anima) 즉 남성에게는 여성성이 존재하고, 아니무스(animus) 즉 여성에게는 남성성이 존재한다는 것이다. 남성이라고 하지만 남성의 기질과 특성만을 가지고 있는 것이 아니라 그 안에는 그와 상반된 여성성이 존재한다는 것이다. 아무리 남성답다고 하여도 그 사람의 다른 한쪽에는 여성성이 존재한다는 것을 의미한다. 그 사람이 남성답다고 하여 그 남성다운 면만을 본다면 그 사람의 모든 면을 보고 이해하였다고 할 수 없다는 것이다.[20]

우리가 잘 알고 있는 태극이라는 개념도 이와 비슷하게 이해할 수 있다. 동양에서의 태극은 우주를 상징하고 음과 양으로 이루어져 있다는 논리이다. 태극은 음의 세계는 양의 세계로 향하고 양은 음으로 향하며 서로가 계속해서 다름을 추구하는 것이다. 그런데 양의 세계가 좋다고 하여 양의 세계만을 추구한다든지, 음의 세계만을 추구한다면 태극의 전체를 보지 못하는 것이다.

선악의 개념도 역시 이와 유사하다. 장자는 모든 인간은 선과 악을 동시에 지니고 있다는 사실을 잘 이해하고 있었다. 선과 악을 동시에

---

20) 칼 융, 이부영 역, 『분석심리학』, 일조각, 2007, p.113.

지니고 있는 인간이 잘 살아가기 위해서는 우리 삶에서 선과 악이 항상 존재하고 있음을 인지하여야 한다고 보고 있다. 이 의미는 모든 것이 선이고 모든 것이 악일 수 없다는 것이다. 어떤 사물의 현상을 이해한다는 것은 그 양면 즉 보이는 것과 보이지 않는 것을 동시에 볼 수 있어야 그 사물의 전체를 보았다고 할 수 있는 것이다.

이처럼 나(我)라는 존재도 내가 생각하는 것과 내가 생각하지 못하는 것. 자신이 볼 수 있는 것과 볼 수 없는 것. 이것이 나를 중심으로 보는 이분법인 사고이다.

그래서 진정한 나를 찾을 수 있을 수 있기 위해서는 지금의 나를 잊고, 나를 버리고, 나를 잃을 때 가능하다는 것이다. 나를 잊었다는 것은 지금의 내가 가지고 있는 성심을 버렸다는 것이다. 내가 과거부터 지니고 있는 고정관념을 버렸다는 것이다.

나를 잊으면 나를 찾을 수 있다는 것은 내가 생각하지 못하고 생각할 수 없는 것을 생각할 수 있게 되었을 때 온전한 나를 찾을 수 있다. 자신이 아닌 자신을 볼 수 있는 상태가 된다는 것이다. 이들 의미는 나를 비운다. 이렇게 나를 잊고 버리고 잃어버릴 때 나를 찾을 수 있다. 이것이 나의 존재를 파악하는 방법이다. 나를 찾는 방법이다.

장자는 오상아, 심재, 좌망을 통하여 진정한 나를 찾을 수 있다고 하였다. 나를 잊고 잃고 나를 버림으로써 나를 찾는 것이다. 이러한 나(我) 역시 동전의 양면과 비슷하다. 내가 나를 볼 수 없는 부분도, 알 수 없는 부분도 볼 수 있고 알 수 있어야 나의 전체를 볼 수 있다. 나의 전체를 볼 수 있기 위해서는 나의 성심 즉 나를 버리고 나를 잊어야 한다는 것이다.

이렇게 마음을 비우고 덜어내는 방법을 오상아, 좌망, 심재를 통하여 제시하였다. 남보다 많은 것을 차지하고 얻고 소유하고 풍부하여 풍요로울 때 자유를 얻을 수 있는 것이 아니라 마음을 비워야 자유를 얻을 수 있다고 주장하였다. 이를 위해 오상아, 좌망, 심재의 의미를 제시하였다. 이들 의미는 마음을 채우는 것이 아니라 덜어내는 것이다. 즉 마음을 비우는 것이다. 허심(虛心)이라 할 수 있다. 자신의 이익을 더하고 무엇을 쌓는 것이 아니라 마음을 버리고 비우는 것이다.

마음을 비운다는 것은 욕심을 버린다는 것이다. 욕심은 자신의 분수를 알지 못하고 더 많은 것을 가지려고 하는 것이다. 그래서 나를 잊고, 나를 버리고, 나를 잃을 때 진정한 나를 찾을 수 있다는 것이다. 나를 잊을 때라야 비로소 타인을 올바르게 볼 수 있다는 것이다. 즉 나를 잊고 타인을 볼 수 있는 상태가 심재, 오상아, 좌망인 것이다.

따라서 세상의 사물과 현상을 보는 시각과 나의 존재를 파악하는 데 바른 시각을 가져야 함을 알 수 있다. 이 경지가 절대자유의 경지이다. 장자 철학이 추구하는 절대자유는 이 두 가지 전제조건을 해결하여야 도달할 수 있다. 그것은 세상의 이분법적 사고를 해소할 수 있어야 한다. 그것은 세상의 사물과 현상에 관한 시각을 바꾸는 것이며, 다른 하나는 자신의 마음을 바꾸는 것이다. 즉 생각을 바꿔야 한다는 것, 그것은 자신만의 생각에서 벗어나야 한다는 것, 시(是)의 관점이 아니라 비(非)의 관점에서도 볼 수 있어야 한다는 것이다.

이처럼 장자는 도추 개념으로 세상을 보는 관점과 자신을 보는 관점을 제시하였다. 그리고 인간 인식의 한계를 벗어날 수 있는 방법과 자기 존재에 관한 인식의 한계인 이분법적 사고의 문제와 그 해소방법을 제시하였다.

도추 개념이 주는 시사점

장자는 도추의 개념을 통하여 인간이 인식의 한계를 벗어나야 함을 말하고 있다. 나를 잊어야 나를 찾는다는 것은 이율배반적이다. 이런 이율배반적인 내용의 의미를 다음과 같이 정리할 수 있다.

'너의 자신을 알라' 위대한 철학자 소크라테스의 관점에서 이해한다면 알아야 하는 것은 자신의 욕심과 욕망, 그리고 자신의 능력이라고 할 수 있다. 우리는 그 욕심과 욕망 그리고 자기 능력의 한계를 알지 못하고 있다. 너의 자신을 알라는 의미는 너 자신의 욕심과 욕망의 근원을 알아라. 그리고 너 자신의 능력 한계를 알아야 한다는 표현의 다른 말이 아닐까.

또한 '나는 생각한다. 고로 존재한다'는 데카르트의 사유론적 존재의 관점에서 본다면 나를 잊어라 그러면 나를 찾을 것이다. 사유하는 자아가 자신의 생각을 버려야 하는 망아론적(忘我論的) 존재를 말하고 있는 것이다. 나는 나를 잊는다. 고로 나를 찾는다는 명제에 도달하게 된다. 자신이 자신을 잊어야 자신을 찾을 수 있다는 것이다. 이는 지금 자기 마음의 변화, 지금 자기 생각의 전환, 지금 자신만의 욕심을 버릴 수 있을 때 진정한 자신을 찾을 수 있다는 것이다.

이를 바탕으로 장자의 언어와 논리로 다음과 같이 정리할 수 있지 않을까.

자신의 성심이 없으면 자신이 없다. 그러나 지금의 자신이 지닌 성심을 버릴 때 자신을 찾을 수 있다. 나의 성심을 버린다면 다른 사람의 존재를 이해할 수 있다. 자신의 욕심을 버렸을 때 세상을 얻을 수 있다는 것이다. 즉 자유, 절대자유를 얻을 수 있다.

3부

장자, 교육을 생각하다

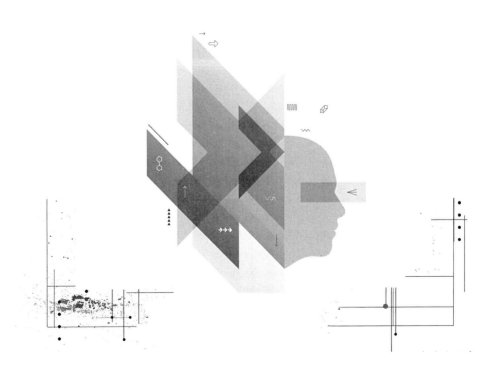

장자가 살았던 시대는 인류 역사상 가장 비참하고 참혹한 춘추전국시대였다. 수많은 전쟁과 살육은 절망의 사회를 만들었다. 이는 부국강병의 미명 아래 자신의 힘과 권력의 도구로 백성을 수단화하였다. 부국강병은 나라를 부강하게 하고 이를 위해 강력한 군대를 조직하여 국방을 튼튼히 하여야 한다는 지표이다. 그러나 일방적으로 국가권력이 외적으로부터 나라를 지키기 위해 튼튼히 한다는 것은 지배층의 목표일 뿐이었다. 이런 명분으로 개개인의 자유로운 삶을 조직화하고 집단화·권력화 함으로써 개개인을 집단의 구성원으로 전락시켰다. 군주와 기득권층만을 위한 부국강병은 오히려 백성에게는 전쟁과 공포, 배고픔과 쓰라림, 굴욕과 비애 속에서 가혹함과 참혹함 그리고 처절함을 안겨 주었고 개인을 핍박하였다. 세상은 혹독하고 피폐해졌다.

　　오늘의 교육도 춘추전국시대의 상황과 비슷하다. 춘추전국시대가 부국강병을 위해 모든 힘의 집중이 무력에 있었다면 지금의 교육은 개인의 경쟁력이 모든 것을 좌우하기 때문에 이에 목숨을 걸고 있다. 경쟁력이란 자신의 문제를 해결하려는 것이 아니라 남과의 비교이며 개인이 얼마나 유용한가에 대한 지표이다. 이것도 자신을 위한 것이 아니라 남에게 즉 자신을 고용할 기업과 조직에 얼마나 유용한가에 대한 기준이고 잣대이다.

이는 오늘의 교육이 개인의 존엄과 개성을 존중하기보다는 기업과 사회가 필요한 인간을 만들어 내는 것에 목적이 되었다. 개인의 존엄보다는 기업과 사회가 필요한 인간을 만들어 내는 데 전념하고 있다 해도 과언이 아니다. 취업을 잘 하기 위해 기업과 조직에 필요한 교육을 맞춤형 교육이라 한다면 이것 또한 슬픈 일이다. 이렇게 사회와 기업에 필요한 인간을 필요로 할수록 개인은 몰개성화되어 개개인은 없고 기업형 인간과 이익사회만 존재한다. 결국 사회와 기업이 필요한 인간은 사회와 기업의 소모품으로 전락하고 쓸모가 없어지면 폐기되는 일회용에 지나지 않게 되는 과정에 이른다. 모두가 경쟁력을 기르자는 구호에 우리 교육은 이를 더욱 조장하고 있으며 이를 경쟁력이라고 부르짖고 있는 것이 우리 현실이다.

PISA의 보고서에 의하면 우리 아이들의 읽기 1~7위, 수학 1~2위, 과학 2~4위의 높은 수준이지만 학습에 대한 흥미도는 최하위 수준이다. 왜 그럴까. 학교에서 행복은 60% 정도로 OECD 국가 중 최하위 수준이며, 청소년 자살률 2위, 18세 미만 절대빈곤층 아동은 약 91만 명에 이르고 있다.[21] 무엇을 의미할까. 가히 교육전국시대의 아이들에게 경쟁과 스트레스에 시달리고 학교에서 만나는 것은 친구가 아니라 경쟁자임을 의미한다. 교실의 풍경은 야만의 시대에 지나지 않는다.

왜 우리는 이러한 성과임에도 불구하고 이런 비관적인 생각과 어려움 속에 있는 것인가. 기본적으로 사회 속에서 살고 있지만 개인은 무시되고 그 속에서 교육은 그 본질을 잃고 있기 때문이다. 교육과 배움의 궁극적 목적은 자신의 행복 추구에 있는 것은 아닐까. 그러나 산업혁명 이후 교육이 집단화·공식화되면서 획일화·규범화에 빠져들었고, 경쟁과

---

21) 교육부, 『한국교육과정평가원 보고서』, 2022.

선발 위주 인력 공급 제도가 공고화되면서 인간화와 개개인의 존엄보다는 인력을 공급하는 수단으로 전락하였다. 이에 따라 교육과 인간은 더욱 수단화되고 자신의 행복과 자기실현보다는 국가·사회·기업·조직의 유용성에 맞추어져 있는 것이 현실이다.

장자의 핵심 사상은 절대자유의 추구이다.[22] 그는 개인의 절대자유와 행복을 추구하는 것이 이상이었다.

교육의 궁극적이고 최종적인 목표는 자아실현이다. 장자가 추구하는 절대자유와 교육의 궁극적 목표의 자아실현은 같은 개념이 아닐까. 절대자유를 추구했던 장자가 오늘날의 교육과 교육현상을 본다면 어떤 생각을 할까? 이런 관점을 바탕으로 장자 사상의 핵심 개념을 통하여 교육과 교육현실을 바라보았다.

이런 관점에서 장자의 사상과 교육을 연결하여 세 개의 교육 키워드를 정리하였다.

1. 만남 - 모든 것은 만남에서 시작되었고, 동어대통과 만물제동의
   의미에서 이해한다면 교육과 교육현실은 어떤 의미를 갖게
   될 것인가.

2. 변화 - 도추의 개념을 통하여 편견과 아집, 자기중심적인 생각에서
   벗어나야 함을 살펴보았다. 자기중심적인 사고의 편협함과
   자아본위적인 생각으로 세상을 바르게 이해할 수 없다. 성

---

22) 정진배, 『장자, 순간 속 영원』, 문학동네, 2-13, p.25.

심의 변화(變化) 즉 사고의 전환이 필요하다. 이는 인간 개개인이 사물과 세상에 대한 통찰력을 지녀야 함을 볼 수 있다. 모든 것은 자신의 변화로부터 시작된다.

3. 행복 - 소요유의 경지는 절대자유의 세계이다. 이는 교육적 시각의 자아실현과 맞닿는다. 자아실현은 궁극 목적은 행복에 있다고 할 수 있다.

만남을 사랑하자

야생화가 피어있는 들길을 걷는다. 누가 일부러 심은 것도 아닌데 여기저기 꽃들이 피어있다. 이 꽃들은 어디서 왔는가. 자신의 뜻과 의지를 가지고 여기에 온 곳이 아닐 것이다. 바람의 뜻에 따라 구름의 흐름에 따라 바람의 우연과 흙의 우연에 더하여 이곳에 자리 잡았을 것이다. 풀꽃 하나가 생겼고 다른 풀꽃 하나하나의 만남이 꽃밭을 만들었다. 이 역시 자신들의 의지와 뜻대로 만난 것은 아니다.

개개인의 탄생도 굉장한 우연함이 아닌. 정자와 난자의 만남이 쉽게 이루어진 것이 아니듯이 어느 한 인간도 또 다른 한 인간도 쉽게 탄생한 것이 아니다. 어떤 우연으로 탄생한 한 인간과 또 다른 우연으로 탄생한 인간의 만남 역시 극적 우연이다. 한 개인의 탄생이 엄청난 우연의 결과라면 다른 개인 역시 그 엄청난 우연의 결과이기 때문이다. 이런 엄청난 우연과 우연이 만났다는 것은 그야말로 커다란 행운이 아닐 수 없다.

인간과 자연과의 만남도 우연한 만남이다. 들길에 피어있는 풀꽃의 만남도 우연한 한 인간과 우연한 풀꽃 한 송이의 만남이 자연스럽게 보이지만 대단히 우연한 만남이다. 엄청난 우연의 결과인 인간이 또 다른 우연으로 생긴 풀꽃을 만났다면 정말 놀라운 일이 아닌가. 인간과 자연 역시 또 다른 엄청난 우연과 행운이 함께 하고 있는 것이다.

사물과 사물들의 만남도 또한 마찬가지이다. 지금 그 자리에 있는 이 사물과 저 사물은 서로 다른 인연으로 그곳에 와 있다. 그 어떤 우연과 또 다른 우연이 어떤 것인지 알 수는 없다.

하지만 그 어떤 우연에 의하여 그 자리에서 만나고 있는 것이다. 이런 만남을 조우(遭遇)라고 하지만 수 없는 우연이기에 필연으로 여긴 건 아닐까. 인연에 따라 만나는 이 우연함은 하늘이 맺어준다는 자식과 부모의 천륜도 역시 우연한 만남이다.

개인과 개인의 만남도 우연의 연속이다. 우리의 일상생활은 알게 모르게 만나서 그냥 지나치는 수많은 만남과 헤어짐에 있다. 이것 역시 우연한 만남과 헤어짐의 연속이다. 시장이나 백화점에서 수많은 사람과 만나면 아는 사람들 같지만 실상은 처음 보는 사람이 대부분이다. 지하철이나 대중교통편에서 만나는 사람들도 마찬가지이다. 일정한 시간에 정기적인 만남도 그 시간대에 자신들의 그 어떤 필요에 의해 그곳을 지났기 때문에 만난 것에 불과하다. 오래전에 만난 직장동료도 오래전에 처음 만난 사람이고 오랫동안 만나서 알고 있는 것에 불과한 것이 아닌가. 이처럼 우리는 매우 우연한 삶을 살면서도 우연한 삶을 살고 있다는 것을 잘 느끼지 못하며 살아간다. 많은 사람을 만나고 많은 생물과 사물을 접하지만 이런 만남들이 결코 우연이라는 것을 느끼지 못한다. 이러한 우연한 만남은 처음 만남. 즉 초면인 경우가 많지만 우리는 그것을 잘 알지 못하고 느끼지도 못한다.

어떤 풀꽃이 다른 풀꽃에게 다음에 어디서 만나자고 약속한다고 그 약속을 지킬 수 있을까. 우리 삶 역시 우연이 왔듯이 우연히 갈 수 있어야 한다. 우연한 만남에 어떤 기대를 하지 않듯이 우연한 삶에 대해서도 미련을 갖지 않아야 한다. 우연히 만났듯이 아무것도 남기지 않고 우연히 떠날 수 있어야 한다. 바람처럼 왔다가 구름처럼 사라지듯이 우리의 삶도 바람처럼 소리 없이 왔다가 구름처럼 흔적 없이 살 수 있어야 한다. 삶은 바로 이렇게 부담 없이 살 수 있어야 한다. 우연히 찾아온 삶을 즐길 수 있는 것은 아닐까. 그러나 그것 또한 쉽지 않은 것인지 모른다.

인류사는 수많은 만남의 역사이다. 영웅과 호걸의 만남, 사상가와 종교지도자의 만남, 정치적 지도자와 민중의 만남도 있다. 가정과 가족처럼 지속적이고 계속되는 만남이 있고, 어떤 조직이나 직장에서 오래 지속되는 경우도 있다. 그러나 조직이나 직장 그리고 가족의 만남 등 계속되는 만남일지라도 우연의 지속일 뿐이다. 그 기간과 시간이 길고 짧음일 뿐 우연한 만남에는 변함이 없다.

이러한 우연으로 이루어진 모든 만남은 반갑다. 만남은 기쁨이고 축복이다. 그래서 만남은 세상에서 가장 아름다운 것이다. 우연과 우연이 만나는 것 그 자체가 정말 대단한 우연이지만 그 우연한 만남들은 반가움이고 영광이고 기쁨이다. 우연의 만남, 그 만남들을 축복하고 즐길 수 있어야 한다.

수없이 많은 우연한 만남과 또 이러한 만남이 지속되고 일정 기간에 계속되는 만남 중 최고의 만남은 교육적인 만남이 아닐까. 그곳에서는 배우는 희열과 가르치는 열정의 만남은 그 어떤 만남과도 비교할 수 없는 매우 값지고 의의가 있는 만남이다. 교실에서 한 순간 한 순간의 만남은 한 사람 한 사람이 소중하고 귀중한 존재라는 것을 일깨우는 향연의 자리가 아닐까. 그러나 그 우연한 향연은 다음에 만나게 된다는 기약과 약속을 하지 않는다. 단지 지금 만난 현실이 가장 소중하다는 것을 서로 인식하고 실천할 뿐이다. 그들 각자 지니는 가치는 그 어느 것과도 바꿀 수 없는 존재이기 때문이다.

너와 나의 만남을 노래하자. 우리의 만남을 사랑하자. 우리의 만남은 숭고하다. 최고의 만남이 이루어지는 교실을 사랑하자.

교육의 시작은 만남이다

삶의 근원은 어디에서 시작한 것일까. 결국 우주의 생성과 함께 시작되었다. 그 시작은 만남에서 비롯되었다. 가장 첫 번째의 만남은 우주 생성에서부터였다. 현대 과학은 우주 생성이 광자와 전자 그리고 양성자의 만남에서 이루어졌음을 밝혔다. 137억 년 전 우주는 광자와 전자 그리고 양성자의 만남에서 생성되었고, 46억 년 전에 지구가 생겼다. 이 지구의 생명체는 35억 년 전에 출현하였다.[23] 이런 과정에서 인간은 겨우 만 년 전에 출현하였지만 인간의 탄생 역시 난자와 정자의 만남에서 시작되었다.

인류의 출현과 동시에 자연과의 만남이 이루어졌다. 인간은 자연과 마주하게 되었다. 인간의 생존 과정은 수많은 자연과 만남에서부터 시작되었고 여러 만남을 통하여 발전하였다. 자연과의 만남이 빈번해지면서 인간의 삶은 풍요로워졌고 문명이 발전할수록 인간의 만남은 자연에서 인간으로, 인간에서 인간의 만남으로 이어졌다. 이런 만남은 갈수록 중요하게 되었고 풍부하게 되었다.

만남이 중요해지고 풍부해질수록 만남의 형태도 변화하였다. 인간과 자연의 만남에서 인간과 인간과의 만남으로 이어졌다. 인간은 보다 나

---

23) 박문호, 『뇌』, 휴머니스트, 2008, p.48~ 49.

은 삶을 위해 도구를 사용하게 되었고 도구는 기계로 발전하면서 인간과 기계의 만남은 확대되었고, 인간이 기계와 만남으로 문명은 더욱 발전을 가속화하였다. 기계를 넘어 로봇과의 만남으로 이어지고 있으며, AI가 인간을 선택할 수 있는 만남으로 발전하고 있다.

인간의 삶은 자연과 사물의 만남에서 시간과의 만남도 함께 하였다. 과거와의 만남으로 지식을 얻고, 미래와의 만남을 위해 창의성을 발휘한다.

또한 이러한 인간의 외적인 만남뿐 아니라 자신과의 내적 만남도 소홀하지 않는다. 개개인은 자신과의 만남 즉 자기 내면과의 만남을 통하여 정신적 심리적으로 안정과 평안을 찾아간다. 이런 인간의 만남은 시간적 공간적으로 이어진다. 그리고 새로운 만남은 계속된다.

이러한 인간의 만남은 배움이며 이 배움은 시간적으로 보면 잉태되는 순간부터 죽음에 이르기까지 이어지고, 공간적으로 보면 가정에서부터 사회 곳곳에서 이루어지며, 역사적으로 보면 우주 생성과 더불어 이루어지고 있음을 알 수 있다.

그러나 우주의 탄생에서 보듯 광자와 전자 그리고 중성자의 만남도 극히 우연에서 시작하였지만 그 결과는 필연적인 현상으로 발전했다.[24] 이러한 삶의 과정은 필연보다는 우연한 만남에서 만남으로 이어지고 있으며 계속되는 만남 속에서 끊임없이 삶의 의미를 찾아가는 과정이다.

첫째 교육의 첫 번째 전제 조건은 만남이다.

교육은 우선 만남이 이루어져야 한다. 가르치는 사람과 배우는 사람, 아는 사람과 모르는 사람, 지식이 있는 사람과 지식이 없는 사람, 앞서

---

24) 박문호, 『뇌』, 휴머니스트, 2008, p.46~47.

살았던 사람과 앞으로 살아갈 사람, 인간과 물질의 만남, 자기 내면과의 만남 등 어떤 경우에도 만남이 우선되어야 가르치고 배우는 행위가 성립된다. 만남이 없이는 교육은 이루어질 수 없다.

만남은 배움으로 이루어진다. 배움은 이렇듯 관계를 더욱 확대하며 형성하여 가는 과정이다.

인간의 만남은 자연에서 시작하여 그 범위를 확대하며 발전을 거듭하였다. 인간의 삶의 과정에서 만남은 과거와의 만남, 미래와의 만남, 타인과의 만남, 개인 내면과의 만남과 시간적 만남과 공간적 만남 속에서 계속적이고 지속적으로 이루어지게 될 것이다.

결국 인간의 삶이란 배움이며 배움의 즐거움은 세상과 더욱 연결되어 가는 그 과정에서 확대되어 간다. 만남이 확대될수록 배움의 폭도 깊이도 확장되고 심화된다. 배움은 수많은 만남과의 관계 속에서 이루어지고 있다. 만남은 관계이며 관계의 확장은 배움의 확장을 의미한다. 이렇듯 인간의 배움은 새로운 만남으로 계속되는 것이다.

우리 교육의 현실은

지름이 21센티미터 정도로 그리 크지는 않지만 국보 141호는 정문경(精文鏡)이라는 거울이다. 이 국보를 보며 오래전부터 사람들은 자신들의 모습에 많은 관심을 가지고 있었음을 짐작할 수 있다. 이는 자신의 모습을 보다 정확하게 보고 좋은 점과 고쳐야 할 부분은 없는지 알아보고 싶은 마음에서 많은 정성으로 만들어졌을 것이다. 기원전 약 천년경에 이런 기술과 정성으로 잔무늬물결의 기하학적 무늬를 거울 뒷면에 정교하게 표현하여 만들기 시작하였다니 예나 지금이나 자신을 보고 싶은 욕망이 대단하였음을 알 수 있다.

거울이 없었던 시절에 인간은 자신의 모습을 어떻게 보았을까. 특별한 기술이 없던 시절에는 흐르는 물에 자신을 비춰보기도 하였다. 기술이 조금 발달된 후에는 구리를 평면으로 만들어 거울로 사용하게 된 것이다. 자신의 얼굴은 어떠한지. 머리 모양은 흐트러지지 않았는지, 옷매무새 어느 부분이 잘못되지는 않았는지, 기대한 만큼의 모습인지 또는 잘못된 부분은 없는지 살펴보았을 것이다. 자신의 모습을 보기 전에는 많은 기대감도 가졌을 것이고 혹시 잘못된 모습은 아닐까, 걱정과 두려움도 있었을 것이다. 자신이 어떤 모습일까 다른 사람에게는 어떻게 보일까? 이처럼 거울을 보는 것은 성찰이며 타인에 대한 배려라고 할 수 있다. 그래서인지 불교에서는 거울을 자신을 갈고 닦는 상징으로 여기기도 하고, 일상에서는 귀감 또는 모범의 의미로 '거울'(鏡)이라는 말을 자주 사용한다. 거울이라는 말을 쓰는 이유도 바로 이런 이유일 것이다.

이런 생각을 하며 거울 앞에 섰다. 그리고 거울을 보았다. 거울은 앞에 있는 것만 보여준다.

거울은 앞에 있는 것에 대해서는 하나도 숨김없이 그대로 보여준다. 자신 앞에 존재하는 것이라면 어떠한 것도 거절하거나 거부하지 않는다. 거울은 앞에 있는 것에 대해 아무런 조건 없이 그대로 받아들인다. 오직 지금 그 앞에 있는 것만을 대상으로 한다. 과거 어떤 일이 있었는지는 기억하지 않는다. 지나간 것도 역시 기억하지 않는다. 즉 과거를 묻지 않는다.

앞에 있는 현재만을 보여주기 때문에 미리 보여주지도 않는다. 미래에 어떤 일이 있을 것이라고 예상하거나 예측하지도 않는다. 앞에 있는 그 순간만 보여줄 뿐이다. 앞에 있었던 것은 아무리 짧은 시간 노출되었다 할지라도 그 순간을 놓치지 않는다. 또 앞에 있는 것은 어떤 것도 빠뜨리지 않는다. 그야말로 털끝 하나 감추지 않고 있는 것을 숨김없이 보여준다. 우리들이 바빠서 그 모습을 보지 못하였다고 하더라도 거울은 그 모습을 놓치지 않고 비추어 준다. 자신이 보지 못하였을 뿐 지나간 그 순간에도 거울은 비추고 있다. 찰나적 순간이라 하여도 그 순간을 빠뜨리지 않는다.

거울은 어떤 것도 차별하거나 선별하지 않는다. 사람이든 사물이든 어떤 것도 가리지 않고 보여준다. 아름다운 꽃이든 악취가 나는 오물이든 남녀노소, 빈부귀천을 가리지 않고, 있는 것은 있는 그대로 보여줄 뿐이다. 똑바른 것은 똑바른 대로, 구부러진 것은 구부러진 대로, 이상한 것은 이상한 상태 그대로 보여준다. 감추어 가려진 부분은 감추어진 채로 보여준다. 본래 모습이 왜곡, 과장, 확대, 축소 되어져 있다고 할지라도 그것을 바르게 본래대로 고치지도 않고 바꾸지도 않고 왜곡, 과장, 확대, 축소된 그 모습 그대로 보여준다. 그런 모습이 비록 잘못되고 비난을 받아야 할 일임에도 아랑곳하지 않는다. 거울은 어떤 대상이나 물건을 보내고 아쉬워하거나 맞이하고 기뻐하지도 않는다. 있는 것을 그대로 보여주기만 할 뿐 자신의 의견을 나타내거나 감정을 표현하지 않는다. 거울은 자신 앞의 모든 물건을 보여주지만 자신을 보지 못한다. 있는 것을 그대로 보여줄 뿐 숨겨진 것을 파헤치지도 않는다. 거울은 거짓 없는 순수함이며 철저한 사실성에 있다.

거울은 저장하지 않는다. 거울은 보여주기만 할 뿐이다. 과거에 대한 집착도 과거에 대한 미련도 없다. 지나가면 지나간 대로 사라질 뿐 기억하지도 남겨놓지도 않는다. 미래를 기약하거나 미리 보여주려 하지도 않는다. 지금만을 반영할 뿐이고 단지 앞에 있는 그대로 비춘다. 그냥 있는 그대로 보여줄 뿐이다.

거울은 앞에 있는 것은 어느 것 하나 숨기지 않는다. 앞에 있는 것은 그대로 보여준다. 옷을 입고 있으며 입은 채로 발가벗고 있으면 발가벗은 채로 보여준다. 잘못 놓여 있으면 잘못 놓인 채로 그대로 나타난다. 앞에 있는 것은 어느 것 하나 빠뜨리지 않는다. 꾸미지도 않는다. 어느 누구의 사정을 봐주거나 감추지 않는다. 감추어 놓은 것까지 감추어진 채로 그대로 보여준다. 법 앞에 평등은 말뿐이고 이상에 불과하다. 그러나 거울은 누구도 그 어떠한 사정도 감안해 주지 않는다. 있는 그대로 누구를 가리지 않고 동등하게 대우한다. 전혀 꾸밈없이 보여준다. 그 앞에 서면 모두가 평등하다.

거울 앞에 서면 매우 두렵다. 어느 것 하나 감추지 않고 어느 것 하나 빠뜨리지 않기 때문이다. 그 앞에서는 모든 것이 평등하다. 두렵도록 평등을 실현하고 있다. 가혹하도록 평등한 것이 거울 앞이기도 하다. 거울은 냉혹한 현재이기도 하다. 가혹하면서도 또한 미련도 없다. 앞에서 사라지면 곧 잊어버린다. 그리고 곧바로 다른 것으로 채운다. 그렇게 사라졌다고 해도 후회도 하지 않는다. 거울은 현재이고 지금일 뿐이다.

응제왕편에 거울 이야기가 있다.

지인지용심약경(至人之用心若鏡) 부장불영(不將不迎)
응이부장(應而不藏) 고능승물이불상(故能勝物而不傷)

'지인의 마음은 거울과 같아 일부러 보내지도 않고 맞아들이지도 않는다.

있는 그대로 응할 뿐 저장해 두지도 않는다.
그러므로 모든 사물을 이기고도 상처를 받지 않는다.'

인용문에서 장자는 지인을 거울에 비유하였다. 지인은 유교에서 말하는 성인과 같은 의미다. 지인의 마음은 보내지도 않고 맞아들이지도 않고 저장하지도 않는 상태라 하였다. 보내지도 않고 거절하지 않는다는 것은 자신의 마음이나 감정으로 사물을 대하지 않는다는 것이다. 모든 것을 그대로 받아들인다는 의미이다. 자신의 감정을 이입하지 않고 사물의 본질을 본다는 의미이다. 이것이 거울이 갖는 현재성과 사실성, 평등성이다. 이런 마음을 가질 때, 모든 것을 이기면서도 상처를 받지 않는 사람이라는 것이다. 그야말로 광대무한 포용성을 지니고 있다.

나 자신도 거울 앞에 세워보고 싶다. 진짜 나의 마음은 무엇일까? 어떤 마음을, 또 언제 마음을 나의 참마음이라 해야 할까? 나 자신의 마음을 있는 그대로 볼 수 있을까. 수시로 변하는 자신의 마음을 거울로 비쳐 보면 어떨까. 자신의 마음속에 무엇이 있는가. 어떤 모양을 하고 어떤 생각으로 이루어져 있을까? 아름답고 깨끗하고 올곧은 마음인가. 분노와 욕망, 거짓과 허위, 시기와 질투 등으로 가득 차 있는 것은 아닌가. 인간이 가질 수 있는 오만가지 추악하고 가증스럽고 더러운 것들로 가득 차 있을지 모른다. 단지 이런 것들은 감추어지고 일부는 분칠된 채로 보여주지 않고 살아가고 있을지 모른다. 자신의 모습을 바로 보기 위해 하루하루 깨끗하게 갈고 닦아야 하는 것은 아닐까. 거울 앞에 서 있는 자신의 마음을 그대로 비쳐볼 수는 없는 것일까? 거울 앞에 선 마음으로 밤하늘의 별을 볼 수 있을까. 하루에도 수시로 변하고 바뀌는 마음인데….

우리 교육을 거울 앞에 세워보면 어떻게 보일까.

헌법이 명시된 헌법 정신을 어느 정도 실현하고 있을까? 교육기본법이 제시하고 교육의 기본적인 것들은 어느 정도 이루어지고 있을까? 지방교육자치법에 제시된 교육의 자주성은 어느 정도 이루어지고 있을까? 능력에 따라 교육받을 권리는 어느 정도 받을 수 있는지. 부의 능력에 따라 기회는 천차만별 달라지고 있는 것은 아닌가. 보수도 진보도 아니지만 보수와 진보로 갈라놓고 자신의 고유한 정치적 중립성을 왜곡한 채 정치 예속화를 자초하는 것은 아닌가. 대학의 자율성을 자신의 대표자인 총장도 직접 선출하지 못한 채 안타까워하는 교수는 자살로 자신의 의지를 보여 주어야 할 만큼 피폐해진 대학의 전문성은 취업 전진 기지로 전락한 아카데미한 문화는 어떻게 보아야 하는가.

국가가 책임을 다하겠다는 의무교육을 정권이 바뀔 때마다 뒤바뀌는 정책은 정권의 업적과 실적으로 치장되지만 정작 이 모든 것은 학부모에게는 짐이 되고 학생의 몫으로 떠맡겨지는 것은 어떻게 보아야 할 것인가. 홀로 서지 못한 절름발이 교육자치는 정치권력의 강압과 지방권력에 휩싸여 무기력한 상태에 있는 지방교육자치는 어떻게 보아야 할 것인가. 능률과 실질의 숭상이 되는 자본의 위력은 인간의 존엄성보다 존엄하여 삶은 경쟁의 늪으로 깊게 빠져들게 하고 있는 것은 아닌가. 보이는 제도와 보이지 않는 관습에 인간 개개인의 자유와 행복은 억압과 구속의 올가미에 갇히고 있다. 현재라는 거울은 우리 교육을 어떻게 비추게 될까.

그리고 거울이 교육에게 하고 싶은 말은 무엇일까.

'교육은 모두를 위한 것이다. 교육은 인간의 행복을 위한 것이다'라고 말하지 않을까!

교사의 열정과 혼의 소리는

　자연의 소리를 듣고 싶었다. 비 오는 날 우산을 쓰고 산속을 걸었다. 그런데 정작 내가 듣는 것은 숲속의 빗소리가 아니라 우산에 떨어지는 빗방울 소리였다. 문득 빗소리를 듣기 위해서는 우산을 접어야겠다는 생각이 들었다. 이제야 빗소리를 들을 수 있었다. 빗소리는 나무와 부딪치기도 하고 나뭇잎에 떨어지기도 하고, 땅바닥에도 바위에도 떨어지고, 빗물이 고여있는 웅덩이에 떨어지고 있었다. 빗소리는 빗방울끼리 부딪치는 소리가 아니었다.

　나무가 물을 빨아들이는 깊은 삶의 소리, 바위가 물방울을 받아들이는 침잠의 소리, 나뭇잎 하나하나에 고루고루 적셔주는 포근한 소리, 낙엽 사이에 들어가는 어울림의 소리, 탱자나무 가지의 아픔을 영롱함으로 바꾸는 소리, 다람쥐가 꼬리에 묻은 물방울을 털어내는 소리, 땅속의 개미들이 목을 적시는 소리, 빗방울들이 갈 길을 만들며 모여드는 소리, 나비가 젖은 날개를 접는 고요한 소리, 머리에 떨어져 운동화의 질퍽거림이 가슴을 울리는 소리…

　빗소리는 물방울이 다른 물체와 부딪치거나 어울리는 소리였다. 빗방울이 여러 물체와 부딪쳐 나는 소리, 빗방울이 땅에 떨어지면서 나뭇잎을 적셔주고 나뭇가지에 떨어지고 바위나 길에 떨어지는 소리였다. 산속에서 듣는 자연의 빗소리는 우산을 접으며 들을 수 있었다.

　소리는 물건과 어떤 것들과 부딪칠 때 나는 울림이라는 것을 새삼 인식한다. 그렇다면 피리 소리는 피리 구멍에 바람을 불어넣어 내는 소리이다. 피리 소리는 구멍 크기에 따라 소리가 다르게 난다. 작은 구멍에서는 높은 소리를 큰 구멍에서는 낮은 소리가 난다. 피리 소리는 크기가 다른 구멍으로 바람이 들어갔다 나오는 울림이다. 이 소리는 피리가 내는 소리가 아니라 바람이 피리를 드나드는 자유로움 속에서 나오는 부딪침이고 어울림이다. 그러나 소리가 날 때 소리는 들을 수 있으나 바람이 드나드는 것은 보이지 않는다. 보이지 않는 바람 그 자체는 소리를 낼 수 없지만 바람은 소리를 내는 근원이다.

이런 바람은 자유롭다. 자유로운 바람은 어떤 피리도 가리지 않고 들어가고 어울린다. 어울림이 소리가 된다. 바람은 크기가 다른 구멍을 자유롭게 넘나들 뿐이다. 구멍의 크기나 모양을 가리지 않는다. 단지 바람은 각 사물에 따라 바람의 세기와 양을 조절하여 드나들기를 반복할 뿐이다. 이처럼 각기 다른 사물에 바람의 세기와 양이 마주칠 때 각기 다른 고유한 소리를 내는 것이다. 바람이 구멍을 자유롭게 드나들 때 아름답고 자연스러운 울림의 소리가 된다. 피리와 바람의 어울림이 피리 소리이다.

장자는 지구가 내는 소리를 생각했다. 그리고 하늘이 내는 소리도 생각했다. 참 대단한 발상이다. 그 시대에 지구의 움직임과 하늘의 움직임을 생각할 수 있었고 그들이 주위와 어울려 소리를 낸다면 어떤 소리가 날 것인지 상상한 것이다. 이러한 장자의 상상은 평범한 우리의 시각을 뛰어넘는다.

그렇다면 나(我)의 소리는 무엇일까. 나는 어떤 소리를 낼 수 있을까. 나(我)의 소리는 주위에 있는 것들, 사람들과 자연과 주위 환경과 어울리며 내는 소리일 것이다. 나와 어울려 사는 사물과 사람에 대한 반응이고 그에 대한 적응의 소리가 아닐까. 인간들의 소리가 사회 현상이고 오늘의 뉴스인지 모른다.

지구는 어떤 소리를 내고 있을까. 지구는 엄청나게 혹독한 시련을 겪고 있다고 수많은 신호를 보내고 있다. 자연재해와 천재지변은 끊임없이 발생하고 인간의 탐욕으로 한 군데 성한 곳이 없이 파헤쳐지고 망가지고 있다는 비명 소리를 듣고 있는 듯하다. 이 소리는 오직 인간만이 자연에 피해를 주는 유일한 동물이라는 지적의 소리이기도 하다. 그러면 하늘의 소리는 무엇인가. 우주의 소리일 것이다. 이제 장자가 상상했던 이야기를 들어보자.

장자는 가상 인물인 남곽자기와 안성자유가 바람에 관한 이야기를 한다.

'대지의 기운을 내뿜는 것이 바람이다.

바람이 일어나지 않으면 별 일이 없이 고요하다.

그러나 바람이 일어나기만 하면 모든 구멍이 성난 듯 울부짖는다……'고 했다.

그리고

'바람은 소리가 없지만 그것이 다른 사물과 마주칠 때 사물마다 고유하고 독특한 소리를 내게 했다. 바람이 소리를 갖는 것이 아니다. 바람이 어떤 물체와 부딪칠 때 나는 소리이다. 하늘피리 역시 그러하다.'

그 구멍에서 나는 소리를 이렇게 표현하고 있다.

'더러는 코처럼, 더러는 입처럼, 더러는 귀처럼, 더러는 목이 긴 병처럼, 더러는 술병처럼, 더러는 절수처럼, 더러는 웅덩이처럼, 더러는 좁은 웅덩이처럼, 물이 콸콸 흐르는 소리, 화살이 씽씽 나는 소리, 나직이 꾸짖는 소리, 숨을 가늘게 들이키는 소리, 크게 부르짖는 소리, 울부짖는 소리, 깊은 데서 나는 소리, 새가 재잘거리는 소리 등 온갖 소리를 낸다. 앞에서 우우하는 소리를 내면 뒤따라서 무겁게

우우하는 소리를 내며, 산들바람이 불면 가볍게 화답하고, 거센 바
람이 불면 크게 화답한다. 그러다가 바람이 멎으면 그 모든 구멍은
다시 고요해진다. 여러 가지 각기 다른 다양한 소리를 낸다.'

　사물의 소리를 이렇게 여러 가지로 나타낼 수 있는 장자의 표현은 대
단하다. 어떤 학자는 이 부분이 문학적으로 가장 아름다운 곳이라 평
하기도 하였다. 다양한 사물을 이렇듯 관찰하고 그들만이 내는 소리를
표현하였다. 이를 장자는 부취만부동(夫吹萬不同) 이사기자기야(而使其自
己也)라 한 것이다. 즉 모두 다르게 바람을 불어 넣으니 제 특유의 소리
가 난다는 것이다. 바람 그 자유로움으로 각기 다른 사물과 만나기도
하고 피리의 구멍을 드나든다. 물체마다 다른 소리는 바람의 자유로움
에 따라 그 사물과 만나 어울려 나온 소리임을 일깨워 준다.

　배움터의 학교에서 아이들과 교사의 만남은 어떤 소리일까? 이것이
바로 우주의 소리이고 하늘의 소리가 아닐까. 가르치는 열정과 배우는
진지함이 어울리는 소리이다. 교사와 아이들의 어울림은 잠들어 있는
아이들의 기와 혼을 일깨운다. 그 만남이 어떠하느냐에 따라 아이들은
자신의 능력과 잠재력을 발휘하고 활짝 피어난다. 교사가 바람과 같은
존재라면 교사의 역할에 따라 학급이 바뀌고 아이들이 제각각의 소리
를 내게 된다면 이 얼마나 아름다운 소리인가.
　바람은 교사의 고유한 정신과 같다. 교사의 열정과 기와 혼이 아이들
에게 자유롭게 넘나들 수 있어야 한다. 모든 아이가 제각기 내는 피리
소리가 되고 이러한 소리가 어울려 학급 전체의 하늘 소리가 되는 것이
다. 교사의 이러한 숭고한 열정과 혼, 영혼이 깃들여져 있을 때 그 소리
는 아이들의 마음을 울릴 수 있다. 교사는 바람처럼 자유스럽고 얽매

임 없이 아이들과 어울려야 한다. 교사의 자잘한 일들이 바람처럼 보이지 않을지라도 그 자체만으로 모든 아이에게는 희망이 되고 비전의 근원이 되어야 한다.

교사가 바람과 같은 존재라면 아이들이 피리와 같다. 그 모양과 크기가 다르지만 그 자신만이 가지고 있는 크기에 따라 바람의 양과 세기를 불어 넣어 소리를 나게 하듯이 교사가 어떤 열정과 기를 모아주느냐에 따라 아이들은 달라지는 것이다. 그래서 교사의 열정과 기(氣) 그 자체가 중요한 것이다.

아이들은 성격도, 흥미도, 취미도, 신체적 능력도, 잠재력도 다르다. 지적 능력도 장래 희망도 같지 않다. 잘하는 것도 다르다. 못하는 것도 다르다. 체육활동을 좋아하는 아이, 음악활동을 좋아하는 아이, 그리기를 좋아하는 아이⋯. 좋아하는 것도 다르다. 물론 싫어하는 것 역시 다르다. 그들의 소리는 그들만이 낼 수 있다. 그들이 내는 소리는 다를 수밖에 없다. 같은 크기의 구멍이 있다면 그 피리는 온전한 피리라 할 수 없다. 모든 것이 다르기 때문에 똑같은 소리를 낼 수 없고 똑같은 소리를 내어서도 안 된다. 다른 소리를 내는 것은 자연스러운 것이고 당연한 것이다. 이런 다른 소리가 어울리고 울리는 소리가 아이들의 개성이다.

아이들이 우주이고 하늘이라면 그 속을 드나들 수 있는 것은 교사이다. 교사의 열정과 신념과 혼이 하늘처럼 커다랗고 고귀한 피리를 만들수 있다. 미국의 문화비평가인 헨리 지루는 교사는 지성인이라 하였다. 아이들과 지성인 교사가 어울려 내는 소리가 우주의 소리이며 하늘의 피리 소리가 아닐까. 하늘피리 소리는 교사와 아이들이 가르치고 배우며 내는 천상의 피리 소리이다.

그래서 아이들과 선생님의 만남은 숭고하다.

학생을 위한 교육은

동아시아 문화권에서 용이 갖는 문화적 의미는 절대적이지만 생활 속에 폭넓게 퍼져 있는 것도 사실이다. 용은 상징의 동물이지만 우리의 꿈과 일상의 삶에 빠지지 않고 등장한다. 용은 권력의 상징일 뿐 아니라 임금을 의미하기도 한다. 그가 입는 용무늬로 수놓은 옷은 용포, 용의 모양이 새겨진 용상은 임금만이 앉을 수 있는 최상의 자리로 지존임을 나타낸다. 그 자리에 누구도 감히 범접할 수 없다. 용은 최고이며 지존임을 의미한다.

용이 상상의 동물이지만 우리의 꿈과 현실을 매개하기도 한다. 요즘은 개천에서 용이 나기 어려워 안타깝지만 예전에는 가난했던 사람이 벼슬을 하는 경우도 있어 이를 개천에서 용이 났다고 하며 가문의 영광으로 여겼다. 등용(登龍)이라는 용어도 용이 되고자 하는 과정으로 입신출세 의미였다. 용은 인간 욕망의 강한 표현이 되었다.

그래서 용이 되었다는 것은 출세하였다는 것이고 남이 부러워할 만한 위치에 올랐음을 뜻한다. 조직의 장이 되면 자신의 명패에 용을 그려 넣는 것도 이런 표현일 것이다. 이는 자신의 분야에서 어느 정도 위치에 올랐다는 의미이다. 이런 바람 때문이었는지 어릴 적 베개 무늬로 용무늬를 새겨넣기도 하였는데 꿈에서나마 용이 되고 싶은 간절함이었는지도 모른다. 최근에는 동서양을 불문하고 용을 주제로 한 영화, 드라마가 많은 것도 인간의 권세와 사회적 욕망을 채우고자 하는 사회적 현상인지 모르겠다. 이처럼 용은 권력과 출세의 상징성을 지니고 있는 상상의 동물이면서 실생활에 많이 사용되고 있는 인간 친화적인 동물이기도 하다. 아마도 이러한 다양한 의미를 지닌 상상의 동물도 쉽지 않을 것이다.

용을 잡았다면 이는 세상의 모든 것을 얻었다는 의미가 될 것이다. 그런데 용을 잡았다는 이야기가 있다. 열어구편이다.

> 지리익은 용을 잡는 비법을 알고 있었다.
> 주팽만은 지리익에게 용을 잡는 법을 배웠다.
> 천금이 나가는 집을 세 채를 들여 그 기술을 습득하였다.
> 그러나 습득한 기술은 쓸 곳이 없었다.

이야기는 간단하지만 흥미롭다. 상상의 동물이지만 두 사람은 용의 존재를 믿고 있었음을 알 수 있다. 이들 두 사람의 관계는 어떠하였을까. 용을 잡는 방법을 가르쳐 주는 사람과 그 비법을 전수받은 사람은 매우 신뢰할 만한 사이였을 것이다. 상상의 동물을 믿고 있을 정도였기 때문이다. 이들 사이는 어떤 말을 해도 믿을 수 있는 신뢰가 돈독한 관계였을 것이다.

지리익은 누구보다도 용에 대해 잘 알고 있다고 자랑하였을 것이다. 생김새, 특징, 사는 곳, 먹는 것 등에 관해서 잘 알고 있었을 것이고 이를 매우 설득력 있게 설명하였을 것이다. 상상의 동물을 존재하는 것으로 설명하였다면 어떤 설명을 하였든지 그 설명을 듣고 인정하였을 것이다. 그 설명은 뛰어났을 것이고 그 전에 두 사람의 관계는 상대방을 철석같이 믿었을 것이다.

어떤 이익을 얻기 위하여 용을 잡으려 하였을까. 타고 다니는 최고의 운송수단이라고 하였을까. 변화무쌍한 여의주의 효능을 자랑하였을까. 권력 획득의 수단이라 하였을까. 권력의 상징이라 하였을까. 아마도 우리가 상상할 수 없는 내용으로 자랑하였을 것이다. 용은 어떤 동물이며 어떤 이익이 주는지 충분히 설명하였고 용을 얻고자 하는 사람도 이해하였을 것이다.

그러나 용을 잡는 것은 실제이다. 용을 잡는 방법을 어떻게 가르쳤을지도 궁금하다. 설명도 어렵지만 가르치는 것은 더 어려웠을 것이다. 상상의 동물을 잡는 기술을 현실에서 어떻게 가르쳤을까. 날아다니기도 하고 물속으로 들어가기도 하고 자유자재로 움직이며, 천변만화의 여의주를 소유하고 있는데 어떤 방법으로 잡을 수 있다고 하였을지 궁금하지 않을 수 없다.

잡는 것은 말로만 하지 않았을 것이다. 무엇인가 실질적으로 보여주고 어떤 확신을 주었을 것이다. 모의실험을 하였을지도 모른다. 요즘 말로 하면 증강현실을 사용하였을지도 모른다. 용이란 워낙 영특한 동물이라 쉽게 잡는 것은 불가능함을 우린 잘 안다. 용의 능력이 우리의 상상을 초월하기 때문에 이를 잡기 위해서는 그것을 능가하는 또 다른 상상할 수 없는 기술을 가지고 있어야 가능하지 않겠는가. 어떤 방법을 사용하였을까. 그물 같은 것은 사용하지 않았을 것 같다. 자고 있는 동안 여의주를 빼앗았을지도 모른다. 상상은 끝이 없다.

용을 잡으려는 사람은 막대한 재산을 투자하면서 기술을 배웠다. 너무 기술이 어렵고 힘들었을 것이다. 한 번에 다 습득하지 못하고 두세 번에 걸쳐서 겨우 전수받았던 것 같다. 한 번 교육을 받을 때 천금을 주었다고 하니 그 수업료는 고액 중의 고액이라 할 수 있다. 하여튼 비싼 고액과외는 시대적 상황을 뛰어넘어 어마어마한 액수였음을 알 수 있다. 천금이 나가는 집은 고래등 같은 집을 연상시키기에 충분하지 않는가.

그런데 장자는 왜 용을 잡는 것을 불필요한 기술이라 하였을까. 용은 일상생활과 밀접하여 우리에게 상상과 꿈을 줄 뿐 아니라 우리 곁에서 우리를 끝없는 희망과 상상력을 제공하기도 하고 우리 삶의 일부를 구속하고 있기도 한다. 그런데 왜 그것을 잡은 것은 불필요한 기술이라 하였을까. 막대한 자금을 투자해야 하기 때문인가. 상상의 그 무엇을 잡는 것이 허황된 것이기 때문인가. 상상의 기술과 비법은 현실에서 쓸모없는 기술이기 때문인가. 있기는 하지만 잡을 수 없는 것이기 때문인가.

자유롭게 살아야 한다고 주장했던 장자에게도 용은 권력의 상징이었다. 권력은 보이지 않는 대중의 인기에 얽매이게 한다. 권력을 잡기 위해 보이지 않는 인기에 연연해하는 모습은 가련하기 짝이 없다. 권력을 무소불위라 하지만 그들의 관계를 보면 얽히고설켜 있음을 알 수 있다. 얽히고설킨 그들만의 그물망 속에서 벗어나지 못하고 허우적거린다. 그것은 거대한 그림자 밑에서 그들만의 암투와 밀실 거래는 또 다른 구속과 속박이 되어 헤어나지 못하고 자기를 옭아맨다는 것이 권력임을 말하려 하였을 것이다. 나 즉 자기 자신은 없고 권력의 허깨비가 난무하는 비정의 세상이 권력의 세상임을 말하려 하였을 것이다. 그리고 자신만이 국가와 국민을 위한다는 착각의 허세권력은 아무리 필요하지만 쓸모없는 기술에 불과하다고 생각하였을 것이다.

'모든 권력은 국민으로부터 나온다'는 선언이 우리 헌법이다. 국민의 신뢰를 얻지 못하고 기득권만을 절대화하려 하고, 자기 편의 이익만을 위한 권력은 불필요한 기술일 것이다. 국민보다는 자신들을 위해 군림하고, 국민을 위하기보다는 자신들의 이익에 골몰하고, 세상을 잘 다스려 국민을 행복하게 하겠다고 하는 말로 분열과 분파만 가르는 권력은 불필요한 것이다. 이런 권력을 국민이 향한 기만에 지나지 않는다고 보았기 때문이다. 쓸모없는 기술이란 바로 이런 권력의 세태를 말하려 하지 않았을까.

교육도 마찬가지이다. 누구를 위한 교육인가. 우리가 생각하는 교육은 무엇인가. 앞으로 우리에게 요구되는 교육의 내용과 현상은 어떤 것인

가. 왜 교육을 받을수록 불평등은 심화되는 것일까. 이런 질문을 계속하여야 한다. 학교와 학교 전통을 위한 것이 아닐 것이다. 교육은 오롯이 학생을 위한 것이어야 한다. 학교는 학생들을 위한 공간이어야 한다.

함께 어울리며 살아가는 교육은

가을 산을 걸으면 마음은 어딘지 모르게 포근하고 넉넉하다. 알록달록한 아름다운 풍경에 마음이 따뜻해지기도 한다. 발길에 밟히는 낙엽에 포근함이 느껴지기도 한다. 가끔 밤과 도토리 떨어지는 소리를 들을 수도 있다. 어떤 사람들은 여기저기 떨어져 있는 밤과 도토리를 줍기도 한다. 잘 익은 알밤과 도토리를 주우면서 생각하지도 않은 공짜를 얻는 기쁨에 마음이 매우 뿌듯하다. 산길 입구에 걸려 있는 '밤과 도토리는 다람쥐의 식량이며 주식이다' 플래카드가 마음을 조금 망설이게도 한다. 다람쥐의 식량을 훔쳐가지 말라는 식량주권의 쟁탈을 경고하고 있지만 발아래 야무지게 영글어진 밤을 놓고 그냥 가는 것 역시 마음은 내키지 않는다. 떨어져 있는 밤과 도토리를 그냥 놓고 가면 어딘지 모르게 아쉽고 손해 보는 것 같은 마음이다.

아무래도 견물생심. 내가 줍지 않아도 누군가 분명히 주워갈 것인데 그냥 가는 것은 어딘지 모르게 아쉬움은 떠나지 않는다. 그냥 가느니 그래도 서너 개 정도 주워가겠다고 생각하면 마음이 바빠지고 발걸음이 어색해진다. 지나가는 사람의 눈치를 보게 된다. 혹 저 사람이 먼저 와서 주워가는 것은 아닌지 경계하게 된다. 주위에 걷는 사람을 반기기보다는 부담이 되고 경쟁자가 되는 듯하다. 저 사람이 내가 주우려는 밤과 도토리를 먼저 주워가는 것은 아닐까, 하는 마음에 불편해지기도 한다. 나의 몫도 아닌데 나의 몫을 가져가는 것 같은 착각을 한다. 이런 마음에 자신도 모르게 발걸음이 빨라진다.

산목편의 이야기를 제시한다.

> 배로 강을 건너는데 빈 배가 다가와 부딪치면
> 비록 성급한 사람일지라도 화를 내지 않는다.
> 그러나 그 배에 사람이 타고 있으면
> 비키라고 소리친다.
> 한 번 소리쳐 묻지 못하면, 다시 소리쳐 묻고
> 그래서 안 되면 세 번 소리쳐 묻는다.
> 또 그래도 안 되면 나쁜 소리가 나오기 마련이다.
> 아까는 화내지 않고 지금은 화내는 까닭은
> 아까는 빈 배였고
> 지금은 사람이 타고 있기 때문이다.
> 사람이 자신을 비우고 생의 강을 흐른다면
> 누가 해(害)하겠는가.

시작은 끝을 향하여 가는 길이며, 동쪽의 태양은 석양으로 이어진다. 태어남은 죽음을 향하는 인생의 여정이다. 오늘도 태양은 떠오르고 우리는 하루하루 삶의 강을 건너며 살아간다. 인생이라는 강을 건너는 우리는 그 강을 어떤 마음으로 건너야 하는가. 강을 건너는 과정에서 배는 세상을 살아가는 자신이고 강은 살아갈 우리에게 주어진 수많은 업과 인연의 고리와 사슬인지 모른다. 생로병사의 고뇌와 번민 속의 강을 개개인은 자신과 관계되는 사람과의 관계를 형성하며 살아간다. 그 과정은 내가 소중하고 귀한 것처럼 상대방도 역시 그렇다는 것이다. 이 것이 세상의 진리다.

자신을 싣고 세상의 강을 건너는 것은 개인들이다. 인간관계에서 서로 간의 이해관계로 부딪칠 때 어떤 마음을 가져야 하는가. 욕심을 갖지 않는 빈 배가 부딪치면 전혀 상관을 하지 않는다. 그러나 자신과 이해관계가 있을 경우에는 경계하게 된다. 자석의 같은 극은 서로 밀어내는 것과 같은 것이다. 욕심을 가진 사람, 자신과 이해관계가 있는 사람 즉 자신의 입장에서 보면 자신이 가진 몫, 타인이 갖고 있는 그 무엇을 요구하면 거부감을 갖게 된다는 것이다. 그것은 자신의 영역 또는 자신의 몫이 줄어들기 때문에 당연히 거부감을 갖게 되는 것이다.

강을 건너가듯이 일생도 긴 여정을 의미한다. 이쪽 세상에서 세상을 살아가는 자신이고 강은 살아갈 우리에게 주어진 수많은 업과 인연의 고리와 사슬인지 모른다. 생로병사의 고뇌와 번민 속에 나와 관계된 사람과의 관계 형성은 중요하다. 그러나 내가 소중하고 귀한 것은 상대방도 역시 그렇다는 것이다.

사람과의 관계도 비슷하다. 마음을 비우고 상대방과 관계할 때는 문제가 되지 않지만 어떤 욕심과 의도를 가지고 행동을 한다면 상대방은 반드시 그 마음을 알아차린다. 자신은 본래 자신의 생각대로 생활하는데 상대방이 빈 마음을 갖지 못하면 자신과 충돌할 수밖에 없다. 자신을 비우고 강을 건너간다면 해칠 사람은 없다는 것이다.

그런데 그것이 쉬운 것이 아니다. 살아가면서 욕심이 없는 사람이 있을까. 그러면서 우리는 상대방이 먼저 마음을 비우기를 바란다. 아니 요구하기도 한다. 내가 마음을 비우는 것이 아니라 상대방이 나보다 먼저 마음을 비우기를 바란다. 자신보다는 다른 사람이 그런 마음을 갖기를 원한다. 어떤 일을 할 때 기대하는 것과 목적은 거의 비슷하다. 인생의 강을 건너면서 자신의 목적을 달성하기 위해서는 마음을 비울 수 있어야 함을 말하고 있는 것이다. 그런데 누가 먼저 마음을 비워야 하는가.

그러나 한 개인은 그가 처한 상황에 따라 그에 따른 역할과 지위가 주어진다. 어떤 경우에는 갑의 위치에 있기도 하고 다른 경우에는 을의 위치에 있기도 한다. 자녀에게는 자상한 아버지이지만 직장에서는 냉정한 상사가 되어야 한다. 개인이 처한 상황에 따라 그 역할은 매우 다양하게 바뀌게 된다. 사회생활에서 어떤 관계이든지 일방적인 관계는 있을 수 없다. 우리의 삶에는 과정의 과정에서 어떤 자세와 마음을 가지고 살아가느냐에 따라 달라지는 것이다. 그 과정에서 또 상황에서 상대방을 어떻게 만나고 소통해야 하는지는 매우 중요하다.

산을 걷는 것은 밤과 도토리를 줍기 위한 것이 아니다. 그냥 가을 산의 넉넉함을 느껴보기 위해 산을 걷는다. 이 마음으로 걸으면 만나는 사람이 반갑다. 밤을 줍고 도토리를 찾는 모습이 오히려 정겹고 옛 맛을 느껴보려는 마음이라 생각하면 오히려 알뜰한 사람이라는 생각을 하게 된다. 비록 다른 사람들이 야생동물의 먹이를 주워가는 야속함은 있을지라도 나의 산행 길은 행복하다.

초등학생들은 6년, 중학생은 3년의 강을 같은 학교에 입학한 날부터 건너가야 한다. 같은 나이에 같은 내용을 배우고 비슷한 관심과 비슷한 생각을 가진 아이들이 함께 생활하며 배우고 있다. 이들은 서로 부딪칠 수밖에 없다. 아이들은 수없이 서로 부딪치는 것이 정상일 것이다. 비슷한 지적 판단 능력과 감성과 감정을 가지고 있으므로 어떤 상황이 되면 그대로 충돌하게 되는 것은 당연하다. 같은 내용을 배우고 있으니 경쟁하는 것은 어쩔 수 없는 현상이다. 동년배의 아이들이 동일한 내용을 동일한 방법으로 동일한 시기에 같이 배운다면 잘하고 못하는 평가가 이뤄지는 것은 너무 자연스러운 것이다. 더구나 누가 잘하는지를 부추키니 경쟁은 심화될 수밖에 없다. 이런 현상이 학교교육이 갖는 태생적 한계이다. 이런 환경은 서로 간의 경쟁이 오히려 자연스럽다. 서로 간의 부딪침 속에서 생활한다. 어떤 완충지대를 형성하기 어려운 것이다. 마음을 비우고 서로 만날 수 없다. 배움의 장이 우정의 강이 될 수는 없다. 마음을 터놓고 사귀면서 학교의 강을 건널 수 없다. 아쉽게도 우리 아이들은 서로가 친구가 아니고 경쟁자가 될 수밖에 없는 것이다.

너무 단순하고 단선적인 우리 교육생태계가 안타깝다. 사회는 여러 연령 계층을 이루며 그 안에서 살아가는데 왜 학교에서는 이런 행태의 교육이 이루어져야 할까? 문화센터 등 사회교육기관의 여러 형태의 교육은 다양한 연령층이 함께 배우고 익히는 데 아무 문제가 없다. 어린 아이는 나이 많은 아이에게 도움을 받고, 나이 많은 아이는 어린아이에 도움을 주어 뿌듯하고, 잘하는 아이는 못하는 아이에게 도움을 주고, 못하는 아이는 잘하는 아이에게 고마워하는 문화는 만들 수 없을까. 서로 가르쳐 주고 서로 배우고 서로가 지도자가 되고 서로 도움을 주는 환경을 만들 수 없을까.

사회적 기준은 순위를 만든다고 하고 교육적 기준은 인간화를 만든다고 하는데 학교의 교육이 인간화의 기준을 만들 수는 없을까.

교육은 곧 실천이다

조용한 산길을 걸으며 이 길이 언제부터 생겼을까 생각하며 걸은 적이 있다. 아무도 걸어가지 않았을 산길을 걸어가야겠다고 비탈지고 가파른 곳을 걸어보았다. 그 길은 힘들고 어려웠다. 아무도 걸어가지 않았다면 내가 처음으로 걸어간 길이고 내가 걸어갔으므로 만들어질 것이라고 생각했다. 아무도 걸어가지 않았을 때는 길은 없다. 길은 누군가 필요에 의해 걸어갔기 때문에 생긴 것이고 그 길을 다른 사람들도 걸어가면 길이 될 것이다. 길은 누군가 먼저 걸었고 그 다음 사람도 그 길을 걸어가면서 생기게 되는 것이다.

길은 도(道)이다. 살아가는 길을 도라고 한다. 도(道)는 동양사상의 궁극목표이고 핵심이다. 도는 자연이고 길이기도 하다. 태극이고 태초의 상태라고도 한다. 유교에서는 도의 최고 경지에 오른 사람을 성인군자라 하고, 도가(道家)에서는 선인 또는 도인이라 불렀다. 유교에서 도는 도달하고 성취하는 것으로 본 것이다. 즉 어느 정점, 최고점에 오른 것을 의미한다. 그 지점에 도달하기 위해서 고행과 수행을 하는 것이다. 이는 현재의 고행으로 내일을 취하는 것이다. 오늘을 사는 것이 아니라 내일을 사는 것이 목표가 되는 것이다. 그렇지만 그 길은 모든 사람이 그 목표에 도달할 수 있는 것은 아니다. 이런 도의 경지에 이르기 위해서는 덕을 쌓고 수행을 하고 스스로 고행을 자처하기도 하였다.

도를 찾아가는 것도 어렵지만 그 도(道)에 도달하는 것은 또한 매우 어려운 난제 중의 난제였다. 그래서 일반 대중들은 함부로 성인군자가 되거나 도인이 되려고 하지 않았다. 그래서인지 아주 특별한 극소수의 사람만이 달성할 수 있는 과업으로 여겼다. 그래서 성자(聖者)는 천지도(天之道)

라 하였고 사람의 길이 아니라 하늘의 길이라 한 것인지 모른다.

제물론편에 길에 관한 이야기가 있다.

> 길은 사람이 걸어다녀서 만들어지고 사물은 사람이 그렇게 불러
> 서 그런 것이다.
> 가능한 것을 가능하다고 하고, 불가능한 것은 불가능하다 한다.
> 길이란 다니니까 생기는 것이고, 물(物)이란 그렇게 부르니까 그런
> 것이다.
> 왜 그러한가. 그러하니까 그러한 것이다. 왜 그렇지 않은가. 그렇지
> 않으니까 그렇지 않다.
> 물에는 진실로 그러하도록 되어 있고, 물에는 그러한 가능한 것이
> 담겨져 있다.
> 그렇지 않은 것이 없고, 그렇게 가능하지 않은 것이 없다.

도행지이성(道行之而成) 물위지어연(物謂之於然) 악호연(惡乎然) 연어
연(然於然)
악호불연(惡乎不然) 불연어불연(不然於不然) 물개유소연(物固有所然)
물개유소가(物固有所可) 무물불연(無物不然) 무물불가(無物不可)

가능하다고 생각하기 때문에 가능한 것이고, 그 물건을 그 물건이라
고 하니 물건인 것이다. 도는 이루기 위한 것이 아니라 행함으로 이루어
진다는 것이다. 도달하기 위한 이상의 도가 아니라 행(行)하는 것이 바
로 도라는 것이다. 행하는 것은 현재를 의미한다. 미래를 위한 현재의
고통이 아닌 것이다. 그러므로 행하는 것이 도에 이른다는 의미는 유교

에서 주장하는 도의 개념과는 다른 것이다. 걸으면 길이 되는 것은 나의 자유의지이다. 있는 길을 가야 하는 것과 가면 길이 된다는 것은 커다란 차이가 있고 주는 의미도 대단히 다르다. 가는 것이 길이라는 것은 굉장히 파격적인 관점이다.

처음에는 길이 없었다. 본래 없었지만 누군가 걸어가서 길이 되었다. 그 누군가는 필요에 따라 걸었을 것이다. 이처럼. 누군가 걸어가면 길이 된다. 많이 걸을수록 넓은 길이 되고, 많은 사람이 걸을수록 큰 길이 되는 것이다. 걸으니 길이 되고 길이 되니 그 길을 걷는 것이다. 삶도 바로 이런 것이 아닐까.

어느 날 내가 걸었던 비탈지고 가팔랐던 길을 찾아보았으나 찾기도 힘들었고 흔적도 없었다. 길은 생기지 않은 것이다. 그 이후에는 아무도 그 길을 걷지 않았다는 의미이다. 하물며 나 자신도 그 길을 더 이상 걷지 않았는데 누가 그 길을 걸었겠는가. 우리는 자신이 걸었던 길이 가장 어렵고 힘든 길이라 생각한다. 자신만이 가야 하는 길은 멀고 힘들고 어렵고 가파르다고 생각한다. 다른 사람이 보기에 쉽고 편한 길처럼 보였을지라도 자신이 가는 길은 힘들고 험난하였다고 생각한다. 그러나 그 길이 어려웠다는 것은 오직 자신만이 알 뿐이다. 문(門)을 찾아 나섰던 선승은 천 리 길을 걷고 만 리 길을 헤매고 난 이후 겨우 문을 찾았다. 그리고 그 문을 열었더니 문은 그곳에 없고 자신의 생각 속에 문이 있었다 한다.

우리가 길을 찾아나서는 것도 이와 같은 것인지 모른다. 그렇지만 우리는 도를 찾아 길을 나선다. 길이 있기 때문이다. 그래서 길은 걸어야 한다. 길은 목적이 아니라 수단이다. 길은 걷는 것이지 어디에 도달하기 위한 것이 아니다. 목적지에 도달하기 위한 것이 아니다. 걸어가는 길에는 경쟁이나 시합이 없다. 없었던 길도 걸어 가면 길이 되고 그 길은 도가 되는 것이다. 그래서 자신에게 주어진 길을 묵묵히 걸어가면 되는 것이 아닐까. 길을 걸어서 어느 지점에 도달하기 위한 목적이 있는 것이 아니라는 의미이다. 걸으면 길이 되는 것은 길은 자유의지라는 의미이기도 하다.

교육도 마찬가지가 아닐까. 무엇을 하기 위해서 교육을 한 것이 아니었다. 살아가기 위해서 필요하기 때문에 가르치고 배웠을 것이다. 책을 통해서 배우기보다는 생활 속에서 이루어졌을 것이다. 교육이 바로 삶이며 삶 속에 있는 것이다. 즉 우리의 삶 속에서 하나하나를 실천해야 하는 것이다. 따라서 교육은 우리에게서 멀리 떨어져 있지 않고 매우 가까이 있는 것이다. 행하는 것은 바로 삶이고 삶이 교육인 것이다. 장래에 무엇이 되기 위한 것이 아니라 지금 자신에게 주어진 일을 실행하는 것이다. 이런 일을 하는 것은 다음이 아니라 현재이기 때문에 해야 한다. 현재 직면해 있기 때문에 실천 과정에 있는 모든 사람에게 기회가 제공된다. 교육은 시키고 강제로 이끌어 가거나 유인하는 것이 아니다. 지금 현재에 참여하게 하는 것이 중요한 것이다.

우리의 삶의 목표가 부와 명예를 찾는 것이라면 이는 미래를 위한 것이지 지금의 삶이 아니다. 부와 명예를 찾는 미래는 당연히 경쟁하고 경쟁해야 함을 피할 수 없다. 그러나 교육이 사람이 되기 위해 가야 하는 길이라면 같이 가고 함께 가면 된다. 함께 할수록 그 길은 커지고 더 가기 편한 길이 될 것이다. 그 길에서는 빠르고 늦은 것이 문제가 되지 않는다. 주어진 길을 자신의 능력대로 걸어가면 자신의 길이 되는 것이다. 함께하면 함께하는 길이 되는 것이다. 개인 나름의 능력으로 걸어가는 길에는 조금 빨리 가는 사람, 조금 늦게 가는 사람 사람도 있을 것이다. 각기 자신의 능력에 따라 가는 길이지만 그 길은 자신만의 전용도로이고 서로 함께 가는 길은 함께가는 공용도로가 되는 것이다. 자기만의 전용도로를 가면 갈수록 그 길은 넓어지고 쉽게 갈 수 있는 것이다. 자기만의 전용도로이지만 모두에게 공용도로가 되는 것이다. 그래서 이 길은 재미있고 아름다운 길이다. 이 길은 어깨를 겨루기 위해 가는 것이 아니라 어깨를 나란히 하면 걷는 것이기도 하다. 빨리 가는 사람은 천천히 가는 사람들을 계속 만나면서 같이 걸을 수 있다. 천천히 가는 사람은 자기보다 빨리 가는 사람을 계속해서 만날 수 있다. 그 길에서 각기 다른 사람을 계속해서 만날 수 있다. 그 만나는 과정은 각자 자신의 이야기를 만드는 과정이고 자신의 삶을 이야기하는 길이다. 이 길에는 누가 빨리 가느냐 늦게 가느냐가 아니다. 단지 자신의 능력에 따라 걷고 같이 가는 사람과 함께 때로는 같이, 때로는 따로 가는 것이다. 당연히 함께 걸어가는 이 길에는 경쟁이 없다. 오직 같이 또는 다르게 가는 것뿐이다. 길은 경쟁이 아니라 함께하는 것이다. 이 길에는 함께하는 동료성이 있다.

교육의 길도 이와 비슷할 것은 아닐까. 무엇이 되기 위해서 교육을 하는 것이 아니다. 누구를 이기기 위해서 배우는 것이 아니어야 한다. 가르쳐야 하는 당연함이 있기에 가르치고 배워야 하는 욕구가 있기에 배워야 하는 것이다. 가르치는 것과 배우는 것이 도구가 되어서는 안 된다. 가르치고 배우는 활동 그 자체가 바로 삶이기 때문이다. 목표를 두고 그것에 도달했느냐 여부가 중요한 것이 아니다. 그 길을 가기 위해 얼마나 처절한 삶을 경험했느냐 즉 실천하고 체험했느냐 하는 것이 중요하기 때문이다. 도행지이성(道行之而成), 우리 모두가 도(道)로 통하는 길은 생각보다 쉽다. 배우고 느낀 것을 그대로 실천하면 된다. 행(行)함이 바로 도(道)이고 도(道)가 곧 교육이 되어야 하는 것은 아닐까.

우리 모두는 장애인

책 속에서 얻는 지혜는 이루 헤아릴 수 없이 많다. 그중에서 가장 큰 깨달음은 예전 살았던 사람들의 생각이나 감정이 지금 우리가 생각하는 감정이나 느낌과 크게 다르지 않다는 것을 알게 되었을 때이다. 특히『장자』를 읽으면서 느낀 것이 많다.

기원전 5~6세기에 살았던 사람들의 생활 모습을 상상하여 보면 그들은 먹는 것이나 주거시설 등 지금 우리와 비교할 수 없을 정도로 열악하였을 것이다. 우리의 60년대만 생각해도 생활 모습이 어떠하였는지 너무도 잘 알 수 있다. 보릿고개가 있었고, 가뭄과 홍수 등의 자연재해는 끊이지 않았다. 그런데 전쟁은 하루도 쉬지 않고 계속되는 상황이라면 그들의 삶이 어떠했을지 가히 상상을 초월한다.

비록 생활 모습은 다르고 먹고사는 것에는 이루 말할 수 없이 차이가 컸지만 춘추전국시대를 살았던 사람들의 생각이나 감정은 지금 우리의 생각이나 별로 다를 것이 없다. 오래전에 살았기 때문에 그들은 무엇인가 부족하고 어리석고 올바른 판단을 하지 못하고 살았을 것으로 생각할 수도 있다. 그들은 우리가 생각하는 것이나 감정을 갖지 않았을 것으로 생각하기도 한다. 그러나 그들의 생각이 터무니없거나 어리석거나 부족하지 않았다는 것도 책을 읽으면 읽을수록 알 수 있다.

당시 장애인들의 모습과 생활 모습을 상상하여 보자. 그것도 무려 2,500여 년 전 장애인의 모습과 그들이 세상을 어떻게 살았을지를 생각하여 보자. 일반인들도 세상 살기가 힘들었던 전국시대의 그 엄혹한 시절에 말이다. 지금은 장애인을 보는 시각이 조금 나아졌다고는 하지만 얼마 전까지만 해도 장애인을 보는 우리 시선은 결코 곱지 않았다. 겉모습이 자신과 다르다는 이질감, 어딘가 부족하거나 어리석은 것은 아닐까 하는 우려도 있었을 것이다. 장애인들을 무시하는 것은 물론 장애인은 천벌을 받은 사람 또는 재수가 없는 사람쯤으로 취급했던 것이 얼마 전까지 우리의 모습이 아니던가. 그런데 2,500여 년 전 장애인을 등장인물로 설정하여 인간이 사는 세상을 살펴보았다는 것은 대단한 혜안이다. 가장 먼저 이들에게 관심을 가진 사람이기도 하여 장자를 장애인의 선구자라 해도 지나치지 않는다고 평하고 있다.

그것은 현재를 살아가고 있는 우리의 생각이나 크게 다르지 않다는 것 그리고 우리가 지금 생각하고 경험하면서 느끼는 모든 것을 그 시대의 사람들도 이미 일어났고 경험하고 생각하던 것들임을 알 수 있다. 춘추전국시대에 살았던 사람이나 오늘을 사는 사람이나 시대적 상황과 문명의 발달 정도는 엄청난 차이를 지니지만 사람들의 생각은 별로 다르지 않다는 것을 느낄 수 있다. 오래전에 살았지만 우리는 그들의 삶을 되돌아보며 삶의 지혜를 얻게 되는 것은 이런 점 때문일 것이다. 그들의 생각이 결코 부족하거나 어리석지 않았음을 알고 있다면 우리는 얼마나 부족한 인식의 틀에 있는 것인지도 알게 된다.

문명은 축적된 지식과 기술 발달의 산물이다. 그 당대에 발전된 지식과 기술은 다음 사람에게 서적으로 기록으로 남겨지고 전수된다. 당대에 모인 지식과 기술은 전수되어 다음 세대로 이어진다. 그렇게 축적되고 축적된 것이 오늘날의 문명이다. 축적된 지식과 기술의 총화가 오늘날 우리의 삶 현상인 것이다. 이렇게 지식과 기술은 후대에서 후대로 계속 이어지고 전수되지만 그 시대를 살았던 지혜는 전수되지 않는다.

그들의 삶과 지식이 책이나 기록으로 남겨지지만 직접 경험하지 않으면 알 수 없기 때문인지 모른다. 지혜는 그 사람이 직접 체득하여야 깨달을 수 있는 것이기 때문인지 모르겠다. 선현들이 일러주는 지혜는 극히 소수에게만 그 비법을 깨닫게 되고 그 상황에 처해야만 알 수 있기 때문에 지혜는 대부분 다른 사람에게 전수되지 못하는 것인지 모른다. 그것이 서적이나 기록으로 남는다고 해도 그 내용을 이해하고 습득하기에는 쉽지 않고 그만한 시간과 노력, 또는 스스로의 체득이 있을 때만 가능하기 때문인지 모른다. 그래서 우리는 단지 글을 쓸 때나 말할 때 옛 고사성어를 인용하는 데 그친다.

『장자』에 등장하는 장애인들의 모습과 그들을 대했던 당시 사람들이 가졌던 생각은 지금도 별반 다르지 않고 비슷하다. 『장자』에 등장하는 다양한 장애인을 살펴보면 상징성과 우화적 표현이 많다. 등장인물은 대부분 가상 인물이지만 그 이름이 주는 의미는 시사적이다. 인기지리무신이라는 사람은 절름발이이고 곱추에 언청이로 3중 장애를 가졌다. 옹양대군은 큰 혹이 있는 사람이며, 애태타는 얼굴이 아주 못생겨 보기 흉한 사람이다. 숙산무지는 발이 없는 절름발이이고, 신도가는 형벌로 다리가 잘린 전과자였고, 왕태는 형벌로 발 하나가 잘린 사람이다. 장애 유형도 다양하다. 장애 유형은 대부분 외형적으로 볼 수 있는 신체장애이고 선천적인 장애도 있지만 후천적인 장애인도 등장한다. 대부분의 후천적인 장애는 그 시대적 상황을 반영한 것으로 볼 수 있다.

장자에 등장하는 장애인들을 보면서 이들이 지니고 있는 장애의 불편함이나 사회적 시각보다 더 중요한 것은 그들이 세상을 보고 살아가는 시각이다. 이들은 자신의 외형에 대해 전혀 부끄러워하거나 불편해하지 않았다. 몸은 비록 불편하고 남들이 보기에 흉측하기도 하고 부족한 것처럼 보였지만 그들은 당당했다. 군주에게 간언을 서슴지 않았고 어떤 이는 국가경영 능력과 미래에 대한 비전을 제시할 수 있는 능력을 겸비한 사람이기도 하였다.

또 어느 누구와도 어울릴 수 있고 어느 누구와도 대화할 수 있는 자유로운 정신을 소유한 어떤 사람도 있었다. 장애 때문에 전쟁에 끌려가거나 목숨을 위협받기보다는 생존할 수 있었다고 위안을 받기도 하였다. 비록 신체는 불편하고 외모는 보기 흉했을지 모르지만 정신세계는 올바르다는 것이다.

또 거센 세상 풍파에도 장애와 상관하지 않고 생활하였다. 제상을 지낸 사람과 공부할 수 있을 정도로 교육 기회에 적극 참여하였고, 자신의 약점이 외적으로 많았음에도 불구하고 부끄러워하지 않았으며, 자존심과 더불어 세상에 대한 안목과 지혜로 세상을 나름대로 꿰뚫어 보고 얽매이지 않고 바르게 볼 수 있는 경지에 도달하기도 하였다.

장자는 무슨 말을 하고 싶었을까?

개개인의 인격은 외모로 판단하는 것이 아니라 그 사람의 마음에 달려있다는 것이다. 인간은 자신의 잘못과 단점을 보지 못한다. 자신의 단점보다는 남의 잘못을 보고 비판하고 비난하기 일쑤이다. 남의 단점은 밖으로 드러나지만 자신의 단점은 알지 못한다. 자신만이 알고 있는 단점은 자신 이외 그 누구도 언급할 수 없다. 그래서 자신의 잘못을 고치지 못한다. 남의 단점을 보기보다는 보이지 않는 자신의 단점을 크게 보아야 한다는 상징적 의미가 아닐는지 모르겠다. 우리 모두는 일정 부분 장애인이다. 완벽하지 못하다는 것은 장애인이라는 의미를 지니고 있다. 절대자, 하느님이 아닌 이상 인간 자체의 불완전함을 지니고 있기 때문이다.

그러나 우리는 신체적으로 불편한 사람을 보지만 인간 자체의 불완전함을 알지 못하는 것이다. 우리는 절대자가 아닌 이상 정신적으로 육체적으로 불완전함을 익히 잘 알고 있다. 육체적인 장애만을 생각하지만 보다 중요한 것은 정신적인 불안전함을 인식하여야 한다. 심리적·정신적 장애를 인식하여야 하는 것이다.

또 우리는 살아있는 동안 잠재적인 장애인이기도 하다. 예측하기 힘들고 변화무쌍한 현실에서 언제 어떤 사고를 당할지 알 수 없는 현실이 우리 앞에 있음을 알고 있어야 한다. 문명은 발달하였지만 인간의 행동과 생각은 예나 지금이나 바뀐 것이 별로 없어 보인다. 무엇 때문일까. 문명은 인간의 지식과 기술이 이어져 다음 세대로 계승되고 축적되어 간다. 그런데 왜 오래전에 살았던 사람들이 수없이 그 잘못을 저질러 통탄하고 하지 말아야 한다고 주장하고 회개했던 것들을 후세대를 사는 사람들 역시 반복하며 후회하는 것일까.

문명이 발달하고 더 많은 지식을 얻었으면 과거의 실수나 잘못은 줄어들거나 반복되지 않아야 할 것 같은데 그런 실수와 잘못은 여전히 계속되고 있다. 책을 통하여 깨닫고 교육을 받고 더 많이 밝은 세상이 되었지만 그것은 고쳐지지 않는다.

그것은 개개인의 삶은 개개인의 삶으로 그치고 있기 때문일 것이다. 개인의 지혜는 누적되지 않고 개인의 지혜로 끝나기 때문일 것이다. 때문에 지식은 전수되지만 지혜는 전수되지 않는 듯하다. 지혜는 각자의 삶에 대한 깨달음이 있어야 하기 때문일 것이다. 역사적인 사건이나 역사적인 인물들을 통하여 그 사건과 그 사람에 관한 지식과 그 사실은 알지만 그 속에 담겨져 있는 지혜는 각 개인이 스스로 깨쳐야 하는 것이기도 하다. 그래서 사람 사는 것이 옛날이나 지금이나 변한 것이 없고 어디 살든지 똑같다는 말은 이런 까닭이 있는 것이 아닌가 생각한다. 문명은 과거와 비교할 수 없을 정도로 발전하였지만 개인은 실수와 실패를 반복하고 있는지도 모른다.

춘추전국시대에도 관심을 가졌던 장애인의 삶과 그 질에 관한 문제를 지금도 우리는 고민하고 있다. 장애인에 대한 인식이 과거에 비해 많이 개선되었다고 하지만 아직도 이들을 바라보는 시선은 곱지 않은 것이 현실이다. 일본인 오토다케 히로타다는 "인간은 어떻게 태어나느냐가 중요한 것이 아니라 어떻게 사느냐가 중요한 것이다."라고 말하였다. 그는 양팔과 양다리가 없는 중증장애인이다.

인간은 누구나 장애인이 될 수 있는 가능성을 가지고 있다. 매일같이 발생하는 안전사고와 교통사고는 후천적 장애 가능성을 높여주고 있는 현실이다. 이런 면에서 장애 예방교육 또는 장애인 이해 교육을 이해하여야 한다.

존 롤즈를 언급하지 않아도 알고 있듯이 최소 수혜자에게 최우선하는 정책이 필요함은 사회적으로 적실하다. 교육정책도 마찬가지이다. 장애인에 관한 관심, 저소득층 자녀에 관한 우대 정책의 확대가 필요하다. 더불어 살아가는 교육. 이런 관점에서 적극적인 노력이 필요하다.

아이들을 사랑하는 마음은

산 가까이에 있는 집 덕분에 새소리를 아침저녁으로 들을 수 있다. 얼마 전부터 까치가 베란다 가까이 왔다. 유별나게 가까이 와서 큰 소리로 노래를 하고 갔다. 숲속에서야 자기들끼리 의사소통하는 것은 무어라 하겠는가. 그런데 창틀 베란다까지 와서 노래하는 걸 모른 척하는 것은 까치에 대한 성의가 부족한 것이 아닐까 하는 생각이 들었다. 시끄럽기도 하였지만 베란다 창틀까지 와서 노래하는 것은 무슨 말을 하고 싶거나 무엇인가를 일러주려는 것이 아닌가 하는 생각이 들었다. 그렇다면 매일 아침에 이렇게 가까이에서 노래하게 하면 좋을 것 같았다. 그 방법은 적당히 먹이를 주면서 유인하여 길을 들여 보자는 생각으로 이어졌다.

당장 에어컨 송풍기 위에 견과류를 쪼개서 올려 놓았다. 까치가 한 마리는 주변을 돌고 눈치를 살피던 녀석이 '까~~~악' 소리를 지르며 먹었다. 성공이었다. 다음날에도 그리고 저녁에도 견과류를 주었는데 먼저 한 녀석이 소리를 계속하면 그 소리를 듣고 다른 녀석이 와서 같이 먹기도 했다. 두 마리가 되기도 하고 세 마리가 같이 와서 먹기도 했다. 한 녀석이 먼저 와서 안전을 살피고 나서 소리를 하면 다른 녀석들이 같이 와서 먹는 것 같기도 했다. 밥을 주기도 하고 치즈를 쪼개어 주기도 하였는데 역시 잘 먹었다. 어떤 날에는 예닐곱 마리 정도가 와서 합창을 하며 번갈아 먹고 날아가기를 반복하였다. 서로 연락을 해서 좋은 아침 식사가 있다는 것을 공유하고 있는 것 아닌가 하는 생각도 들었다. 이 정도로 먹이가 있다는 것을 여러 마리가 알았으니 아침저녁으로 어떤 녀석이 오더라도 한두 녀석은 꼭 올 것이다. 여기만 오면 먹이가 있으니 안정적인 주식 공급처를 확보한 셈이 되는 것이다. 나는 안정적인 공급을 제공하기로 마음먹었다.

이제는 좀 더 격식을 높여주어야겠다고 생각했다. 송풍기 위에 그냥 흩어놓았던 먹이를 그릇에 담아주었다. 고동색 목각 그릇에 견과류, 밥, 사과 조각, 치즈 등 먹이도 다양화하고 그 양도 조금 늘렸다. 목각 그릇은 묵직해서 바람에 날리지도 않고 넓적해서 편안한 느낌이 들었기 때문이다. 그런데 까치는 며칠 동안 오지 않았다. 먹이도 다양화하고 격식도 나름 높였는데 오지 않다니 야속했다. 쌀과 바나나도 얇게 썰어 놓기도 하였다. 바나나 냄새를 맡는다면 올 수 있으리라. 그러나 까치는 건너편 숲에도 나타나지 않았다. 이틀 후 까치가 어떤 특정 색깔에 거부감이나 두려움을 느끼는 건 아닐까. 목각 그릇의 모양이 커다란 새 모양이었다. 혹 자신을 해치는 맹금류 정도로 생각한 것이 아닌가. 아무튼 까치는 오지 않았다.

목각 그릇을 대신해서 하얀색 플라스틱 그릇으로 바꾸었다. 송풍기가 흰색 계통이어서 처음 놓았던 것과 비슷하게 해서 색의 원형을 유지하고자 했다. 그러면서 품위는 유지한다는 생각이었다. 그래도 며칠 동안 까치는 오지 않았다. 플라스틱 그릇에 종이를 깔고 먹이를 놓고 그 주위에도 먹이를 흩어 깔아 놓았다. 까치는 플라스틱 안에 있는 먹이보다는 그 주변에 흩어져 있는 여러 가지 먹이를 먹었다. 플라스틱 안에 있는 먹이를 먹는다는 것은 어쩌면 위험하다고 생각했을지도 모르겠다. 플라스틱 그릇의 가장자리에 놓은 것까지는 먹었으나 그 안의 먹이는 먹지 않았기 때문이다. 그릇 안의 먹이를 먹는 것은 덫에 걸릴 수 있다고 판단했을지 모르겠다.

이번에는 종이에 깔아 주었다. A4 용지 위에 이것저것 올려 놓았다. 또 며칠 소식이 없다. 어떤 위협적인 상징물도 위험한 덫도 없애 주었다. 나름 생각해서 먹이를 주고 그릇도 바꾸어 격식도 높여주고 하였으나 까치는 영 내 마음 같지 않았다. 먹이가 놓여있는 것 자체의 어떤 인위적인 것이 있다면 스스로 위험도 느끼는 것은 아닐까. 이제 송풍기 위에 그냥 놓아 두기로 했다. 며칠이 지난 후 어떤 녀석이 소리도 없이 혼자 먹고 날아간다. 참새보다는 조금 더 큰 이름 모를 새도 가끔씩 물고 간다. 또 다른 어떤 녀석은 꼭 소리를 내면 다른 녀석이 곧 뒤따라와서 같이 먹고 간다.

까치의 성격도 각기 다른 모양이다. 혼자 몰래 먹고 가는 녀석, 꼭 친구를 데리고 와서 같이 먹고 가는 녀석, 먹기 전에 까~~~악 소리 낸 후 먹이를 먹는 녀석도 있다. 다양한 먹이 중 치즈를 가장 먼저 먹어 치운다. 까치도 도시화되는 것은 아닌지 모르겠다.

까치 먹이를 주면서 이런 생각을 한 것이다. 어찌 까치와 새들의 마음을 알 수 있겠는가. 까치의 생각은 알지 못하면서 혼자 그리 생각할 뿐이다.

먹이가 있다고 까치는 오지 않는다. 먹이가 있으면 와서 먹을 확률은 높겠지만 그렇다고 꼭 오지는 않는다는 것이다. 먹이가 다양하게 제공되었는데도 오지 않았다. 먹이가 많든 적든, 어떤 먹이가 있든 그들이 언제 오는지 알 수 없다. 까치는 먹이가 있든 없든 그들이 오고 싶으면 오고 오기 싫으면 오지 않는다. 오고 오지 않고는 전적으로 까치에서 달려있다. 나는 먹이를 주고 있지만 까치의 마음은 알지 못한다. 먹고 먹지 않는 것은 까치에 달려있다.

이조양양조(以鳥養養鳥). 새를 기르기 위해서는 새의 습성에 따라 길러야 한다. 지락편에 나오는 바닷새 이야기가 있다.

새를 무척 좋아했던 군주가 새를 위해 소고기, 돼지고기, 양을 잡아 대접하고 음악까지 틀어주고 술을 권하였지만 그 새는 3일 만에 죽고 말았다는 것이다.

바다에서 살았던 새를 제후는 자신이 좋아하는 술과 고기 그것도 주로 육류로 대접했다. 바닷새가 살았던 생태환경에는 전혀 관심을 두지 않았다. 자기가 좋아하면 다른 사람도 좋아할 것이라는 지나친 보살핌은 아니함보다 못하다. 제후는 자신만을 생각하고 바닷새에게 음식을 제공했다. 자신이 맛있으면 새에게도 맛있을 것으로 생각한 것이다. 그 것은 보살핌과 제공이라기보다 강요였던 것이다. 제후의 잘못된 보살핌과 일방적 강요가 결국 바닷새를 죽게 한 것이다.

새가 좋아하는 먹이가 아니라 군주가 좋아하는 음식이었다. 자신이 좋아한 음식이니 새도 좋아할 것으로 생각한 것이다. 아이들을 기르고 교육시키는 것도 이와 같은 것이 아닐까. 부모가 좋아하고 부모가 필요해서 하는 교육은 아이를 병들게 한다. 새를 기르는 것은 새가 사는 대로 살게 놓아 주어야 한다.

우리 아이들을 진정으로 사랑하는 것은 어떻게 해 주는 것일까?

교육에서도 소통은

보기 좋은 떡이 먹기도 좋다는 말도, 이왕이면 다홍치마라는 말도 보기 좋은 것을 더 선호한다는 의미일 것이다. 좋은 인상을 주고 젊고 멋있게 보이고 싶은 욕망은 누구나 비슷하다. 젊은 사람뿐 아니라 나이 먹은 사람도 미용과 피부에 관심을 갖는다. 젊은 사람들에게 외모는 직장을 구하는 데도 빼놓을 수 없는 중요 사항이 되었다. 미모는 살아가는 중요한 조건이 되었다. 그래서 현대는 보여주는 시대라고 한다. 그런데 못생긴 사람의 이야기가 있다.

덕충부편에 나오는 애태타 이야기이다.

외모가 형편없는 추한 사람이 있었다. 배운 것도 별로 없고 말도 잘하지 못했다. 재물도 많지 않아 겨우 먹고 살 정도에 지나지 않았다. 다른 사람과 만나도 남보다 말을 먼저 하지도 않았다. 그는 다른 사람이 말하면 웃으며 그저 맞장구를 칠뿐이었다.

이 소문이 온 나라에 번져 당시 위나라 애공(哀公)도 그를 만나고 싶어했다. 애공이 그를 만났는데 소문대로 추하기 이를 데 없었다. 한 달을 같이 지낸 애공은 그에게 온통 마음을 빼앗겼다. 일 년을 같이 지내고 그에게 나라 일까지 맡기려고 하였다.

그러나 이 말을 들은 그는 홀연히 사라지고 말았다.

그는 권력도 학력도 재력도 없다. 거기에다 외모도 갖추지 못한 사람이었다. 뿐만 아니라 다른 사람을 현혹시키는 교언영색 즉 듣기 좋은 말로 환심을 사려는 사람도 아니었다. 그런데 그와 함께 지내본 사람은 남자든 여자든 그의 곁을 떠나지 않았다. 심지어 여자들은 다른 사람의 아내가 되기보다는 그의 첩이 되기를 원했다. 지위고하, 남녀를 불문하고 수많은 사람이 그를 따르고 좋아한 것이다. 힘도 없고 돈도 없는 흙수저이다. 거기에다 외모도 받쳐주지 못하고 보기에도 흉해 민망할 정도의 사람. 요즘 말로 하면 별 볼 일 없는 사람인데 이렇게 좋아하게 되었으니 어떤 매력이 있었을까.

당시 시대적 상황에서 그 실마리를 찾아보고 싶다. 당시는 피비린내가 진동하던 전국시대였다. 현실은 먹고 먹히는 살벌함 그 자체였다. 오랜 전쟁으로 민심은 피폐할 대로 피폐해졌고 백성들의 생활은 이루 말할 수 없었다. 자식 잃은 부모 슬픔, 부모 잃은 자식의 아픔, 전쟁으로 재산을 잃은 쓰라림, 분노와 슬픔은 극에 달하였으며 삶에 대한 환멸과 시대의 원망은 모두의 가슴에 응어리져 있었을 것이다. 불안과 배신, 그리고 전쟁의 참화 속에 그 어떤 믿음과 신뢰는 있을 수 없었고 서로를 믿지 못하는 불신과 반목의 사회였을 것이다. 살아남기 위하여 자신을 잘 포장하지 않으면 인정받을 수 없었다. 남의 말을 듣기보다는 자신의 생각과 의견을 주장하고 관철시켜야 했다. 이른바 백가쟁명의 시대였다. 자신의 정책과 이론을 세상에 던져 놓고 서로가 경쟁하던 시대였다. 자신을 어떻게든 표현하고 자신을 변명할 수 있어야 살아남을 수 있는 시대였다.

이런 삭막하고 각박한 현실에서 누군가 자신들의 이야기를 들어주고 자신의 말에 긍정하고 공감해 주는 사람은 없었다. 자신의 생각과 이념만이 옳고 자신의 힘과 남보다 뛰어난 재능만이 다른 사람을 압도할 수 있었다. 그런데 어떤 사람이 자신들의 이야기를 있는 그대로 들어주는 것이다. 그는 어떤 이권이나 청탁할 만한 위치에 있는 사람도 아니었다. 재산도 별로 없고 권세도 없고 외모는 추하기까지 한 사람이었다. 결코 만나고 싶지 않은 사람이다.

그러나 사람들은 그를 좋아하게 되고 만나면 헤어지기 싫어하였다. 그는 만나는 사람의 이야기를 들어 주었고 사람들은 그에게 자신의 사연을 말하기 시작하였던 것이다. 어떤 말을 하더라도 그 말을 그대로 들어주고 인정해 주었다. 말함으로써 속이 후련해졌다. 자신의 아픔을 이해해 주는 사람이 있어 그가 안식처이기도 하고 피난처가 되기도 하였다. 어떤 말을 해도 어떤 불평을 해도 그는 묵묵히 그 말을 들어 주었다. 그를 만나고 나면 자신이 품고 있던 응어리를 풀 수 있게 된 것이다. 얼마나 다행스러운 일인가. 그동안 말하지 못하고 가슴속에만 응어리진 사연을 말할 수 있어 응어리가 풀어지기 시작한 것이다. 이런 과정에서 그의 신뢰는 쌓여갔고 이것이 확실한 믿음을 주었을 것이다. 상대방이 한 말에 대해서는 철저히 비밀도 지켜 주었을 것이다.

　애공(哀公)은 당대의 군주였다. 군주였지만 불안과 불신은 어느 누구보다 더 심하였을 것이다. 동병상련인지 군주 자신도 누구도 믿을 수 없는 불신 속에서 직접 확인하고 싶었을지 모른다. 군주인 애공은 애태타에 대한 소문을 그대로 믿을 수 없었을 것이다. 세상에 아무것도 가진 것이 없는데 그토록 많은 사람이 그를 따르고 그를 좋아한다는 것은 권력을 가진 군주로서는 더구나 이해할 수 없었을 것이다. 그래서 그의 용모를 직접 확인하였고 가까이서 지켜보게 된 것이다. 그런데 한 달이 지나면서 그를 인정하게 되고 자신이 오히려 그를 신뢰하게 된 것이다. 거기에다가 나랏일까지 맡겨야겠다고 생각하였다는 것을 보면 그에 대한 믿음이 어느 정도였는지 알 수 있다.

　애공의 입장에서 보면 진정 허심탄회하게 이야기를 나눌 수 있는 사람은 단 한 사람 애태타뿐이라 생각하였을 것이다. 애공은 아무 거리낌 없이 들어준 그에게 무한 신뢰를 하였을 것이고, 자기를 대신해서 국가의 일을 맡겨도 된다고 믿게 된 것이다. 애태타는 어떤 특별한 재능을 가지고 있었던 것도 아니고 상대방의 이야기를 조건 없이 진지하게 들어주었을 뿐이었다. 그런데 상대방은 그에게 나랏일을 맡겨야겠다고 결정하기에 이른 것이다.

　이 이야기가 우리에게 주는 의미는 무엇일까. 상대방의 말을 들어준다는 것이 얼마나 중요한 것인가. 자기 말을 하기보다는 다른 사람의 이야기를 들으라는 것이 아닐까. 다른 사람의 말을 경청한다는 것은 쉬운 일은 아니지만 다른 사람의 이야기를 듣는 것이 그 어떤 것보다 큰 힘이라는 것, 이야기를 들어준다는 것은 상대방을 인정하고 배려한다는 것, 그리고 말을 하는 사람은 들어주는 사람을 들어주는 만큼 마음과 아량을 가지고 있다고 평가하는 것은 아닐까. 듣는다는 것은 어떤 특별한 능력이나 재능보다 더 중요한 소통의 길이라는 것을 말하고 있다. 그대의 고민을 그냥 들어주면 되는 것이다.

상대방의 말을 들어준다는 것은 그 사람에 대한 존중이고 배려라 할 수 있다. 말을 많이 하는 상급자가 아니라 말을 많이 들어주는 상급자가 되어야 한다.

교육현장도 마찬가지이다. 그런데 요즘 교육현장에서 상대방의 이야기를 들어줄 사람이 없다. 모두 자기 소리내기에만 바쁘다. 높은 지위에 있는 사람은 높은 지위에 있기 때문에, 낮은 지위에 있는 사람은 힘과 영향력이 낮아서 등 변명은 제각각이다. 조직과 집단을 이끌어가는 사람은 지위 고하를 막론하고 자신의 위치에서 주위 사람들의 의견을 듣고 함께하려는 마음을 가져야 한다. 아이들을 직접 가르치는 교사도, 일선학교에서 학교를 경영하는 교육행정가도, 지방교육을 책임지고 있는 최고 정책결정자도 마찬가지이다. 사회가 어려울수록 지위가 높아질수록 들어주어야 할 대상과 들어야 할 사안은 많다. 큰 목소리에도 귀를 기울여야 하지만 작은 소리도 잘 들을 수 있어야 한다. 요즘 사회는 집단적이고 큰 규모의 소리에만 귀를 기울인다. 개인적이고 사소한 것에는 관심을 갖지 않는다. 그것은 한낱 개인적으로 사소하고 별볼 일 없기 때문인지 모른다.

교육이 학생들의 중심으로 많이 바뀌었다고 하지만 아이들은 선생님에게 힘없는 존재에 불과하다. 어렵거나 개인적인 이야기를 하는 것이 결코 쉽지 않다. 학부모의 아주 사소한 민원은 사회적으로 문제될 소지가 거의 없다.

그러나 어리고 약한 학생이 제기한 사소한 일, 학부모가 제기한 조그마한 일은 교사나 행정가들에게는 사소한 것에 지나지 않을 수 있다. 그 일을 잘 해결했다고 생색도 나지 않는다. 그 사소한 일을 했다고 알아주는 윗사람도 없다. 그러나 민원 당사자나 학생 개인에게는 중요한 문제이다. 아무리 사소한 것일지라도 불편을 제기한 사람에게는 매우 중요한 문제인 것이다. 사소한 것은 디테일이다. 사소한 것이라 하여도 사소한 것으로 생각하여서는 아니된다. 그 문제를 제기한 사람에게 그 사소한 것이지만 매우 중요한 것일 수 있다. 적은 목소리, 사소한 소리도 그 사람에게는 절박하고 절실할 수 있다. 그 사소함을 이해할 수 있는 사람이 상대의 마음을 움직일 수 있다. 큰 목소리는 시대를 바꾸지만 적은 소리는 사람의 마음을 바꾼다는 말이 있다.

꿈의 학교 운영의 아쉬움은

꿈을 이룰 수 있을까.

월드컵 축구대회에 출전하는 것만으로도 자랑스러워 했다. 16강을 갈 수 있는지, 8강은 가능한지 기대만 하던 우리가 4강의 꿈을 이루었다. 우리 세대에 4강을 갈 수 있을까, 상상 속에 있었던 우리의 꿈이 실현된 것이다. 2002년 우리는 하나의 꿈을 이루었다. 우리는 월드컵 축구대회에서 우리는 '대한민국'을 한없이 불렀다. 많은 사람이 한곳에 모여 목이 터져라고 불렀다. '꿈은 실현된다'는 말이 현실이 될 수 있음을 우리가 느꼈던 것이다.

지방교육자치는 재원을 스스로 마련하지 못하고 중앙정부에 2중, 3중 간섭을 받고 있어 '자치'로서의 역할을 제대로 하지 못하는 '불완전'하고 '불구'인 채로 운영되고 있다. 그나마 교육감 직선은 교육자치를 유지하는 유일한 제도로 가느다란 자치의 한 가닥 불빛으로 남아 있다. 교육감이 주민의 교육적 요구를 반영하고 있어 불행 중 다행스러운 것이 현 지방교육제도이다.

　교육자치는 불완전하고 불구이지만 교육은 갈수록 정치화 되어가고 정치적일 수밖에 없을 것이다. 국가와 지방, 교원과 학부모, 선생님과 학생, 학교와 지역사회 등 서로서로 얽히고설켜 있는 교육 현안 문제를 해결하기 위해서는 정치적 역할이 요구되기 때문이다. 이는 교육의 문제를 정치적으로 풀어야 할 측면이 상존할 가능성이 커지는 현실을 대비하여야 함을 의미한다. 특히 지방교육은 지역주민의 교육적 요구를 직접적으로 반영하는 풀뿌리 주민자치 정신의 현장이기 때문이다.

　따라서 자치화가 확대될수록 교육은 지역주민의 뜻을 어떻게 반영할 것인가에 많은 관심을 가지고 해결 의지와 방안이 강구될 것이다. 이런 현실적 필요는 교육에서 정치적인 역할이 증대될 것이라는 점을 인식하기에 충분한 것이기도 하여 굳이 부정하지도 않는다.

　그러나 교육이 정치적 역할을 하여야 하고 주민의 뜻을 반영하는 정치적 활동이라고 하여도 교육이 정치일 순 없다. 교육은 어디까지나 교육이다. 학부모와 지역사회의 교육적 요구를 직접 반영한다고 해서 정치교육이 되어서는 안 될 것이다. 발생하는 교육 관련 갈등 문제를 해결하는 수단이 정치적 행위라 하여 정치일 수 없다.

　이는 교육과 정치의 혼동이며 교육의 정치화와 정치의 교육화의 개념을 보다 분명히 인식하여야 할 것이다. 교육활동의 확장과 주민접근의 용이성을 빌미로 잘못 접근한 교육정책이 교육의 독립성 문제뿐 아니라 헌법정신을 훼손하는 단초가 되는 것은 불행한 일이다. 교육의 문제를 정치적으로 풀 수는 있으나 정치가 되어서는 안 되는 이유가 바로 여기에 있는 것이다. 더구나 교육이라는 명분으로 특정 집단의 이익 추구가 되는 것은 교육현장의 황폐화로 이어질 것이다. 현실적으로 교육의 문제와 현실이 정치화 되어가는 것은 어쩔 수 없지만 교육의 본질과 교육적 함의는 지켜져야 한다.

경기교육청이 실시했던 '몽실학교'는 대변혁을 예고하였다. 교육이 학교에서 사회로 이동할 수 있는 계기가 될 것으로 생각하였다. 모처럼 교육의 커다란 변화를 기대하였다.

80년대 이후 우리는 끊임없이 교육철학이 없음을 비판해 왔다. 그러나 지금도 마찬가지이다. 이제는 아예 교육철학이라는 말 자체가 거론되고 있지 않은 듯하다. 그때그때의 문제를 해결하려는 의지보다는 진영논리에 왔다 갔다 하고 있을 뿐이다. 한국교육의 문제는 철학이 없다는 지적은 80년대 이후부터 계속 지적되어 왔으나 아직도 우리 교육은 이리저리 흔들리고 있을 뿐이다. 어떤 교육철학으로 교육정책이 펼쳐지고 있는지 모호할 뿐이다. 이런 철학 없는 정책에 교육방법도 교육과정도 그때그때의 편리함에 왔다 갔다 할 뿐 실질적인 변화가 없었다.

이런 상황에서 경기도교육청은 '꿈의 학교'와 '몽실학교'라는 새로운 형태의 학교를 운영하였다. 꿈의 학교는 지역사회와 협력하여 교육학습의 장을 넓혔다는 의미를 가지고 있고, 몽실학교는 지역사회협력 청소년 자치 배움터 역할을 하였다. 교과를 통하여 사회를 이해하는 것이 아니라 사회를 통하여 삶과 자신을 이해하려는 것이다. 이런 활동이 학교 내에서 이루어지는 것이 아니라 사회 속에서 이루어지며 배우고자 하는 학생이 스스로 배움을 찾아가는 사회학교 형태이다.

산업혁명 이후 아이들을 학교로 모았다면 이러한 운영은 사회에서 학생을 모아 사회를 이해하고 배워갈 수 있도록 하자는 것으로 학교교육 형태를 바꾼 커다란 변화라 할 수 있다. 산업혁명 이후 가정에서 학교로 이동한 교육이 드디어 학교에서 사회로 이동하는 획기적인 변화를 꾀하였던 쾌거였다. 학교라는 곳으로 모든 학생을 모았다면 사회라는 곳으로 아이들을 다시 되돌려주는 것과 같은 엄청난 역할을 시도한 것이다.

이는 학교로 제한된 배움의 장을 가정과 사회로 확대하는 의미이기도 하다. 과거 학교가 사회와 가정을 배움의 장소에서 분리시킴으로서 배움은 학교라는 공간으로 한정되고 제한되기에 이른 것이다. 가르치고 배우는 곳은 오직 학교라는 개념이 자리 잡게 된 것이다.

그러나 경기교육이 실시한 몽실학교는 산업혁명 이후 배우는 곳이 학교로만 인식되었던 생각을 배우는 곳이 사회라는 사실을 깨우쳐준 것으로 일대 커다란 변화의 계기를 마련하였다고 기대하였다. 아니 대단한 결단이며 교육을 새롭게 보는 쾌거라 여겼다. 그것도 공교육을 담당하는 지역교육청에서 실시하였다는 것은 학교가 독점하던 교육을 다시 사회가 할 수 있다는 것으로 사회의 역할을 재조명하는 계기가 될 것으로 기대하였다. 학교에서만 배운다는 생각이 너무 협소한 생각임을 일깨워 준 것이라 할 수 있다. 이는 학교가 폐쇄적 공간이라는 것을 새삼 확인하였을 것이다. 사회에서 학교로의 이동을 다시 학교에서 사회로 이동시키는 거대한 발걸음이 아니었을까.

'꿈의 학교'는 교육의 사회적 협동을 추구하기 위한 교육과 지역사회와의 새로운 협력 형태였다. 교육과 지역사회의 협력은 지역의 교육현안을 해결하는 수단이 됐지만 과도한 정치적 의도의 은폐와 조직화는 꿈을 꾸는 사람이 꿈과 현실을 인식하지 못하는 것과 유사하다. 꿈이 마냥 꿈이어서는 안 되는 것처럼 꿈과 현실은 다르고 교육과 정치도 다른 것이다. 교육과 정치는 엄연히 구분되어야 하고, 교육의 정치적 역할과 과도한 정치교육화에 관한 개념 정의는 보다 분명히 정립되어야 한다. 어떤 제도가 숨겨진 의도에 의해 도구화되고 세력화된다면 본래의 의미와 취지를 잃게 되는 것은 불을 보듯 명확한 현실이다. 변질된 제도에 의해 정치가 교육을 우선하고 그 보이지 않는 힘에 의해 지배될 때 교육은 정치의 시녀가 되고 만다. 이는 자신의 눈동자를 직접 볼 수 없는 것처럼 교육이 정치화되는 것을 정치를 하는 사람은 직접 느끼지 못하는 것과 같다.

나무와 나무의 접붙이기는 재배하는 기간이 짧아지고 접순 품종의 성질이 변함없이 이어갈 수 있고, 결실 시기가 빨라지며, 병충해에 대한 면역성이 생기는 등의 이점이 있다. 나무나 꽃나무의 경우는 과일이 크고 맛이 좋아지고, 꽃이 아름다워기까지 한다.

경기교육에서 시작된 혁신교육은 그동안 힘들고 부조리한 교육현실을 바꾸려는 모처럼의 우리의 꿈이고 희망이기도 했다. 혁신의 꿈이 결실을 맺기도 전에 새로운 제도는 곁가지가 본 가지의 역할을 대신하는 모양새가 되어 버렸다. 접붙이기는 본 나무가 튼실하게 성장한 후 하였을 때 본 가지도 살고 접붙이기한 곁가지도 살 수 있는 것이다. 그러나 본 나무가 아직 제자리도 잡기 전에 곁가지의 새로운 접붙이기는 본 나무와 곁가지가 같이 죽는 과도한 접목이 될 가능성이 높은 것이다.

그래도 우리는 항상 꿈을 꾸고 꿈과 함께 생활하는 현실 속에 산다. 이상이나 희망은 아직 현실화되지 않은 꿈에 불과할지라도 또 꿈이 실현되리라는 보장이 없을지라도 꿈은 항상 행복하다. 허나 꿈꾸는 현실이 꿈이지만 현실을 볼 수 있어야 한다. 사회는 잘못된 것은 없는지 어떤 점을 비판하고 있는지 살펴보아야 한다.

제물론편에 있는 이야기이다.

> "꿈속에서 술을 마시며 즐거워했던 사람이 아침이 되면 슬피 울고,
> 반대로 꿈속에서 슬퍼운 사람이 아침이 되면 신나게 사냥하러 나간
> 다. 막 꿈을 꿀 때는 그것이 꿈임을 알지 못해서 꿈 속에서 꿈을 꿀
> 때는 그것이 꿈임을 알지 못한다."

방기몽야 부지기몽야(方其夢野 不知其夢也)

다시 생각해 본다.

학교 운용의 다양화는

먹고살기 어려웠을 때 겨울이 되면 손이 트는 것은 다반사이고 심한
경우에는 얼굴이 트기도 하였다. 아마도 영양이 부족한데 잘 씻지도 않
았기 때문이었던 것 같다. 이때 인기 있었던 것은 방물장사가 가지고
다니는 동동구리무였다. 귀하고 값이 비싸서 사용하기는 어려웠지만
그 당시 특효약으로 취급을 받았다. 지금 생각하면 그것은 크림에 불과
했던 것이었는데….

혜시와 장자의 대화에 연고 이야기가 있다.

혜시가 장자에게 말했다. 위나라 왕이 박씨를 주었는데 심었더니 다섯 섬이나 들어가는 큰 열매가 열렸다. 그런데 그 박은 무르고 견고하지 못하여 물도 간장도 담을 수 없으니 쓸모가 없다는 것이다. 그래서 쓸모가 없어서 부숴 버렸다고 말하였다.

이에 장자가 이야기한다. 소요유편에 나오는 이야기를 들어보자.

소요유편에 손트는 데 바르는 약 이야기가 있다.

옛날 조상대대로 빨래를 생업을 하며 살아가는 가족이 있었다.

이들은 매일 빨래를 해야 했기 때문에 손에 물이 마를 날이 없었다. 그러나 그들은 겨울에도 손이 트지 않고 빨래를 할 수 있었다. 그 가족에게는 비밀리에 전수되는 비법이 있었기 때문이다.

우연히 이곳을 지나가던 사람이 이 비법을 알게 되어 비싼 값에 샀다. 그리고 그것을 오나라 병사들에게 사용하였다.

오나라는 월나라와 바다를 두고 싸움을 하는 사이였기 때문에 비법 연고를 바른 병사들은 추운 겨울에도 손이 트지 않아 전투력이 크게 향상되었다. 결국 전쟁에서 큰 승리를 하게 된 것이다.

어느 사람은 가정 살림에 이용했지만 다른 사람은 국가를 위해 사용했다는 것이다. 즉 어떤 사람은 겨우 가족의 생계를 유지하는 데 사용한 반면 다른 사람은 국가의 흥망을 좌우하는 방법으로 사용했다는 이야기이다. 이를 장자는 즉소용지이야(則所用之異也)라 하였다. 제물론편에서 똑같은 비법을 가지고 있는 것도 쓰기에 따라 그 가치의 크기가 달라진다는 것이다.

장자와 혜시는 친구이면서 논쟁을 곧잘 하였다고 한다. 혜시라는 인물은 논리적으로 매우 해박한 사람이었다. 논쟁을 많이 하였지만 두 사람의 관점은 크게 달랐다. 혜시는 박의 용도를 자신의 입장에서 보았고 장자는 박 그 자체에서 용도를 찾아낸 것이다. 쓸모로 사물을 판단한 것이 아니라 사물에서 쓸모를 찾은 것이다.

주어진 물건에 관한 쓰임을 말하는 것이다. 물건뿐 아니라 시간과 공간 사용도 이와 비슷하다. 시간만큼 모든 사람에게 공평하게 주어진 것도 없다. 누구에게나 24시간 똑같이 공평하게 주어졌다. 문제는 공평하게 주어진 시간을 어떻게 잘 활용하느냐에 따라 삶의 질을 결정할 뿐 아니라 그 결정 결과에 따라 자신의 삶에 절대적으로 영향을 준다. 이 시간에 대한 이와 같은 격언은 동서고금을 막론하고 이구동성으로 말한 것을 보면 그만큼 결정적인 역할을 한다는 방증이다. 그래서 이제는 시간 경영이라는 말을 만들어 내기도 했고 초 단위로 시간을 활용하여야 한다고까지 말한다.

학교에서의 시간활용은 어떨까? 아침 일찍부터 밤 늦게까지 교실의 불은 꺼지지 않았다(이름하여 야간자율학습이라 하였음). 학교에서 많은 시간을 보내면 그 만큼 많은 것을 배우는 것으로 생각했다. 아침에는 정규수업시간보다 일찍 등교하여 수업을 하기도 하였다(이를 조조학습이라고 하였다). 학교 정규수업 이전에 수업하기도 하였다. 공부를 모든 것보다 우선하였던 것이다. 경기교육청은 통상적으로 운영되던 불법적 학교 시간 운영을 정상적으로 되돌려 놓았다. 경기교육청이 등교시간을 9시로 돌려놓음으로써 학교에서의 시간 운영에 획기적인 변화를 가져왔다. 이는 아이들의 수면권과 건강권 보장이라는 거창한 의미를 부여하며 비교적 쉽게 제자리를 찾았고 비정상을 정상으로 돌려놓은 것으로 교육계의 대표적인 성과이다.

그러나 얼마 전까지만 해도 우리는 정상적인 생각보다는 비정상적인 것을 오히려 바람직한 것으로 생각하기도 하였다. 시간활용 역시 이기기 위한 도구로 전락하였고 아이들의 등교 시간은 8시 이전으로 고착되었다. 이에 따른 정당성도 나름 확보되었다. 아침 시간에는 머리가 맑아서 공부가 잘된다. 심지어 교통체증 완화에도 도움이 된다는 논리에 쉬는 시간이 있으면 딴 생각을 하게 됨으로 그런 여유를 주어서는 안 된다는 불필요한 우려가 관행 아닌 관행으로 버젓이 자리 잡았던 것이다.

이는 분명 불법적인 학사일정이었음에도 불구하고 우리는 이런 취지를 암묵적으로 승인 또는 요구 더 나아가 권장하기까지 하였다. 어떻게 하든 공부를 많이 하는 것이 최선이고 보다 많은 공부 시간의 확보가 진학의 승패를 좌우한다고 생각했기 때문이다. 보다 좋은 학교에 가기 위해서는 학교도 학부모도 선생님도 모두 한 가지 목표 달성을 위해 한통속이 되었던 것이다. 9시 등교는 불법, 관행, 비정상의 잘못된 것을 고쳤다. 비정상이 정상화되고 불법적인 것은 고쳐졌으나 시간의 활용에 아쉬움이 있다. 천편일률적이어서 오히려 시간활용의 다양성은 사라져 버린 것이다. 즉 주어진 조건을 그대로 받아들이기만 한다는 것이다. 우리 시간관념은 몇 시, 정각, 30분 등으로 구분하여 사용한다. 약속 시간의 대부분도 그렇다. 편리하고 기억하기 쉽기 때문이기도 하지만 그 나머지 시간은 경과하는 시간, 30분과 정각을 맞추는 시간에 지나지 않는 듯하다.

9시 등교는 법적으로 정해진 시간을 규정대로 한 것에 불과한데 시간 운용에 대한 생각은 아직도 변한 것이 거의 없기 때문이다. 학교의 공식적인 일정은 9시 정각이지만 수업을 9시 정각에 시작하라는 것은 아닐 것이다. 그러나 일선학교의 대부분은 9시 정각에 수업을 시작하고 있다. 등교와 곧바로 수업을 시작하는 양태로 변해 버렸다. 정식일과는 9시 시작이지만 수업 시작도 꼭 9시 정각에 해야 하는가.

9시 10분에 시작할 수도 있고 9시 05분에 시작할 수도 있을 텐데.

9시 10분에 시작했다고 수업시간을 10분 빼먹으라는 것이 아니다. 촌음도 아껴써야 하는 것은 불변진리이다. 정말 아깝고 다시는 올 수 없는 귀중한 시간 1분이지만 우리는 1분의 여유도 갖지 못하고 학교생활을 하고 있는 것 같다.

등교하자마자 공부는 시작되고 정해진 일정은 단 1분의 여유도 없이 진행된다. 시간에 얽매여 시간 속에서 옴짝달싹 못하는 처지 같다. 그야말로 숨 막히는 시간(?)의 연속이다. 9시 01분에 시작한 학교는 1분 동안 숨 고르고 시작할 수도 있고, 9시 03분에 시작한 학교는 3분 정도 명상 후 시작할 수도 있을 것이다. 그러면 40분 수업은 자연히 41분에 끝나고 하루 시작을 3분 정도 명상을 하고 나서 시작한 학교는 1교시가 43분에 끝난다. 그런데 우리 학교의 시정표는 대부분 몇 시 몇십 분 단위로 정해져 있다. 너무나 경직된 우리의 시간관념에서 조그만 변화도 찾을 수 없는 우리 현실이 안타깝다.

단 1분의 여유도 갖지 못하고 왜 공부해야 하는지 생각할 시간도 없이 차분하게 생각해 볼 여유도 없이 시작과 동시에 수업을 시작하고 수업이 끝남과 동시에 하루 일과가 끝나는 학교의 시간운용은 너무 삭막하다. 수업시간은 40분 쉬는 시간은 10분 이렇게 일률적을 나누어 운영되고 있다. 이런 운용은 어떨까. 2교시 쉬는 시간(2시간 수업을 조금 더 휴식시간을 가지는 것) 20분 체육시간 후에는 20분(땀 흘리고 세수하고 옷 갈아입을 시간 정도는 주어야 하지 않을까?) 똑같은 휴식시간에 아이들은 여유를 갖기 어렵다. 정해진 시간에 우리의 생체리듬을 맞추고 있는 것이다. 단 1분의 여유도 갖지 못하고 있는 우리 아이들이 이렇게 생각할 수 있는 시간 운용은 어떨까?

"우리 학교는 1분의 여유가 있는 학교야!"

"우리 학교는 ○○이 있는 학교거든."이라고 여러 가지의 독특하며 자랑과 자부심을 갖게 할 수는 없는 것인가. 모두에게 공평하게 주어진 시간이지만 조금이나마 인간 냄새라도 날 수 있게 할 수는 없을까.

올바른 역사교육은

신비의 바닷길이 있다. 이 길은 진도군 바닷가에서 육지와 섬 사이에 바닷길이 열리는 현상을 말한다. 이 바닷길 1975년 주한 프랑스대사가 진도를 방문하여 조수간만의 차이로 바닷길이 열리는 현상을 보고 '한국판 모세의 기적'이라고 소개하면서 널리 알려지게 되었다. 이 현상은 진도군 고군면 회동리와 의신면 모도 섬 사이에 해수면이 가장 낮을 때 육지와 모도 사이를 잇는 길이 나타나는데 이 현상이 바다가 갈라지는 것처럼 보인다고 하여 생긴 이름이다. 1년 중 4월 말과 5월 말 사이에 각각 하루에 약 1~2시간에 걸쳐 나타나는데 평상시에는 바닷물이 조수간만의 차이가 있더라도 어느 정도의 물이 차 있어 걸어갈 수 없으나 이 시기에는 바닷물이 가장 많이 빠져서 생기는 현상이다. 해류의 영향으로 발달한 바다 밑의 모래층은 바닷물이 빠질 때는 차가 다닐 수 있을 만큼 단단하다고 한다.

기적은 상식을 초월하여 일어나는 기이하고 놀라운 일이 일어났을 때 생기는 현상을 말한다. 우리 상식으로는 기적을 좀처럼 믿지 않는다. 잘 일어나지 않기 때문에 아니 일어나기 힘든 일이기 때문이다.

이 내용은 천하편에 나오는 이야기들이다.

'알에 털이 있다'(卵有毛) 말이 있다. 쉽게 이해되지 않는 말이다. 병아리가 알을 깨고 나올 때 이미 털이 있다. 닭의 몸을 털이 감싸고 있다. 그래서 알에 털이 있다는 것이다. 아직 있지도 않지만 나중에 생기기 때문에 존재한다고 주장하는 것이다. 아직 생기지 않았지만 나중에 생기기 때문에 존재한다는 것이다. 유전자에 구성되어 있는 생명체 형질 자체를 이미 나타난 형상으로 보는 것이다. 지금 볼 수 없어도 나중에 생기기 때문에 지금 존재한다는 것을 말하고 있는 것이다. 미래의 일어날 현상을 현재의 시점에서 존재한다고 보는 것이다. 미래와 현재를 동일시하는 것이다. 현재와 미래를 동일하게 보는 동일성의 오류이다.

'닭의 다리가 세 개다'(鷄三足)라고 주장한다면 어떻게 생각할까. 이는 고대 한민족의 상징인 그 삼족오를 말하는 것이 아니다. 닭의 다리가 두 개인 것은 의심의 여지가 없다. 그러나 다리는 몸통에 붙어서 몸을 지탱하고 걷는 것이지만 몸통에 붙어 있는 기다란 것을 다리라고 한다. 닭에게 다리 개념이 있기 때문에 닭의 다리는 세 개라는 것이다. 이 논리에 따르면 소와 말의 다리는 다섯 개가 되는 것이다. 이 논리는 사물이란 그 개념 자체도 하나의 실재가 된다는 것이다. 개념도 실재가 되는 것이다. 개념과 실재가 동일한 것이다. 개념과 실재의 동일성이 오류이다.

'개구리에 꼬리가 있다'(丁子有尾) 말이 있다. 올챙이 시절 꼬리가 있었기 때문에 개구리에 꼬리가 있다는 것이다. 황당한 말이다. 과거에 있었기 때문에 지금도 있다는 것이다. 과거와 현재가 동일한 것이다. 이 논리는 백 투더 퓨처처럼 우리는 과거를 현재처럼 이해하고 있다. 과거에 있었기 때문에 현재에도 있다는 것이다. 과거와 현재의 동일성 오류이다.

장자는 이런 주장을 하는 혜시와 같은 변자들과 많은 논쟁을 하였다. 이들이 일반인들을 현혹시킨다고 생각했다. 요즘 말로 하면 이들은 궤변학자이고 궤변으로 국민을 현혹시키고 있다고 믿었기 때문이다.

언젠가 우리 현실이 이런 억지와 개념에 빠져 있었던 적이 있었다. 그 대표적인 것이 역사교과서를 어떻게 집필할 것인지에 대하여 많은 논란이었다.

검인정이란 교육부가 제시한 기준에 집필하고 이 기준에 적합한지를 심사하여 통과한 교과서를 의미한다. 즉 정부가 정해준 기준에 따라 서술하고 이를 다시 정부가 심의를 거쳐 문제가 없다고 판단하여 인정한 교과서이다. 이 교과서가 잘못되었다면 국가가 기준을 잘못 정해주었거나, 검사를 소홀히 한 것이다. 자신들의 책임을 다하지 못했다는 것을 스스로 인정하고 있는 것이다. 그런데도 과거에 자신이 잘못한 일은 새까맣게 잊고 지금 다른 사람이 잘못을 저질렀기 때문에 발생한 것이라고 하는 것이다.

유관순을 가르치지 않았다고 한다. 2014년 2종의 교과서(이것 역시 정부에서 검인정한 것임)는 초중학교에서 배운 내용이기 때문에 중복을 피하기 위해 그 내용을 싣지 않았다. 그런데 마치 유관순의 독립운동을 부정하고 지금의 교과서에는 유관순 내용이 서술하지 않아서 학생들은 민족의 독립운동을 전혀 모르고, 교사는 가르치지 않은 것처럼 홍보(?)를 했다. 지금은 버젓이 실려 있고 수정지시를 이행했는데도 과거의 상태를 지금도 잘못된 것인 양 호도하고 있는 것이다.

특정 검인정 교과서 1종은 단 3개교만 채택되어 0.1%에 그쳤다. 이를 두고 정부는 99.9%가 틀렸다고 한다. 얼마나 문제가 많았으면 절대 다수가 외면하고 0.1%밖에 채택하지 않았는지에 대해서는 생각하지도 않는다.

그러나 99.9%가 잘못(?)된 것이라 하기 때문에 결국 0.1%가 99.9%를 이기게 될 것이다. 바둑 9급이 9단을 이기는 것과 같고, 당구 50 정도 되는 사람이 500 정도 치는 사람을 이기는 것과 같다. 불행스럽게도 우리는 이런 기적 같은 세상을 살았던 적이 있다.

'올바른' 역사교육을 하겠다는 이러한 억지는 지금까지 실시한 교육에 대한 자기 부정이다. 정부가 자기 스스로를 부정하는 정부를 국민은 어떻게 믿어야 할까. 한 국가의 국민이 그 정부를 믿지 못한다면 그 국민은 불쌍하고 가련하다. '올바른' 것이 정말 올바르게 되는 것을 우리는 올바르게 볼 수 있어야 한다.

알에도 털이 있고 닭의 다리가 세 개다. 그리고 개구리에 꼬리가 있다고 주장하는 세상에 우리는 살고 있었는지 모르겠다. 이런 세상을 '헬조선'이라 했다. '이것이 나라냐'라는 말도 생겼다. 나라가 나라가 아닌 것이다. 이런 도저히 일어날 수 없는 기적 같은 세상에 기적 같은 일이 있었다. 우리는 그 누구도 생각할 수 없었던 촛불혁명이라는 무혈혁명을 이루었는데 세계 역사상 유례를 찾을 수 없는 기적 같은 일이었다.

교육의 기적은 일상의 삶이다. 기이하고 놀라운 일이 일어나는 것이 기적이 아니고 하루하루를 성실히 새롭게 살아가는 것이 우리의 기적이다.

유치원 CCTV 설치는

사람이 물 위를 걸어갈 수 있을까. 어릴 적 이런 이야기를 하며 상상력을 키운 적이 있다. 갑론을박 여러 이야기가 있었지만 대체로 그것은 불가능하다고 하였다고 결론을 내렸던 것 같다. 요즘 여름 바닷가 풍경을 보면 수상보트가 시원하게 달리는 모습은 물을 헤쳐나가는 것이 아니라 저게 바로 물 위를 날아가는 것이 아닌가 하는 생각이 들었다. 물 위를 걷는 사람의 이야기가 있다.

응제왕편에 견오와 광접여가 나라를 다스리는 것에 대해 이야기를 나누었다.

> 견오가 광접여를 만났는데, 광접여가 말했다.
> 요, 전날 중시는 그대에게 무엇을 말해 주던가?
> 견오가 말했다.
> "저에게 이렇게 일러주었다. 군주 노릇하는 자가 자기 스스로 마땅한 법식과 올바른 법도를 실천하면 백성들이 누가 감히 복종하고 교화되지 않겠는가?"
> 광접여가 말했다.
> "이것은 거짓 덕이니 그런 것으로 천하를 다스린다는 것은 마치 바다를 맨발로 걸어서 건너고, 강물을 맨손으로 파서 길을 내며 모기의 등에 산을 짊어지게 하는 것과 같다. 성인의 다스림이 외면을 다스리는가?

견오는 자기 스스로의 원칙과 기준 그리고 의식과 규례가 있어야 한다고 주장했다. 요즈음 말로 하면 나라를 다스리기 위해서는 법과 제도가 마련되어야 함을 의미한 것이다. 그 법과 제도를 마련해야 한다는 2가지 원칙을 제시한 것이다. 제1원칙은 스스로의 원칙과 기준으로 이는 제도를 갖추고 그 제도에 따라 다스리는 것을 의미하고, 제 2원칙은 의식과 규례를 제시했는데 이는 전통과 관습이라 할 수 있다. 과거의 좋은 것을 따르고 잘 지켜야 한다는 것이다. 이 두 원칙은 현대사회에서도 바람직한 사회발전의 모델로 조금도 부족함이 없다고 하겠다.

이에 대해 광접여가 한 말이다. 그것은 세상을 그렇게 다스리는 것은 '바다를 걸어서 건너고 강물에 구멍을 파고 모기가 산을 짊어지고 가는 것'과 같다고 한 것이다. (유섭해착하 이사문부산야(猶涉海鑿河 而使蚊負山也) 그것은 바다를 걸어서 건너는 것처럼 불가능하고, 강물에 구멍을 파겠다는 것처럼 어리석은 짓이며, 모기가 산을 짊어지고 가는 것처럼 무모하다고 말한 것이다. 그리고 그것은 거짓덕이라 혹평하였다.

그러면서 그는 '먼저 자신에 올바르게 하고 행동을 하며, 자신의 할 일은 확고하게 잘해야 한다.'고 했다. 즉 일이 제대로 되는지를 확인하는 것으로 충분하다는 것이다. 먼저 자신을 올바르게 한 후 지켜보라는 것이다. 이는 견오가 말한 스스로 원칙을 세우라는 것과는 다르다. 견오는 사람을 다스리는 자는 스스로 원칙을 세워 그 자신의 원칙과 기준에 맞는지를 판단하는 잣대로 사용하였다면 광접여는 스스로 올바르게 한 후 행동할 것을 제시하고 일이 제대로 되는지를 확인하라고 하였다. 자신이 세운 기준으로 타당성을 따르는 것이 아니라 자기 스스로 올바르게 생각하기 위해 노력해야 함을 의미하는 것이다. 타인들에 대해서는 그들이 최선을 다 할 수 있도록 지원하고 지켜보는 것으로 만족한다는 것이다.

견오와 광접여의 의미를 비교해 보면 자신을 먼저 세우고 타인이 스스로 일할 수 있도록 지원해 주는 것으로 충분하다고 한 것이다. 이런 것이 세상에 가능할까? 그래서 그는 미친 사람쯤으로 여긴 것일까. (광접여는 미친사람이란 뜻임) 장자가 광접여를 통하여 법과 제도, 전통과 관습이 거짓덕이라는 폭탄적인 발언을 한 것은 아닐까?

이는 수없이 많은 법과 제도, 전통과 관습이 지닌 폐해를 너무 잘 알고 있었기 때문일 것이다. 법과 제도가 아무리 잘 정비되어 있다 하여도 그에 따른 부조리와 병폐가 존재한다는 것 그리고 법과 제도가 약자를 보호하기 위한 최소한의 장치가 아니라 오히려 강자의 이익을 대변하는데 악용되는 데 환멸과 회의를 느꼈을 것이다.

만들어진 법과 제도 그리고 지켜지고 있는 전통과 관습을 유지·계승하는 것은 새로움과 변화에 대한 거부감과 저항이기도 하다. 지금 이대로가 가장 편하다는 기득권세력의 아집이기도 한 것이다. 예전에 제정된 법과 제도를 그대로 지키는 것은 그만큼 편하기 때문이다. 그래서 정해진 법대로 하는 것처럼 편한 것이 없다고 하지 않는가. 정해진 법이 잘못되어 그 본질을 망가뜨리고 있어도 그 법을 법대로 하는 것은 현실을 부정하는 억지이다. 그 법을 자신의 입맛대로 자의적으로 해석해서 적용하는 것은 법의 폭력이다.

요즈음 법도 잘 지켜지지 않고 자기 마음대로 하는 것이 법이 되어 무법의 사회가 되었지만 법대로 하는 보다 쉽고 편한 것이 있다. 지금의 법은 CCTV인 듯하다. CCTV를 확인하면 모든 것이 밝혀지기 때문이다. CCTV는 옳고 그름을 판단하는 것이 아니다. 있느냐 없느냐만의 사실을 확인하는 것에 불과하다. 그곳에는 모든 사실이 그대로 담겨져 있기 때문이다. 확실히 증거가 되기 때문에 누구도 빠져 나갈 수 없는 장치이다. 또 기술의 발달로 비용이 많이 소요되지 않기 때문이다. 그래서 증거확실하고 비용절감을 위해 CCTV만 설치하면 모든 어려움은 해결되는 것으로 생각하는 것이 우리의 정책이고 문제해결인 듯하다. 걸핏하면 CCTV를 설치해서 안전망을 구축하겠다는 발상이다. CCTV는 있는 것을 있는 그대로 보여주기에 편리한 점은 많다. 그러나 이것을 설치할 곳이 있고 설치해서는 안 될 곳이 있다. 안전을 위해하는 시설관리 등 사람이 직접할 수 없는 곳, 재난예방을 위한 감시 등에는 적극 활용할 필요가 있지만 개인의 사생활 침해 등에는 최소화해야 한다. 그런 곳 중의 하나는 유치원이나 어린이집이다. 그런데 이 CCTV를 유치원에 설치해야겠다고 하였다. 유치원에서 아동학대가 일어나고 있기 때문이다. 2024년 지금은 모든 유치원에 설치되어 있다.

유치원이 어떤 곳인가.
부모의 곁을 떠나 동갑내기들과 함께 세상을 보고 어울리는 공간이다. 이 공간은 천사같이 천진무구한 아이들이 생활하는 곳이자 사랑과 꿈이 자라는 곳이기도 하다. 세상에서 가장 사랑스러운 아이들에게 엄마의 가슴만큼 따뜻하고 아득하고 안전한 곳이 되어야 할 유치원이다. 유치원은 이제 막 제도권에 들어온 아이들이 공동체 생활을 경험하는 곳이다. 그런데 유치원 등에 CCTV를 설치하여 아동학대를 방지하겠다는 것이다.
유치원에 CCTV를 설치한다는 것은 CCTV를 설치하여 아이들의 인권을 보호한다는 것은 강물에 구멍을 파는 것처럼 어리석은 것이다. 모기에게 산을 짊어지게 하는 것처럼 CCTV에 모든 짐을 떠넘기려는 무모한 졸속행정이 될 것이다. 지난 몇 번의 충격적인 사건은 우리를 경악하게 하였지만 사고 후 나온 대책이라 더욱 가슴이 아프다. 이런 방법밖에 없는가. 우리의 생각과 현실이 이처럼 가혹하고 비인간적이고 무책임해도 되는 것인가. 교육현장의 이런 불신은 어떻게 보아야 하는가.

가장 어리고 여린 유아들이 생활하는 유치원은 이제 개구쟁이들의 놀이터가 아니다. 천사들의 꽃밭이라 할 수 없다. 이들을 보살피는 교사를 믿을 수 없어 기계로 감시한다면 교사는 교사가 아니라 기계처럼 될 수밖에 없을 것이다. 감시받는 교사의 가르침과 행동은 거짓사랑(?)과 분칠한 허수아비의 로봇춤에 불과할 것이다.

아이들과 학부모는 이 모습을 어떻게 보아야 할 것인가? 또 감시받는 기계 앞의 교사는 아이들을 어떤 심정으로 바라보게 될까? 그리고 개구쟁이 꼬맹이들의 가슴에는 무엇이 심어질까?

CCTV 설치를 논하기 전에 왜 이런 일이 일어나게 되었는지 원인을 파악하여야 한다. 원인은 살펴보지 않고 나타난 현상만 땜질하겠다는 것은 아닌가. CCTV 설치보다 유치원 교원의 자질 향상 방안을 논하고 보수와 복지제도를 갖추어야 하는 것이 더 우선되어야 하는 것이다. 근원적인 문제는 보지 않고 순간만을 피하려는 것이다. 그렇다면 차라리 아이들이 신기해하는 로봇을 이들 앞에 세우는 것이 더 낫지 않겠는가.

사랑과 천진함, 장난과 순수함이 어울려져 있는 유치원에 CCTV는 모기가 산을 짊어지고 가는 것처럼 어리석은 것이다. 이렇게 단편적인 교육정책은 우리를 절망하게 한다. 규제만 한다고 문제가 해결되는 것은 아니다. 그 문제의 본질을 볼 수 있어야 한다. 그리고 그것을 해결하여야 한다. 가장 쉬운 방법을 두고 어렵고 힘든 길을 찾아간다. 가장 쉬운 방법은 자질을 향상시키고 그에 맞는 대우를 하면 되는 것이다. 돈은 들이지 않고 잘되기를 바라는 것은 어불성설이다. 제도보다 중요한 것은 충분한 대우와 자질 향상을 위한 교육이 우선되어야 한다.

맷돌은 아랫돌과 윗돌을 돌려 곡식을 빻는다. 맷돌을 돌리기 위해서는 손잡이가 있어야 하는데 이를 어처구니라고 한다. 이 손잡이가 없으면 맷돌을 돌릴 수 없다. 그야말로 돌멩이에 지나지 않는다. 곡식을 빻아야 할 상황에서 빻을 수 없을 때를 두고 우리는 '어처구니없다'라고 말한다. 가끔은 어처구니 없는 일상이 있기도 하다. 일이 너무 뜻밖이어서 기가 막힌다는 뜻이다.

한자 병기 교육의 문제는

영어 어휘력을 향상시키기 위해 그 어원의 모체인 그리스 로마의 줄기를 공부하는 것이 효과가 있다 하여 보케블러리(vocabulary 22000) 크게 유행한 적이 있다. 어원의 모체를 알고 있으면 많은 어휘를 쉽게 암기할 수 있고 기억하기도 편하기 때문이다. 우리말 역시 이와 비슷하다. 우리 말과 글의 대부분은 한자어에서 유래했다. 따라서 한자의 의미를 알고 뜻을 익히면 쉽고 분명히 이해할 수 있다. 이런 우리 말과 글의 특성상 한자를 알고 있으면 그 뜻은 분명해진다. 한글로 쓰고 있는 글자라 할지라도 한자로 쓸 수 있는 말이 많다. 한자어를 바탕으로 한 우리의 말과 글도 어원을 알면 어휘력 향상과 의미 파악에 도움이 되는 것은 당연하다.

'자유'는 남에게 구속받거나 무엇에 얽매이지 않고 제 마음대로 행동하는 것이라는 뜻이다. 자유의 한자 의미는 스스로 자, 말미암을 유이다. 한자 의미대로 스스로 그렇게 할 수 있기 때문에 자신의 의지에 따라 할 수 있다는 것은 아니다. 그 뜻을 분명히 알고 있지 않더라도 의미는 그 사용하는 문맥이나 상황에 따라 이해하고 그 의미를 자유롭게 사용한다. 이는 한자 의미를 알기 때문에 사용하는 것이 아니라 그 말의 의미를 알기 때문에 사용하는 것이다.

어린이들의 언어사용을 보면 어려운 한자어와 숙어를 일러주고 그 뜻을 알려주면 그들은 그 말(용어)를 부담 없이 사용한다. 즉 말은 어원을 정확히 알고 사용하는 경우도 있지만 생활 속에서 체득하고 사용하는 의미와 문맥을 통해서도 충분히 이해하고 사용하는 것이다.

우리 아이들은 전형적인 한글세대이다. 이들은 한글만을 쓰면서도 자신의 생각과 의사를 정확히 표현하고 전달한다. 어떤 표현이 적절하지 않을 경우 새로운 말을 만들어 내기도 한다. 청소년들이 만들어 내는 신조어는 수없이 많다.

'심쿵'이라는 말은 마음이 흥분된다, 가슴이 뛴다는 의미로 사용하는데 한자와 한글을 절묘하게(?) 합성해서 만들었다. 이 말을 이해하기 위해 '마음 심'과 심장이 뛴다의 의성어 '쿵'의 합성어라는 것을 구태여 알 필요가 없다. (혹 몇백 년 후 어원을 공부할 때 사용할지 모르지만) 이렇듯 다양한 방법으로 새로운 말을 만들어 사용한다. 한글과 한글의 변형도 있다. '맛점'이다. 맛있는 점심을 먹으라는 말이다. 한자와 한글이 조합인 심쿵. 한글과 영어의 배합 '헬조선', 영어의 단축어 월클은 월드 클래스, 선수이름과 영어의 배합인 손톱은 손흥민 선수가 원톱으로 뛰는 것 등 언어는 시대를 반영하고 그 시대의 사고에 맞게 진화해 간다.

장자 변무편에 나오는 이야기이다.

　　손가락이 하나 더 붙은 사람을 육손이라 한다. 손가락의 변형인 것이다.

다섯 개의 발가락이 네 발가락이 된 것은 쓸데없이 물갈퀴 같은 살을 덧붙여서 생겼고, 육손이는 불필요한 손가락이 하나 더 생긴 것이다. 정상적인 다섯 개의 손가락 외에 불필요한 손가락이 하나 더 생긴 것이다. 육손이는 본성에서 나온 것이지만 덕이 지나친 것이다. 혹이 붙고 부스럼이 매달리는 것은 형체에서 나온 것이지만 본성이 지나친 것으로 본 것이다. 여섯 손가락은 쓸데없는 손가락이 하나 더 생긴 것으로 보는 것이다(무용지지야(無用之指也)).

초등학교 3학년부터 한자를 병기하여 어린이들에게 한자에 익숙해지게끔 하겠다고 한다. 한자를 알게 되면 그 의미를 보다 분명히 알 수 있어 어휘력 증가와 사고력이 향상된다는 주장이 그 핵심이다. 기본 한자만을 제시하기 때문에 학습 부담은 없을 것이라고 덧붙인다. 그러나 이는 지금의 생각에 불과하다.

조금 더 시간이 지나면 새로운 사교육 유발, 유치원에는 한자선행학습 등 수많은 학습과외가 우후죽순처럼 생겨날 것이다. 어떤 제도가 생기면 남들이 하지 않을 때 먼저 하는 것이 상책이라 생각한다. 이것도 마찬가지가 될 것이다. 좋은 것이 좋다는 우리의 의식은 무엇이든 많이 알고 빨리 배우면 경쟁에서 이길 수 있다고 생각한다. 하지만 이런 생각은 갈 데까지 가보자는 끝없는 경쟁의 다른 말에 불과한 것이다. 풍선이 크면 클수록 좋겠지만 결국은 터지고 마는 것과 같다. 게다가 초등학교 한자병기는 법적·교육적 근거도 허약한데도 시작하려는 의도는 무엇일까.

산에 오르다 보면 풍수 좋고 햇볕이 잘 드는 곳에 조선시대 명문가의 산소와 그를 기리는 묘비를 흔히 볼 수 있다. 한자로 쓰여진 묘비는 한글 세대는 읽을 수 없다. 한문에 어느 정도 수준이 되지 않는 사람은 그 내용을 알 수 없다. 그저 짐작만 할 뿐이다.

당시 한글이 있었지만 한글로 묘비를 쓰다는 것은 아마 생각도 못했을 것이다. 그것은 배우지 못한 사람이거나 평민들이 일상에서 쓰는 글 정도로 생각했기 때문이다. 그러나 만약 그때 인물이 당시 한글로 조상의 업적을 묘비로 새겼다면 그 자손뿐 아니라 우리도 그 업적을 읽고 더 자세히 그를 이해할 수 있었을 것이다. 글은 누구나 쉽게 읽을 수 있을 때 시공을 초월하여 여러 사람의 공감을 얻을 수 있었을텐데…

현장교사의 어려움은

'산은 산이요. 물은 물이다'라는 말씀을 남겨서 우리에게 많은 울림과 깨달음을 주셨던 스님이 계셨다. 너무 당연하고 쉬운 말씀이었기 때문에 한동안 우리 사회에서 회자되기도 하였다. 이처럼 스님이 입적하기 바로 전에 한 마디를 남기는데 이를 입적송이라 한다.

'인생은 자유다'라고 말할 수 있는 사람은 어떤 사람일까. 그리고 어느 정도 인생을 산 사람일까? 아마도 산전수전 다 겪고 공중전까지 치른 사람이지 않을까. 이 말을 자신의 책상 위에 붙여 놓고 공부하는 사람이라면 어떤 사람일까. 아마도 철학을 공부하거나 예술을 공부하는 사람이지 않을까 생각한다. 그런데 이 말을 초등학교 5학년 어린이가 책상 위에 붙여 놓았다면 어떻게 생각해야 할까.

코로나가 기승을 부리던 시기에 학교에서 봉사 활동한 적이 있었다. 초등학교 5학년 책상 위에 붙여져 있는 문구이다. 책상을 보는 순간 아찔하였다. 아니 이런 말을 자기 책상에 붙여 놓고 있다니 놀라웠다. 두세 달을 고민한 후 선생님께 조심스럽게 여쭈었다.

"아이들이 벌써 이런 말을 쓰고 있네요?" 이 아이는 어떠냐고 물었다. 그러나 선생님의 대답은 "네, 공부에 별 관심이 없어요."라는 말이었다. 스티커의 내용보다는 공부를 어느 정도 하고 있는지 얼마나 선생님의 말을 잘 듣는지에 관심이 있는 듯한 말씀이었다. 교권침해와 봉사하는 사람은 더 이상은 물을 수 없었지만 또 한 번 놀랐다. 선생님들은 여러 잡무에 아이들의 책상까지 신경 쓸 여유가 없이 바쁘다. 선생님은 책상 위에 이런 문구가 있다는 것에도 관심이 없고 이런 어린이에 관해서도 전혀 문제의식이 없었다. 선생님의 관심은 온통 공부 잘하는 것과 선생님의 말씀에 잘 따라서 속상해하지 않도록 해주는 것이 최대의 관심사인 것 같았다. 특히 학교폭력이 학교에서 가장 커다란 문제로 떠올랐기 때문이다.

'인생은 자유다'는 이 말이 얼마나 처절한 외침이며 절규인가? 감히 5학년 남자아이가 이런 생각을 할 수 있을까. 이런 말을 하고 있다면 어떤 도움을 주어야 할까. 이 어린이에게 해주어야 할 것은 무엇일까. 수학문제를 풀게 하는 것일까. 훌륭한 사람이 되라고 위인전을 읽고 본받는 삶을 살도록 노력하여야 한다고 하여야 할까. 교실에 앉아서 공부하고 있는 자신의 모습이 너무 한심하다는 생각이 들지는 않았을까.

어린이의 입장에서 생각하여 보면 그는 분명 어떠한 의도와 목적이 있었을 것이다. 선생님에게 자신의 마음을 전하고 있는 것이 아니었을까. 자신의 생각을 아주 강렬하게 제시하고 있는 것이라면 어떻게 하여야 할까. 선생님은 최소한 개인적인 면담을 하여야 할 것이다. 그리고 그 글의 의미와 자신의 진로를 물어보았으면 좋았을 것이다. 그것도 아니라면 가정 사정은 어떠한지 그 형편을 물어보는 것도 좋았을 것이다. 그러나 한 학년이 끝나는 종업식의 날까지 그 문구는 그 어린이의 책상 위에 그대로 붙여져 있었다. 선생님과의 어떠한 대화도 없었다는 추측이 가능했다. 오히려 나 자신이 복잡하고 심난한 생각이 들었다.

대종사편의 이야기가 있다.

> 샘이 말라 물고기가 모두 땅 위에 드러났다. 서로 거품을 뿜어주며, 서로 거품을 내어 적셔 주지만, 강이나 호수에서처럼 서로를 잊고 사는 것이 훨씬 낫다.
> 요임금을 칭송하고 걸왕을 비난하지만, 둘 다 잊고 도(道)와 일체가 되는 것이 훨씬 더 좋다.

가뭄이 한창일 때 저수지의 물이 말랐다. 저수지 군데군데 물이 약간 남아 있는 웅덩이에 물고기들이 옆으로 누워서 빼꼼빼꼼 아가미로 숨을 쉬고 있는 것이다. 이 물고기들은 하루 이틀 사이에 비가 오지 않으면 죽을 수밖에 없는 상황이다. 너무도 절박한 상황이기에 조금이나마 도움이 되었으면 하는 심정으로 서로가 숨을 쉬고 있는 것이다. 이런 상황에서 내뿜은 입김이 그저 생명을 지탱해주는 미미한 것에 지나지 않는다. 가쁜 숨을 몰아쉬고 있는 물고기는 마지막 숨을 쉬고 있는 모습은 이들이 서로 돕고 안타까워한다고 하여 이 상황이 더 나아지는 것은 없다. 오히려 호수에 물이 가득하여 서로가 아무런 관심을 갖지 않고 살았던 때가 더 좋은 것이다.

우리의 교육 현실이 지금 이러한 상황에 처해 있는 것은 아닐까. 교사와 아이들의 관계는 더 이상 나빠질 수 없는 상황이 아니다. 사제지간이라는 다소 정답고 끈끈한 맛의 의미는 없다. '오늘도 무사히 사고 없는 하루가 되게 하옵소서'라는 상황인 듯하다. 마른 땅 위의 고기들이 아무리 발버둥쳐 봐야 해결될 것은 없다. 아이들은 절규하고 있지만 선생님은 너무 바빠 이런 문제에 관심을 가질 수 있는 여유도 없다. 주어진 시간에 주어진 내용을 가르치고 급식 주고 아무런 사고 없이 하루를 마치면 그것이 오늘을 잘 보낸 것이고 사고 없이 그저 행복한(?) 하루인 것이다. 무엇이 문제일까. 어떻게 하여야 가르치는 즐거움과 배우는 기쁨을 누릴 수 있는 배움의 현장을 만들 수 있을까….

2장

교육의 본질은 변화(變化)이다

세상의 모든 것은 변한다. 그러나 변하지 않는 것이 있다면 그것은 '변한다는 것뿐이다'는 말이 있다. 변화는 개인이 스스로 추구하든 다른 사람에 의해 변화되든 그 목적은 보다 나은 삶과 현상을 추구하는 데 있다. 이러한 변화의 궁극목적은 개개인 자신의 행복에 있음은 두말할 여지가 없다.

교육 역시 그 시대와 사회적 요구에 따라 변화해 왔다. 교육의 변화도 교육 본질을 생각하면 그 변화의 양태와 방법 역시 변화를 지속하여야 존재할 수 있다. AI시대 도래 역시 변화를 필요로 한다. 특히 AI시대의 변화가 교육과 배움의 삶의 과정에서 매우 보편적이고 전반적인 측면에서 이루어진다면 그 어느 때의 변화보다 커다란 변화를 가져올 수 있을 것이다.[25]

인류문명의 획기적인 변화를 가져왔던 종이, 문자, 화약, 나침반, 바퀴 등이 있지만 이때의 수혜자들은 대부분 권력집단과 극소수에 불과하였다. 즉 그 영향력은 컸지만 일반적이고 보편적인 확대까지는 미치지 못하였다. AI 인공지능 시대에는 과거의 변화와는 전혀 다른 모습을 보여야 할 것이다.

---

25) 켄 로빈슨, 정미나 역, 『학교혁명』, 21세기 북스, 2015, p.111~112.

이런 측면에서 교육의 목적, 관계, 방법, 장소, 시간, 주체, 대상, 내용은 어떻게 변화하였는지 먼저 살펴보아야 한다.

(1) 교육본질의 변화

무엇이든 본질의 변함은 없다. 교육의 본질 역시 마찬가지이다.[26] 그것을 이해하고 해석하는 사람의 입장에서 달라졌을 뿐이다. 가르치는 것에 중점을 두었을 때와 기르는 것에 중점을 두었을 때 그 의미와 활동이 달라졌다. 어느 쪽의 주장이 더 설득력이 있고 받아들이느냐에 따른 영향이었다. 이는 그 본질이 중심이 되고, 또는 주변이 중심이 되는 흔들림과 혼동의 연속이었다.

교육을 가르치는 것에 더 중심에 둔다면 그 효과는 증대되어야 한다. 효율성을 추구하여야 하고 극대화하여야 한다는 논리는 타당하다. 경제논리가 당연히 도입될 수 있다. 그리고 경제논리가 도입되어야 한다. 가르치는 것이 중심이라면 교사의 역할이 중요하다. 교사의 능력과 역할이 강조된다. 교사의 입장이 중요할 수밖에 없다. 그리고 교사와 가르치는 사람을 존중하여야 한다. 그런데 가르치는 목적은 무엇인가?

교육의 목적이 국가와 사회가 필요한 인간을 육성하기 위한 것이라면 개개인은 국가와 사회가 필요한 쓸모 있는 사람이 되어야 한다. 쓸모 있다는 것은 무엇을 위한 도구이고 수단되었다는 것이다. 국가와 사회가 필요한 인재를 기르고 양성한다면 개개인은 국가와 사회의 도구에 불과하다. 이런 관점이라면 효율성을 극대화해야 할 것이다. 이를 위해서는 경쟁을 극대화시키면 쉽게 달성될 수 있다. 경쟁의 논리에 그 타당

---

26) 우리사상연구소 엮음, 『우리말 철학사전 3』, 2007. p.355~358.

성을 인정받는다. 교육은 강제, 계획, 의도적이라는 의미를 갖는 것은 자연스러운 것이다. 국가와 사회는 인재 양성 또는 육성이 필요했다. 그러나 이런 교육은 많은 문제를 가지고 있다. 교육은 자아실현이며 자기완성의 길이며 자신의 주도성이 따라야 한다는 것을 전제한다면 더 많은 본질 논쟁이 있어야 할 것이다.

(2) 관계의 변화적 관점

세상에 존재한다는 것은 관계를 맺는다는 것이다. 관계를 맺음은 존재하고 있기 때문이다. 따라서 삶은 관계이며 관계는 행동으로 이어진다.

교육적 관계 역시 삶과 행동이 어떻게 확장되느냐에 따라 이루어진다. 가장 단순한 정리는 가르치는 사람과 배우는 사람을 어떤 관계에서 이루어지고 이해하느냐에서 부터 출발한다.

가르친다는 것과 기른다는 것도 가르치는 것과 기르는 양 방향의 관계를 나타낸다. 가르친다고 하는 것은 가르치는 사람이 배우는 사람에게 내용과 방법을 전하고 이를 적절한 방법으로 전달하는 관계인 것이다.

가르치는 활동이 한 때는 어느 한쪽이 주고 다른 한쪽은 받아들이는 일방적인 관계가 형성되었다. 수직적인 관계로 이해하였다. 가르치는 사람은 전지전능한 사람으로 절대적인 권위를 가지고 있는 것으로 인식되었다. 절대적인 권위를 가지고 있어야 한다고 생각했다. 그래야 교육효과가 높아진다고 생각했다. 한쪽에서 강제로 가르쳐도 된다고 생각했다. 미성숙한 존재를 성숙한 존재가 가르치는 것이므로 강제로 하여도 된다고 생각하였다. 억지로라도 가르쳐야 한다고 생각하였다. 이름하여 억지로라도 가르치고 머릿속에 입력시키는 것이 중요하다는 주입식 교육이 강조되었다. 수직적이고 강압적인 관계는 당연한 것이었다.

가르치는 것이 배우는 것이고 가르치는 사람도 배우는 사람 못지 않게 배우는 관계로 이해하는 것이다. 가르친다는 것은 그렇게 하기를 주장하는 것이므로 자기의 삶에서 나오지 않으면 상대방을 감동시킬 수 없다. 가르치는 것이 배우는 것이고 배우는 것이 가르치는 것이다. 교학상장이란 말과 일맥상통한다. 이런 관계에서 본다면 가르치는 것과 배우는 것은 수평적인 관계가 형성되었다. 또한 수평적인 관계에서 이해되어야 한다.

(3) 목적의 변화적 관점

모든 활동에는 목적이 필수적이다. 교육활동 역시 분명한 목적을 가지고 있다. 그러나 그 목적은 세대와 필요에 따라 달리 이해되었다.

'왜 교육을 시켜야 하는가' 목적은 국가와 사회의 입장에 따라 달랐으며, 개인의 목적 역시 국가와 사회의 목적에 따라 달랐다. 국가와 사회에서의 교육목적은 필요한 인재 육성이다. 이는 유용성이라는 의미의 다른 말이 된다. 필요함에 따라 어디에 쓸 것인가? 쓸모 있는 인간이 되는 것이고 만들어 내는 인간 육성을 의미하는 것이다.

개개인은 사회와 국가의 유용함과 필요에 따라 이를 이용하면서 자신의 입지를 확대하고 높여야 했다. 개인도 국가와 사회의 교육목적에 순응하면서 자신의 이익을 도모하는 서로 협력하는 모양새이었다. 이를 개인적 입장에서 보면 입신양명할 수 있는 좋은 기회였다. 이러한 관점에서 교육목적은 어떠한 수단과 방법으로든 이기면 승자이고 남보다 앞서면 모든 것이 해결되었다. 승자 우선의 목적이라 할 수 있다.

이제는 행복한 삶이 우리의 화두가 되었다. 교육도 행복 교육을 추구하고 있다. 행복한 삶으로 자신이 가지고 있는 능력을 최대한 발휘할 수 있는 자아실현의 인간이 목적이 된다.

(4) 방법의 변화적 관점

방법은 어떤 일을 하기 위한 수단을 의미한다. 교육방법의 최상은 교사 한 사람이 학생 한 사람을 가르치는 것이다. 일대일 교육이다. 가정에서 시작되는 교육은 아버지에서 아들로 이어지는 일대일 방법이었다. 그 후 집단적 방법으로 한 사람의 교사가 여러 어린이를 가르쳤다. 일대 다수의 방법으로 바뀌었다. 이를 전통적인 교실수업의 형태라 한다. 우리가 익히 알고 있는 서당식 교육도 일인식 다인교육 방법이다.

일인 다수가 다수를 가르치는 방법은(중등학교의 과목별 교육) 가르치는 사람도 다수이고 배우는 사람도 다수가 되었다. 지식과 배워야 할 내용이 다양하고 복잡해진 이후이다. 국가와 사회가 복잡해지고 배워야 할 내용이 많아질수록 교목별 교사가 필요해졌고 과목별 학습이 이루어지고 있다. 초등학교에서 교과전담제, 중등학교의 교과별 수업형태가 이런 변화의 하나이다.

다수가 개인을 가르쳐야 하는 요구가 있게 되었다. 여러 명의 교사가 한 사람의 학생을 가르쳐야 한다. 이는 개개인의 능력이 분야별로 다름을 인지하게 된 이후 활발하게 논의 되었다. 개개인의 능력을 계발시키는 것이 더 바람직하다는 생각이다. 이는 한 개인의 능력은 각기 다르다. 뿐만 아니라 개인의 잠재능력도 분야에 따라 각기 다르다는 것을 이해한 이후였다.

이는 인간의 지능은 어느 한 가지의 능력이 아니라 다중지능임을 증명되고 난 이후 활발해졌다. 한 개인을 완전한 인간 즉 자아실현을 가능하게 하기 위해서 가르치는 것은 다양한 교사가 필요하다는 것을 이해하게 된 것이다. 즉 다수 대 일인교육의 필요성을 인식한 것이다. 이런 교육형태를 개인별 맞춤형 교육이라 할 수 있다.

가르치는 사람과 배우는 사람의 수적 관계에서 인간이 사용한 방법의 시각에서 볼 수 있다. 이러한 방법의 변화는 인간은 인간과 인간의 자연스러운 만남에서 삶의 지혜를 배웠고 그 지혜를 인간이 인간에게 전수하며 가르쳐 왔다.

산업 발전의 영향으로 인간의 가르치고 배우는 방법도 변하였다. 인간이 인간을 가르치는 시기를 지나 인간이 기계와 함께 가르치고 있다. 인간과 기계가 동반하여 가르치기도 하였다. 기술의 발달과 더불어 교육 관련 기자재뿐 아니라 모든 분야에서의 기술이 발달함에 따라 기계가 인간을 가르치기에 이르렀다.

이제 인공지능의 발달이 더 이루어지면 로봇이 인간을 가르치게 될 것으로 전망된다. 이와 같은 방법의 변화는 '누가 누구를 가르치는 것이 가장 효과적일 것인가?' '인간성은 어느 정도에서 지켜질 수 있을 것인가?' 하는 문제가 대두될 것이지만 교육의 방법 역시 끊임없이 변화할 것이다.

(5) 장소의 변화적 관점

가르치고 배우는 처음의 장소는 각 가정에서부터 출발하였다. 따라서 가정의 배우는 장소는 개인이 직면한 상황 중심으로 이루어졌을 것이다. 개인별 상황에 따라 개인적으로 이루어졌기 때문이다. 교육 현장은 개인이 살고 있는 현실 상황에서 이루어졌다. 산업화 시기에 이르러 일정한 장소로 좁혀졌다. 그곳은 학교이다. 가정에서 시작되었고 교실에서 좁은 공간으로 이동하여 이루어졌다. 한정된 학교의 공간에서, 사회에 있는 학원으로 일부 장소 이동하였다.

대중 매스컴 영향으로 사이버 공간에서도 배움이 이루어지면서 확대되었다. 일정한 장소에서 시작된 배움은 이제 어디에서나 배울 수 있게 되었다(onwhere에서 anywhere의 사회로 변하였다).

(6) 시간의 변화적 관점

가정 중심의 배움은 아침에 시작해서 잠이 들 때까지 온종일 이어졌다. 이는 생활이 곧 배움이었다. 학교교육의 시작은 아침에서 오후까지 일정한 시간에만 가르치고 배우는 시간제 배움으로 바뀌었다. 한동안 한정된 시간에만 가르쳐야 하는 것은 당연하게 여겨졌다. 이후 문명의 발달과 더불어 교육의 개념이 학습의 개념과 접목되면서 한정된 시간이 아니라 생활하는 동안 가르치고 배우는 삶이 교육이라는 인식과 함께 하루 종일 배우는 활동이 확립되었다.

이제는 시간에 구애되지 않고 저녁에도 새벽에도 자신의 의지만 있으면 가르치고 배울 수 있다. 시간의 제약이 거의 없어졌다. 24시간, 배움의 anytime 시대가 되었다.

(7) 주체의 변화적 관점

주체의 관점은 가르치는 것의 변화를 의미한다.

교육은 한 사람이 한 사람을 가르치는 것에서부터 시작되었을 것이다. 그 후 필요에 따라 한 사람 또는 한두 사람을 가르치는 것으로 발전되었다. 이후 소수의 가르치는 사람에서 다수의 가르치는 사람으로 바뀌었다. 다수가 가르치고 다수가 배우는 상황으로 주체는 다변화되었다.

서로가 가르치고 서로가 배우는 상황으로 전환하고 있다. 상호 간의 (사실 삶 자체가 상호 간의 배움이고 가르침이다) 인간관계 자체가 그러하지만 이제야 그 실상을 알고 강조하고 있는 것 같다.

가르치는 사람도 변화하고 있으며 배우는 사람도 변화하고 있다. 그러나 교육이라는 측면에서 볼 때와 배우는 사람의 측면에 따라 그 주체가 달라질 수 있음을 알 수 있다. 즉 주체의 변화는 가르치는 것에 중점을 둘 것인가, 배우는 것에 중점을 둘 것인가에 따라 달라질 것이다.

(8) 대상의 변화적 관점

가르치는 측면에서의 대상이며, 배우는 측면에서는 주체로서 변화를 의미한다.

인간은 자신이 살아가는 동안 누구나 자신에게 필요한 무엇인가를 배워야 생존할 수 있다. 끊임없이 변화하는 환경에서 적응하기 위해서는 일정 기간 동안만 배워서는 살아갈 수 없다. 변하였고 한 번 배워서 끝나는 것이 아니라 평생 죽을 때까지 배워야 하는 대상으로 변하였다. 인간은 죽을 때까지 배워야 하는 존재인 것이다. 이제 인간이 배움의 존재가 되었음을 분명하고 확실하게 인식하여야 한다. 생존하기 위해서는 누구나 배워야 하는 존재이다. 살아 있는 동안 배워야 한다.

(9) 내용의 변화적 관점

무엇을 가르칠 것인가. 무엇을 배워야 할 것인가. 시대가 요구하고 사회가 필요로 하는 지식에 집중하였다. 어떤 계층에 속하였느냐에 따라 교육 내용이 달랐다. 고대 희랍 시대의 모습에서 보거나 한국의 조선시대 등의 상황에서 보듯이 상위계층은 지식교육이 치중하였다면 시민과 평민은 생활교육 위주로 이루어졌다.

삶이 배움이라는 시각이 우월한 현대에서는 삶을 살아가는 지혜의 교육으로 삶의 현장교육으로 변화하여야 한다. '아는 것이 힘이다'는 지식량의 교육에서 인간은 배움의 동물이라는 관점에서 배우려는 의지의 내용이 중심이 되어야 할 것이다.

인간은 왜 교육에 이처럼 치열하게 경쟁하였는가? 배우는 것이 삶의 본질이며 보다 나은 생활을 하기 위한 것이었다. 보다 나은 생활을 한다는 것은 행복하게 산다는 것이다. 그 행복은 사람마다 다르고 시대마다 다른 기준을 가지고 있지만 누구나 보다 잘 살아보겠다는 것이다.

교육의 여러 가지 측면에서 변화 역시 부분적인 변화뿐 아니라 사회 전체의 변화도 가속화될 것이다. 이런 변화는 교육사회보다 학습사회로 전환되는 미래사회의 모습이 될 것이다. 최소한 가르치고 기르는 관점에서 기르고 가르치는 쪽으로 변화할 것이며, 배우는 것보다는 끈기와 꾸준함으로 갈고 닦아야 하는 시대가 될 것이다. 이에 개개인의 삶은 배우는 것보다 배운 것을 습관화와 행동화하는 것이 더 필요함을 의미한다. 학습사회에서 배우는 소극적인 행동보다 습관화 행동화하는 것이 더 중요해질 것이다. 앞에서 논의했던 교육변화의 다양한 관점에 대하여 어떻게 맞이하고 대비할 것인가.

두 번째 교육의 전제는 변화이다.

교육에서의 변화는 행동, 인지, 인지구조의 변화로 보고 있는 것이 가장 일반적이고 보편적인 개념이다. 이러한 변화는 외부 자극에 의한 계획적, 의도적, 강제적 변화뿐 아니라 내적 동기에 의한 자율적 변화도 포함함을 의미한다. 변화는 외부의 자극에 의한 변화만을 제한하지 않는다. 스스로의 변화 즉 내적 동기에 의한 변화만을 의미하지 않는다. 스스로의 동기에 의한 변화는 스스로 배우고 익히는 학습을 의미하지 않는다. 알았다는 것, 배웠다는 것, 고쳤다는 것, 그리고 이렇게 해서 보다 나아졌다는 것은 모두 배워서 무엇인가 바뀌었다는 것을 의미한다. 이러한 의미에서 변화는 매우 포괄적인 의미를 지닌다. 변화를 전제로 하지 않는 교육은 없다.

우리 교육이념을 생각한다

중소도시의 어느 고등학교에서는 〈잠룡〉이라는 교지를 일 년에 일회 발간하였다. 아마도 고등학교의 3년 기간의 의미를 이 교지의 이름으로 대신하고 있었는지도 모른다. 재학하는 그 기간은 힘들고 어려운 시기이지만 그 고생을 잘 견디고 이겨내면 자신의 꿈을 실현할 수 있을 것이라는 의미로 쓰였을 것이다. 어느 시절 어느 시기가 중요하지 않은 때가 없지만 고등학교 시절의 3년은 진학의 커다란 목표가 앞에 놓여 있으므로 어느 대학을 가느냐에 따라 인생의 길이 달라진다고 여겼기 때문이기도 하였다. 아무리 학교생활이 어렵고 힘들지만 또한 그 시기를 거쳐야 하는 것이라면 비록 어렵고 힘든 고통의 시기이지만 잘 이겨내서 하늘을 날을 수 있는 커다란 새가 될 수 있다는 희망의 메시지였을 것이다(지금 생각하면 그때도 용이었고 지금도 용이었음을 모르고 있었을 뿐이다).

장자를 읽으면 장쾌하다. 상상력이 기발하고 대단하다. 자유분방한 해학과 풍자와 상징, 규모와 크기에 놀랍기도 하다. 「장자」의 맨 처음 소요유편에 나오는 이야기이다.

> 북명에 '곤(鯤)'이라는 물고기가 살고 있는데 크기는 몇 천리인지 알 수 없다.
> 그것이 변하여 '붕(鵬)'이라는 새가 되었다.
> 붕의 등 넓이는 몇 천리나 되는지 알 수 없다.
> 노(怒)하여 하늘을 날면 그 날개가 마치 하늘의 구름을 드리운 듯하였다.
> 그리고 그 새는 구만리를 지나 남쪽 하늘로 날아갔다.

이야기는 소요유 첫 편에 실려 있고 가장 잘 알려져 있는 내용이다. 하나의 아주 조그마한 물고기가 북명, 북쪽 바다의 어둡고 긴 세월을 견디고 참는다. 질곡의 그 긴 시간을 지나 하늘로 날아간다. 대붕은 구만리를 날아가고 파도는 3천 리까지 퍼져나가며 날아가는 기간이 6개월이다. 몇 천리인지 알 수 없는 대붕의 크기, 6개월을 날아가는 긴 여정, 그 몇 미터 몇 자 정도가 아니라 몇 천리를 말한다. 날아가는 위용도 대단하다. 3천리의 파도를 일으키고 9만 리 상공에 날아올라 6개월 동안 날아간다. 월척 정도만 해도 큰 물고기인데 몇 천리를 덮을 수 있다면 그 어마어마한 크기에 입을 다물지 못한다. 거기에다 더욱 놀라운 것은 곤이 붕이 되었다는 것이다. 물고기가 새가 되었다는 것은 변화를 의미한다. 거기에다 그것도 작은 것도 아니고 몇 천리 정도 되는 어마하게 커다란 물고기가 어마어마하게 커다란 새가 되었다. 상상을 초월하는 커다란 변화가 일어난 것이다.

천 리인지 알 수 없을 정도의 커다란 물고기가 새가 되어 날아간다. 이처럼 커다란 물고기가 새가 되어 구만리를 날아간다면 그 모습이 얼마나 장엄한가(역시 장자의 생각과 상상의 크기가 얼마나 대단하다). 이런 생각을 할 수 있는 것에 새삼 놀랍다. 변화에 대한 경이로움, 그 규모에 대한 놀라움, 날아가는 곳에 대한 비장함과 웅대함이 광대하면서도 시원하다. 이런 점이 장자를 읽는 재미이기도 하다.

변화는 언제나 쉬운 것이 아니다. 엄청난 대가를 지불해야 한다. 물속에서 지상으로의 올라옴은 온 힘을 다해야 겨우 이룰 수 있다. 그리고 남쪽으로 날아가는 데 삼천리의 파도를 일으키며 구만리를 육 개월을 쉬시지 않고 날아가야 한다. 그가 날아간 거리와 시간이 결코 짧지 않다. 이는 커다란 가능성과 잠재력을 가졌다는 것이 아닐까. 이렇게 커다란 가능성과 잠재력을 지닌 새가 움직인다면 그 세상의 변화는 상상할 수 없을 정도에 이를 것이다. 이런 변화는 크기나 무게만 늘어나는 양적 변화나 성장이 아니다. 개체 자체의 변화를 가져왔다. 물리적 변화가 아니라 화학적 변화, 질적 변화를 한 것이다. 그것도 다른 사람의 힘에 의하여 변화한 것이 아니라 스스로의 변화를 추구하였다. 물고기가 변하여 새가 되었다고 하여 이를 화이위조(化而爲鳥)라 한다.

대붕이 구만리 하늘에 오르는 것은 자기 초월을 의미하는 상징이다. 이 변화는 곤이 대붕이 되었듯이 자신의 커다란 꿈과 이상을 실현했다는 것이다. 마치 하늘의 구름과 같은 큰 자신의 꿈과 이상의 뜻을 펼 수 있음이다. 분명 커다란 변화를 가져올 수 있고 그런 능력을 가지고 있음을 의미한다. 변화의 가능성이 매우 크다는 뜻이다.

변화에는 목적이 있고 목적은 뚜렷하다. 즉 방향성이 뚜렷하다는 것이다. 붕은 북쪽의 어두운 곳에서 밝은 곳을 찾아 남쪽으로 날아가는 것이다. 아주 멀리 밝은 곳을 향해 떠난다. 자신의 꿈이 실현되고 신분이 상승하였다고 하여 자신이 살았던 곳에서 안주하지 않는다. 그 위치에서 기득권 세력과 합세하여 자신의 안위와 편안함을 추구하지도 않는다. 용이 되고 그 사회에서 최고의 자리에 오르면 자신이 살았던 곳이나 그 이전의 처지는 모두 잊어버리지 않는다. 그 자리에서 개인의 명예와 영달만을 찾는 것에 그치지 않는다. 또다시 새로운 변화를 찾아 날아간다.

변화한다는 것은 쉽지 않다.

"우리는 작은 느릅나무나 참빗살나무를 향해 날아가는데도 때로는 실패해서 땅 위에 떨어진다. 무엇 때문에 저 붕은 구만리나 높은 공중으로 날아가려는가!" 매미와 작은 비둘기는 이렇게 말했다. 변화는 주위의 질시와 비아냥도 이겨내야 한다. 그래서 변화한다는 것은 쉬운 것은 아니다. 어떤 변화이든 변화의 과정은 쉽지 않았다. 변하는 것에 대한 자신의 처절한 노력과 의지가 필요하다. 새싹의 고통, 알에서 깨어나는 닭의 고통, 기존의 세상을 파괴하고 나타나야만 하는 어려움을 이겨내야 하는 것이다. 이러한 자신의 변화에 대한 고통은 이루 말할 수 없는 것이다. 자신의 변화이기도 하지만 주변의 관심과 시선도 무시할 수 없다.

그러면서 주위의 시선 또한 이겨내야 하는 것이다. 보통 고통을 참고 이겨내는 것은 그 이후 보상의 달콤함이 있기에 감히 결행하는 것이 일반적인 생각이다. 즉 그에 상당하는 보상을 바라는 것이다. 그러나 대붕은 그렇지 않았다. 주위의 매미와 비둘기의 비난과 시선에도 불구하고 자신의 의지를 실행했음도 생각해 보아야 한다. 자신의 위치에서 누리기보다 무엇인가를 추구하기 위하여 밝은 남쪽으로 향하여 날아갔다.

성공하고 높은 지위에 오른 사람들이 자신의 삶에 대한 품위를 높이기 위하여 무엇인가 사회를 위하여 하여야 하는 것처럼 실천한 것이다. 흔히 말하는 노블레스 오블리주를 실천한 것이라 할 수 있다. 이러한 모습에서 초월자, 구도자의 진정한 모습을 연상케 한다.

문명이 발전할수록 초라하고 왜소해지는 현실에서 대붕이 주는 의미는 개개인이 갖는 존귀함과 소중함을 이야기하는 것이다. 우리 모두가 곤이라는 물고기이며 대붕이라는 존재인 것을 일깨워주는 것이다. 붕이 되었다는 것은 개개인의 존엄함을 자각했다는 것이다. 대붕 그 자체의 원대함과 존재감에서 인간 개개인의 희망을 읽을 수 있다. 거대한 조직 사회에서 살고 있는 우리는 그야말로 조그만 부품에 지나지 않는다.

그러함에도 불구하고 대붕이 주는 의미는 개개인은 변할 수 있다는 가능성과 잠재력을 지니고 있다는 은유이며 강한 메시지이다. 모든 개개인은 이처럼 많은 가능성이 있는 존재이며 주위의 어려움과 따가운 시선도 물리치고 자신의 의지로 날아가려는 것이 곧 교육이기도 하고 희망이기도 한 것이다.

교육은 어떠한 경우에도 변화를 전제로 한다. 물고기가 새가 되었듯이 대붕도 외부의 힘에 의지하기보다 자기 스스로 변화를 추구하였듯이 변화는 새로움을 의미한다. 변화는 현재에 머무르지 않음을 의미한다. 계속해서 추구하는 그 변화에는 잘 살고 행복하기 위한 것이다. 행복하기 위한 하루하루는 변화이며 이 변화는 새로움이다. 행복함 속에는 자유로움이 존재한다. 그것이 경제적인 측면에서의 자유, 사회적 자유, 시간적인 자유, 공간적인 자유. 정신적인 자유를 얻는 것인지 모른다. 이것이 장자가 말하는 절대자유와 같은 것일 수 있다.

이러한 자유를 얻기 위한 것이 곧 삶이고 교육이라면 교육은 변화를 통하여 자유로운 삶을 완성해 가는 것이다. 자아실현은 개인의 무한한 가능성과 잠재력의 실현이고 교육의 궁극의 목표인 것은 어제나 오늘이나 변함이 없다. 이 목표가 바로 절대자유의 경지에 도달하려는 변화이고 지금의 상황을 넘어서려는 초월의 교육적 의지라 할 수 있다.

대붕의 이야기에서 인간의 원대한 상상력과 교육에 의한 변화의 가능성을 찾는다. 아이들이 곧 북해의 곤이고 언제든지 붕이 될 수 있는 잠재력의 존재가 아니겠는가. 한 사람 한 사람이 소중하고 커다란 존재이다. 커다란 자신의 꿈과 이상 실현을 위해 비상할 수 있다는 것을 말하는 것이 아니겠는가. 능력이 우수하고 우수하지 않음이 문제가 아니라 존재 그 자체가 곧 곤이고 대붕이고 대붕이어야 하기 때문이다. 그것은 우리의 희망이다.

붕정만리(鵬程萬里), 이 원대하고 장엄한 모습을 보며 모든 인간은 이롭고 서로를 도우며 살아가는 모습을 본다. 이와 같이 인간들이 밝은 세상을 추구한다는 것은 우리 교육 이념인 홍익인간과도 일맥상통함을 볼 수 있다. 물고기가 새가 되어 남쪽 하늘로 날아가는 장엄한 모습은 아이들 개개인의 붕이 되어가는 모습으로 상상하여 보라.

대붕의 목적이 우리의 교육이념이라 생각하여 보라. 이 얼마나 뿌듯한가. 널리 인간을 이롭게 한다는 고귀한 정신은 자신의 행복에서 그치는 것이 아니라 나와 함께 다른 사람에게도 이롭게 하는 삶을 의미한다. 내 스스로 깨닫고 자아 실현하는 것 자체가 쉽지 않고 어려움에도 그것을 넘어 남을 이롭게 하려는 우리의 교육이념은 이렇게 고귀한 것이다. 나를 넘어 우리를 생각하는 변화, 자아실현의 목표를 지나 세상을 이롭게 하여야 한다는 인류애적 교육사상의 실현 즉 '홍익인간 광명이세'를 말하려는 것이 아닐까.

승자와 패자가 없는 것이 교육이다

세상에 많은 것들은 이분법적으로 이루어져 있다. 그래서인지 우리 역시 많은 것들을 이분법적으로 생각한다. 이것저것을 구분하고, 이것과 저것을 비교한다. 구분하고 구별하는 것은 사물이나 현상을 보다 정확하게 판단할 수 있는 기초이고 기본이기도 하다. 이렇게 구분하고 구별하는 것이 어떤 현상이나 사물을 이해하는 데 가장 간단하고 편리한 방법이기 때문이다. 그래서 이것저것으로 나누어 생각하면 그것이 분명해지고 또렷해지고 생각이 정리된다.

이분법적 개념에는 이런 것들이 있다. 남녀, 시작과 끝(시종), 위와 아래(상하), 많고 적은(다소), 선과 악(선악) 뿐 아니라 우열, 귀천, 시비, 길흉, 화복, 득실, 내외, 전후, 좌우, 대소, 고저, 장단 등 이 범주에 속한다. 고유명사를 제외한 개념의 대부분이 이 범주에 속한다. 이들 개념의 공통점은 기준을 정하기가 어렵다는 것이다. 또한 의미가 매우 모호하다는 것이다. 이들 개념은 사람마다 시대마다 지역마다 상황에 따라 다를 수 있는 것이다. 즉 이들은 어떤 기준을 적용하느냐에 따라 달라지는 상대적인 개념이기도 하다.

이들 개념의 성격은 위치, 길이, 양, 질 등 사물을 보다 명확하고 분명하게 하기 위한 개념이고 도덕적이며 가치지향적인 것들이 많다. 또한 이 개념들은 어느 한쪽만이 있고 다른 한쪽이 없으면 성립할 수 없는 개념들이기도 하다. 대부분 짝을 이루는 개념들이다. 예를 들면 동서(東西)가 서로 반대된다고 하여 한쪽을 떼어내거나 없애버리면 어느 것 하나 존재할 수 없는 것과 같은 이치이다. '동'이라는 개념이 있으려면 반드시 '서'라는 개념이 있어야 하는 것은 당연하다. 그 어떤 가치도 상반된 다른 대상이 없으면 존재할 수 없다. 이런 개념에 기준을 정할 수 있을까. 정하게 되면 어떤 문제가 발생하게 될까.

장자는 이런 자연현상을 제물론편 양행(兩行)으로 설명했다.

모든 존재는 저것 아닌 것이 없으며 모든 존재는 이것 아닌 것이 없다.

스스로 저것으로 본다면 저것이 보이지 않고, 이것을 세우면 저것을 인식하게 된다.

그러므로 저것은 이것에서 나오고, 이것은 저것에서 나온다.

저것과 이것은 상호 간에 성립한다. 저것과 이것이 방생한다는 설이다.

비록 그렇지만, 바야흐로 생이 있으니 죽음이 있고, 죽음이 있으니 삶이 있다.

한쪽이 있으면 반드시 다른 한쪽이 있고 위가 있으면 아래가 있는 이치이다.

달리 말하면 양행이란 동전의 양면과 같이 다르지만 떼려야 뗄 수 없다는 사물의 양면을 의미한다.

이들 개념에는 통일된 기준이나 동일한 기준을 적용하기가 무척 어렵다.

그때그때 달라져야 하는 이들 개념에 만약 통일된 기준을 적용한다거나 강요한다면 어떻게 될까.

오히려 더 커다란 혼란이 생길 것이다. 나에게 동쪽은 동쪽에 있는 사람의 위치에서 보면 서쪽이 될 것이고, 나에게 서쪽은 서쪽에 있는 사람의 위치에서 보면 동쪽이 되는 것과 같은 의미이다. 위치, 가치, 양을 나타내는 개념들은 어떻게 비교하느냐에 따라 달라지는 특징을 가지고 있다.

프랑스 철학자 소쉬르는 어떤 개념이 규정될 수 있는 것은 다른 개념과의 차이에 의해서 가능하다고 하였다. 또한 그 개념은 단독으로 의미를 가질 수 있는 자기 동일성은 없다고 하였다.

우리의 일상은 어느 한쪽이 맞고 다른 한쪽은 틀렸다는 고정된 관념을 가지고 판단하려 한다. 이것의 개념이 있으면 반드시 저것의 개념이 있어야 하고 앞면이 있으면 반드시 뒷면이 있는 것이 당연하다. 그럼에도 불구하고 우리는 어느 한쪽을 인정하지 않으려는 생각이 지배적이다. 그런데 왜 한쪽을 보면서 다른 한쪽이 있다는 것을 이해하지 않고 인정하지 않으려는 것일까. 아니면 이를 인식하지 못하는 것일까. 이것이 인간의 한계인지 아니면 인간이 가지고 있는 이기심인지 알 수 없다. 그러나 결국 이러한 시각은 어느 한쪽만을 보는 결과를 가져와서 올바른 판단을 할 수 없게 하며 불행을 자초한다.

따라서 장자는 사물을 올바르게 인식하기 위해서는 양행의 개념 즉 양쪽의 면을 생각하여야 한다는 것이다. 찬반, 상하, 좌우처럼 두 가지의 개념을 극복하기 위해서 인시(因是)개념을 도입했다. 사물이나 현상은 있는 그대로 인정하고 바라보아야 한다는 것이다. 있는 것을 있는 그대로 볼 수 있고 인정할 수 있어야 한다는 것이다.

사물이 이분법적으로 이루어져 있고 우리가 어떤 사물이나 현상을 쉽게 인식하고 파악하기 위하여 이것과 저것으로 구분한다고 하여도 우리가 자연을 올바로 이해하기 위해서는 앞면과 뒷면 양쪽을 볼 수 있는 시각 능력을 가져야 한다. 한쪽에 서 있게 되면 그 한쪽만을 보게 되어 그 다른 면을 볼 수 없는 것이 우리 인식의 한계이다.

장자는 이를 다시 문의 도추를 끌어들여 그 한계를 벗어나야 함을 제시한다. 양쪽을 같이 볼 수 있어야 사물을 제대로 볼 수 있는 것임에도 불구하고 한쪽만을 보고 현상을 파악하려는 것은 아주 빈번하다. 인간의 인식 한계가 한정적일 수 밖에 없음에도 이런 이분법적인 시각을 즐기면서(?) 생활한다. 이는 특히 정치적 이해관계에 따른 정파의 주장이 그러하고, 포용성을 잃은 종교가 그러하며, 상대방을 이해하지 못하는 편협한 이기주의적 개인이 이에 해당된다.

따라서 장자가 말하는 무위(無爲)도 이런 측면에서 이해할 수 있다. 무위(無爲)는 자연에 그 어떤 인위적인 힘을 가하지 않고 본래의 상태대로 있는 것을 의미하지만 사실은 아무것도 하지 않는 것이 아니라 아무것도 하는 것을 의미하는 것이다. 아무것도 한다는 무위는 소극적이고 부정적인 개념이 아니라 적극적이고 허용적인 개념이 된다. 아무것도 한다는 것은 자연은 자연 그대로 있어야 본연의 역할을 하기 때문이다.

본래의 모습과 성질을 그대로 유지하고 간직하는 것이 쉬운 것 같지만 사실은 매우 어려운 일이듯이 무위는 가장 어려운 상태이기도 하다. 봄이면 봄이어야 하고 겨울이면 겨울이어야 하고, 봄에는 봄에 하여야 하는 일이 있고 겨울에는 겨울에 하여야 하는 일을 하여야 하는 것과 같은 이치이다. 즉 자연이 자연 그대로일 때 그것이 가장 아름답고 멋있다는 것이 무위의 의미이다.

세상에 존재하는 그 무엇 하나 허투루 만들어진 것이 없다는 의미일 것이다. 잘생긴 것은 잘생긴 대로 이상하게 생긴 것은 이상하게 생긴 대로 인정하고 바라보는 것. 존재하는 것 그 자체만으로 가치와 의미가 있다는 것이다. 이것이 자연이고 이런 모습이 자연현상이며 무위인 것이다.

장자는 이런 시각을 천균(天均)이라 하였다. 천균의 의미는 하늘은 모든 것을 고르게 대한다는 것이다. 하늘에서 내려쬐는 햇빛이 모두에게 똑같이 비추어지듯이 하늘은 모두에게 공정하다는 것을 의미하는 것이다. 모두를 공정하고 평등하게 대하는 것이 하늘의 이치이다. 모든 사물을 똑같이 대하는 것에서 비롯되었다고 보는 것이다. 그래서 본연의 모습과 양태를 지니고 있는 자연에는 승자도 패자도 없다. 있는 그대로 가 자연이고 무위이기 때문이다. 그러한 까닭에 무엇이 우수하고 무엇이 열등한 것인지 구분할 수 없고 이들에게는 승자와 패자가 있을 수 없는 것이다.

자연에 승자와 패자가 없듯이 교육에서도 승자와 패자가 있을 수 없어야 한다. 개개인 그 누구는 잘나고 그 누구는 못난 것이 없다. 개개인 각자는 귀중하고 소중한 존재이다. 개개인을 있는 그대로 인정하여야 한다. 교육과 배움은 각 개인이 가진 본래 모습으로 만드는 것이다. 그것이 교육에서 인시(因是)이고 천균이 아닐까. 이것이 교육과 배움의 본래 목적이 아닐까. 교육은 개개인의 본성을 찾아가는 것이고 그 하나하나는 존재하는 것만으로 독보적이고 존귀한 존재이다. 그 과정은 각기 다른 개개인에게 승자와 패자가 있을 수 없다. 단지 그 과정은 다양하고 그 방법 역시 수없이 많아야 한다. 개개인의 모습은 그야말로 천차만별 다양하고 그 어느 것 하나 같은 것이 있을 수 없기 때문이다. 그것은 개개인 자신의 고유한 모습을 만들어 가는 과정이기 때문이다. 자신의 본연의 모습을 찾아가는 과정의 교육에서 누구나 똑같은 대접을 받아야 하는 이유이다. 사물 하나하나가 자신의 본연의 모습이고 그 본연의 양태를 지니는 것이 무위(無爲)이고 천균(天均)이다.

그래서 바로 있는 그대로 인식하고 보는 것은 매우 중요하다. 양쪽으로 나누어진 현상을 어떻게 보아야 할 것인가 하는 것이 중요한 것이다. 승자와 패자를 가르는 것은 단지 사람을 선별하기 위한 하나의 방편에 불과한 것이다. 교육은 승자와 패자를 만들기 위한 것이 아니기 때문이다.

교육을 진보적 시각으로 또는 보수적 시각으로 본다. 보는 관점에 따라 매우 다른 해석을 한다. 이는 교육의 다면적인 성격을 지니고 있기 때문이기도 하다. 교육이라는 본질은 변하지 않고 그대로 있다. 양 진영만이 자신들의 주장이 옳다고 주장한다. 보는 시각이 다르기 때문에 그들이 제시하는 교육문제의 해결방안 역시 다르다. 진보는 진보의 기준으로 보수는 보수의 잣대로 바라볼 뿐이다. 교육을 진보와 보수로 바라보는 것은 한쪽만을 보고 그것이 완전한 인간이라고 하는 것이나 다름 없다.

교육의 본질과 목적은 변함이 없음을 인식하여야 한다. 단지 구분하고 구별하는 것은 자기편이 옳다고 주장하는 억지에 불과하고 자기편을 만들기 위한 방법에 지나지 않는다. 있는 것을 있는 그대로 제대로 보아야 한다.

가르치는 것이 우선일까

인류는 태어나면서부터 배우기 시작했다. 가르치고 배우는 활동은 인류 역사와 함께하였지만 학교교육은 17세기 이후 본격화되었다. 학교교육은 인류가 생존하면서 가르치고 배웠던 시간에 비하면 고작 300~400년 정도에 지나지 않는 아주 짧은 기간에 불과하다. 그러나 교육, 하면 가장 먼저 떠오르는 것이 학교이다. 학교는 비슷한 또래에게 같은 내용을 동시적으로 제공한다. 비슷한 또래 아이들을 일정한 곳에 모아놓고 일정하게 정해진 내용을 가르친다. 그 형태도 단순하기 그지없다. 어디를 가나 비슷한 네모형 교실에서 정해진 내용은 동일하다. 이런 교육형태는 산업혁명에 따른 인력양상과 효율화에 두고 이루어졌다는 것은 너무 잘 알려진 사실이다. 필요한 인력을 제때에 공급하기 위한 것이 지금의 학교교육인 것이다. 이런 형태의 학교교육은 거의 모든 나라에서 일반화·보편화되었다.

학교교육의 핵심은 교육과정이다. 교육과정은 가르쳐야 할 내용을 정선한 것이다. 이를 구체화한 것이 교과서이다. 교육과정은 가르쳐야 할 목표를 정해두고 그것을 아이들의 수준에 맞게 제시한 것이다. 비슷한 시기의 아이들을 지적 정도와 신체적 능력과 정서적 경향에 맞게 단계별로 나누어 구성한 것이다. 따라서 교육과정은 공교육에 있어서 절대적이다. 교육과정을 아이들의 수준과 능력을 고려하여 만들어진 것이라고는 하지만 도달해야 할 목표를 정해놓고 일반적이고 보편적인 수준에서 가르칠 내용을 선정한 것이다. 어느 정도 알고 있느냐 하는 것을 알아보는 것이다. 교육과정이 개개인의 능력보다는 가르칠 내용이 배우는 학생들보다 먼저 정해졌다고 할 수 있다. 어찌 보면 구두에 발을 맞추는 격이다.

이와 같은 학교교육의 근본적 문제는 무엇인가? 이와 같은 학교교육은 정해진 기간에 정해진 내용을 학습하게 되어 있다. 정해진 기간에 배워야 할 내용을 정한 것이다. 교육과정은 비슷한 시기의 학습자의 지적능력과 신체적 능력 그리고 정서적 경향을 고려하였다고 하지만 개개인의 능력 차이는 천차만별하다. 개인별 차이도 영역별, 분야별로 엄연히 존재한다. 그러나 배워야 할 기간은 일정하게 정해져 있다. 정해진 내용을 정해진 기간 동안 가르쳐야 하기 때문에 순서에 따라 차근차근 가르쳐 간다. 매우 과학적이고 객관적이고 바람직한 것으로 생각한다. 그리고 가르친 내용을 어느 정도 알고 있는지를 평가하여야 한다.

가르치는 사람이 얼마나 잘 가르쳤느냐를 알아보는 측면도 없지 않으나 누가 어느 정도 알고 있느냐를 알아보는 것에 더 관심이 많다. 이는 어느 정도 잘 가르쳤느냐, 효과가 있었느냐, 누가 어느 부분에 어느 정도 내용을 이해했느냐를 알아보는 것이 필수적이고 또한 의무이기도 하다. 즉 성취 정도를 평가해야 하는 것이다. 성취 정도를 알아본다는 것은 누가 무엇을 어느 정도 도달했는지를 점검하고 알아보는 것이다. 정도를 알아보는 것의 가장 쉬운 방법은 서로를 비교하는 것이고 그 비교는 곧바로 평가가 되고, 평가는 곧바로 경쟁으로 이어진다. 이렇게 성취 정도를 알아보는 것이 우열을 결정할 수 있는 시스템이 된 것이다. 이 도달 정도에 따라 우열을 결정하게 된다. 따라서 누가 빨리 그 지점에 도달하느냐가 정해진 교육과정의 이해정도를 알아보는 핵심인 것이다.

이런 시스템에서 교육은 자신의 능력을 최대한으로 발휘하기 힘들다. 누가 얼마나 많이 알고 있는지 상태를 비교해야 하기 때문이다. 이런 형태의 극단적인 것이 시험이다. 능력이 우수한 학생은 남보다 잘하게 되어 능력이 우수해서 문제가 되고 능력이 부족한 학생은 능력이 부족해서 문제가 된다. 우수해서 자신의 능력을 발휘해야 것도 부담스럽고, 능력이 부족하면 따라가지 못해 속상해진다. 능력이 넘치는 것은 버려야 하고 능력이 부족한 경우는 뒤처져 있어 따라갈 수 없다. 빨리 자라면 너무 빨리 자랐기 때문에 잘라주어야 하고, 늦게 자라면 빨리 자라기 위해 여러 가지 조치를 취하여야 한다.

이러한 교육은 개인의 능력에 따라 배우거나 가르쳐지는 것이 아니다. 먼저 가르쳐 놓고 누가 어느 정도 이런 목표를 달성했는가 하는 정도를 측정하면 되는 것이다. 정해진 기간에 누가 그 내용을 학습하고 이해했느냐 하는 것을 알아보면 된다. 일정한 기간에 일정한 양을 채운다는 것은 누가 얼마나 빨리 그 틀을 채우느냐가 매우 중요하다. 결국 빨리 채우기 경쟁이고 빨리 도달하기 위한 시합이 될 수밖에 없다. 누가 빨리 채우게 빨리 도달하였는지를 알아보는 가장 손쉬운 방법은 비교이다. 비교하는 것은 자연스럽게 경쟁으로 이어질 수밖에 없는 것이다. 이런 비교는 고유함을 인정하고 북돋아 주기보다는 오히려 묵살되거나 무시해버리는 상황이 빈번해진다. 더구나 경쟁은 모든 학습자의 차이를 암묵적으로 무시하게 되고 일렬로 세우게 되는 무한 경쟁을 유도하는 것이다. 내용을 음미하고 탐색하는 과정은 없다. 맹목적으로 달려가는 기관차와 같은 것이다.

　교육과정에 바탕을 둔 학교교육의 강제성은 어떤 과정에서 연유하였을까. (교육의 본질에서 논한 바 있다) 그리고 그런 경향을 어떻게 당연히 받아들이게 되었을까. 이는 우리가 아무런 부담 없이 사용하고 있는 '교육'의 의미에서 온 것으로 생각한다. 우리가 사용하는 교육의 용어는 교(가르친다: 敎)와 육(기른다:育)이 합해진 개념이다. 이를 해석하면 가르쳐서 기른다는 의미이다. 교(敎)는 가르친다는 강제적인 의미를 가지며, 육(育)은 기른다는 의미로 어떤 상태를 제공하고 지원하여 자라도록 하는 것이다. 이는 교육은 어떤 강제적인 힘을 작용하여 가르쳐서 기른다는 의미가 된다. 가르치는 것은 그 상태가 어떠하든지에 대한 관심보다 가르쳐야 한다는 목적이 우선한다. 즉 배우는 대상의 상태는 고려되지 않는다. 가르치는 것이 우선되는 개념이 된다. 이를 바탕으로 해석된 교육의 의미에는 강제성이 자연스럽게 배어 있다. 그 내포된 의미에는 학습자의 준비상태의 여부를 떠나 일정한 지식을 주입시켜야 한다. 이런 생각이 바탕이 되어 선생님을 표현할 때 '교편을 잡는다'고 이야기하는지 모른다. 채찍을 들어서라도 가르쳐야 한다는 것이기 때문이다.
　이런 의미를 가진 교육은 가르치는 것(敎)보다 어느 상태 즉 배울 수 있는 시기가 되었을 때 스스로 길러지도록 여건을 조성해 주는 기르는 것(育)이 우선되어야 한다. 자율적으로 성장한 정도와 상태에 따라 배우게 하는 것이 기르는 것에 우선하는 교육이 된다.

변무편에서 이야기한다.

> 오리 다리가 짧다고 길게 늘여 주어도 괴로움이 따르고, 학의 다
> 리가 길다고 잘라 주어도 아픔이 따른다. 본래 긴 것을 자르거나 본
> 래 짧은 것을 늘여서는 안 된다.

학의 다리가 길다고 자르거나 오리 다리가 짧다고 길게 늘이지 말라
는 것이다. 길어야 할 것은 길어야 하고 짧아야 할 것은 짧아야 한다.
긴 것을 억지로 잘라서 짧게 할 필요가 없으며, 그렇다고 짧다고 길게
늘일 필요도 없다. 세상의 모든 것은 빨리 자라는 것이 있고 조금 늦게
자라는 것이 있기 마련이다. 빨리 자라는 것은 빨리 자라는 대로 조금
늦게 자라는 것은 조금 늦게 자라는 것이 그들의 본성인 것이다.

'교육'도 마찬가지이다. 아이들이 자연스럽게 성장해 가는 과정에 필
요한 지식과 경험을 하도록 하는 것이 중요하다. 강제적으로 가르치는
것(敎)보다 어느 상태, 즉 배울 수 있는 시기가 되었을 때 스스로 길러
지도록 여건을 조성해주는 기르는 것(育)이 우선되어야 한다.
아이들도 자연스럽게 성장해 가는 과정에 필요한 지식과 경험을 하도
록 하는 것이 중요하다.
가르쳐서 정해진 목표에 이르게 하고 길러져야 하는 교육은 강제적이
며 소극적이고 비교육적이다. 배우는 즐거움과 기쁨은 어려운 것을 알아
서 생기는 것이 아니라 자신의 수준에서 깨우칠 때 얻어지는 것이 훨씬
크다. 우리 아이들은 누구보다 빨리 배워서 이기는 기쁨보다 어려운 것

을 스스로 해결했을 때 더 커다란 희열과 기쁨을 느낄 수 있다. 배우는 즐거움보다는 가르쳐준 것으로 평가 받기 때문에 정신적으로 피폐해지고 있는 것이다. 자신의 능력과 정도에 따라 배워감으로써 자기 스스로 배우는 희열과 기쁨을 느끼는 자유스러운 배움으로 바뀌어야 한다. 이것이 맞춤형 교육이고 개별화교육이다. 가르치는 것이 먼저가 아니라 조건과 상태에 도달하였는지를 고려한 배움이 이루어지도록 하여야 한다.

개나리꽃은 삼월에 피고 장미꽃은 오월에 핀다. 꽃이 피는 시기가 다를 뿐 때가 되면 자신만이 가진 아름다움을 뽐낸다. 정해진 행사 기간에 맞춰 꽃을 피우기 위하여 온도를 높이는 어리석음을 범하는 것과 비슷하다. 억지로 꽃을 피게 하는 것은 꽃의 자발성을 강제하는 것이다. 자연의 섭리를 거스르는 것이다.

> 지극히 올바른 경지에 이른 사람은 그의 본성과 운명의 진실함을 잃지 않는다. 그러므로 합쳐져 있다 하더라도 쓸데없이 들러보지 않고, 갈라져 있다 하더라도 소용없이 덧붙여 있지 않고, 길다 하더라도 남는 것이 있지 않고, 짧다 하더라도 부족하지 않다.

장자의 말이다.

배움과 가르침은 어디에나 있다

고속도로를 빠른 속도로 달리다가 톨게이트 근처에 이르면 30킬로미터 정도로 달리게 되어 있다. 속도를 낮추어 달리다 보면 도로와 도로가 이어지는 빈틈을 볼 수 있다. 그런데 그 빈틈에 풀이 자라고 있다. 놀랍게도 수없이 많은 차들이 쉬지 않고 달리고 있는 고속도로 그 빈틈에 풀이 자라고 있는 것이다. 이를 본 후에 여기저기 자세히 살펴보기 시작하였다. 아스팔트와 인도석 경계의 빈틈에도 풀이 자란다. 사람이 다니는 인도의 벽돌과 벽돌 사이에도 풀이 자라고 있다. 바위틈에도 뿌리 내리고 자라는 소나무를 가끔 볼 수 있다. 10년을 메마른 채 방치해 두었던 화분에 물을 주었더니 뜻하지 않게 식물이 자랐다(물론 씨도 뿌리지 않았다). 생명이라는 것이 이런 것이다. 조그만 조건이 맞으면 그곳에서 생명을 키워낸다. 아무리 차량이 많이 달려도 아랑곳하지 않는다. 아무리 딱딱한 곳일지라도 개의치 않는다. 조그만 틈이 있으면 생명을 키운다. 생명은 정말 끈질긴 힘을 가지고 있다. 생명력은 끈질기고 생존할 여건만 갖추어져 있으면 어디에나 생존한다.

지북유편에 나오는 이야기이다.

"도(道)는 어디에 있는가."

동곽자기가 묻자 장자는 "도는 없는 데가 없다(무소부재 無所不在)" 고 답한다.

"구체적으로 예를 들어주십시오"라고 말하였다.

장자: 도는 땅강아지나 개미에게 있다.

동곽자기: 어떻게 그처럼 낮은 곳에 있을 수 있는가

장자: 기장이나 피에도 있다.

동곽자기: 어떻게 그렇게 더 낮은 곳에 있을 수 있는가.

장자: 기와와 벽돌에도 있다.

동곽자기: 어떻게 그렇게 낮은 곳에 있을 수 있는가.

장자: 똥이나 오물에도 있다.

'도(道)는 어디에 있는가' 동곽자기의 4차례 계속되는 질문에 장자의 답이 가관이다. '도는 땅강아지나 개미, 기장이나 피, 기와와 벽돌, 더 나아가 똥과 오줌에도 있다'고 말한다. 아니 똥과 오줌에도 도가 있다고 하였다. 지북유편에 나오는 이야기이다. 즉 하찮은 동물인 땅강아지나 개미에도 있고, 먹기 힘들어 뽑아버리는 식물이기도 한 기장이나 피, 생명이 없는 기와와 벽돌 같은 무생물에도 있으며 하물며 오물에도 도가 있다고 하였다.

도는 정신세계의 극치이다. 도를 깨닫는다는 것은 정신세계의 최고에 도달했다는 것이다.[27] 누구나 그 경지에 도달하고 싶지만 아무나 도달할 수 있는 것도 아니다. 깨달았다는 것은 수많은 자연현상과 사회현상에 대한 자기 나름의 기준을 명확히 할 수 있는 논리적 체계가 완성되었다는 것이다. 깨달음의 경지에 이른 사람 즉 득도한 사람의 경우 특정 동일의 한 가지 사물이나 현상을 보고 깨달은 것은 아니다. 깨달은 자들은 각기 다른 사물과 자연현상을 보고 세상의 이치를 일반화한 것이다. 이것이 바로 도(道)이다.

도는 어떤 일정한 과정과 일정한 수련을 반드시 거치거나 교육을 받아야 하는 것은 아니다. 평생을 정진하였지만 죽음에 이르러서야 깨달았다는 사람이 있지만, 깨닫지 못하고 생을 마친 사람도 이루 헤아릴 수 없이 많다. 깨닫는 과정과 방법 역시 각기 다르다. 어떤 사람은 어느 한 순간 깨달았다는 이야기도 듣는다. 경전을 읽고 깨달은 사람도 있고, 신체의 수련을 통하여 각고의 노력으로 깨달은 사람도 있다. 동굴

---

27) 우리사상연구소 엮음, 『우리말 철학사전 3』, ㈜지식산업사, 2007. p.137~139.

속에서 깊은 명상으로 깨우치는 사람도 있다. 고승의 호통 소리와 죽비 소리에 깨달은 사람이 있다. 깨달음은 하나의 완성된 경지이지만 그 과정은 다양하고 제각각이다. 그러나 깨닫는 경지에 도달한 사람은 극소수에 불과하다. 또한 깨닫는 방법 역시 한 가지 방법이 아니며 제각각 다르다.

장자의 말. 하물며 똥과 오줌인 오물에도 있다고 하였으니 이 한마디의 말에 그야말로 숭고한 도는 땅에 떨어지고 말았다(?). 어디에나 있고 하물며 똥오줌에도 있다고 하니 그 고상하고 거룩하게만 보였던 도가 설 자리를 잃어버린 것이다. 아니 천덕꾸러기가 된 듯하다. 정말 그러한 것인가. 도는 생물과 무생물뿐 아니라 지저분한 오물에도 존재한다는 것이다.

사람만이 도를 얻고 깨달을 수 있다고 생각하고 믿고 있는데 이런 반전이 있다니 놀랍다. 귀하고 존엄한 것에만 있는 것이 아니라 하찮은 것, 비천한 것에도 있다는 것이다. 도는 우리 일상의 어느 곳에나 있다는 것이다. 도가 어디에나 있다는 것은 우리 일상의 모든 것이 도이며 우리는 도에 둘러싸여 있다는 것이다. 즉 도는 멀리 있는 것이 아니라 우리 가까이에 있다. 특정한 사람만이 도달할 수 있는 것이 아니라 누구나 이룰 수 있다는 의미가 된 것이다. 도가 가진 일상성을 깨우쳐 준 것이다.

도(道)가 하늘에 있는 것이 아니라 일상으로 내려와 우리 가까이에 있다는 것이다. 최고(最高), 즉 가장 높은 자리에 위치해 있던 도(道). 하늘에 있어야 할 도(道)의 개념이가 하늘에서 내려온 도(道)의 일상성과 평상성으로 바뀐 것이다. 절대경지에 도달하여야 하는 도(道)가 일상에서 깨닫는 도(道)로 바뀐 것이다. 어떤 특별한 사람이나 극도로 수행을 한 사람이 아니라도 누구나 도에 이를 수 있다는 것이다. 이는 개개인 모두가 소중하고 귀중하다는 의미이다. 개체 하나하나가 우주이고 우주가 곧 하나하나의 개체인 것이다. 각각의 개체에 대한 존귀함이 도(道)이다.

가르침과 배움 역시 오직 학교에서만 이루어진다고 생각했던 적이 있었다. 배워야 할 지식이 학교에만 있고 책에만 있는 것으로 믿었던 적이 있었다. 배워야 할 지식이 학교공간에 한정되어 있었기 때문이다. 배워야 한다는 의미도 매우 한정된 의미로 이해했다. 학교와 교과서 내용으로 배워야 할 지식을 한정한 결과이기도 했다. 학교에서의 우등생이 사회에서는 열등생이란 말이 있었다. 단편적인 학교지식과 편협함을 시사한 말이었다.

삶이 곧 배움이 될 때 배움은 학교에서 배우는 교육과정 속에서도, 학원에서 배우는 지식 속에서도, 친구들과 배우는 과정에서, 싸우고 말다툼하는 과정에서, 가정에서도, 사회에서도, 밥을 먹는 것에서도 있다. 도가 어디에나 있듯이 배움도 아이들 생활 속에서 자연스럽게 자라는 그 모든 것에 있다. 어느 것 하나 중요하지 않은 것이 없다. 공부하는 것도 놀이하는 것도, 일하는 것도, 휴식하는 것도 모두 중요한 것이다. 배움은 어디에나 있다. 어디에나 있는 배움을 자신이 느끼고 인지하느냐 하지 못하느냐에 따라 다를 뿐 우리 일상은 배움의 세계이다.

이러한 배움 역시 삶과 더불어 살아있는 끈질긴 생명력이다. 이 생명력이 없으면 인간 본성을 잃은 것이나 다름없다. 크든 작든 큰일을 하든 작은 일을 하든 내가 하는 것 하나하나는 나에 대한 배움이고 그것은 나에게 주는 타인의 가르침과 같다. 배움은 삶을 이해하고 삶을 풍부하게 하려는 것이고 생활하기 위해서 배우는 것이지 배우기 위해 배우는 것이 아니다. 배움의 통시성과 일상성의 의미를 재조명하는 것이 필요성이 있다. 배움의 의미와 그 확장성을 생각해 보아야 한다.

배움은 어디에 있는가, 배움은 어디에나 있다, 우리의 삶이 배움이다. 우리 삶의 과정이 배움의 과정이다.

서로 가르치며 서로 배운다

인간의 삶 자체는 의식주의 해결에 있다. 자신의 삶을 영위하기 위한 의식주 해결은 필수요건이다. 이를 해결하기 위해 인류는 끊임없이 노력해 왔다. 이것만 해결되면 인간의 삶에 별문제가 없을 것으로 생각하기도 했다. 문명이 발달되고 과학이 발전되면 먹고사는 의식주는 자연스럽게 해결될 것으로 기대하였다. 개개인들은 자신의 삶을 열심히 살면 의식주 해결이 가능하다고 생각했다. 이를 위해 사회적, 경제적, 정치적 등 다양한 활동을 강화하고 확대하였다. 또 이런 다양한 활동을 강화하고 여러 관계를 넓혀가면 의식주는 쉽게 해결될 것으로 생각했다. 그러나 먹고 사는 문제는 갈수록 어렵고 힘들어졌다. 산업이 발달하면 쉽게 해결될 것으로 기대하였으나 과학이 발달할수록 의식주 해결이 어려워지고 있다. 참 알 수 없는 아이러니한 현실이다. 오늘날처럼 발달한 문명세계에서도 해결되지 못하는 의식주는 인류에게 있어 스스로 해결되기 어려운 영원한 숙제인지도 모른다.

사회가 날로 발전하고 변화할수록 살아남기 위해 또는 이에 적응하기 위해서 배우고 가르치지 않으면 살아남을 수 없는 시대가 되었다. 그동안 우리는 의식주 해결을 위해 살았다고 해도 과언이 아니다. 의식주 해결을 위해 노력했지만 정작 의식주는 해결되지 않았다. 이제 의식주를 해결하기 위해 선행되어야 할 것이 있다는 것을 인식하게 되었다. 그것은 바로 교육이다. 즉 배우고 가르치는 활동이 먹고 살기 위해 하나의 조건을 넘어 우선적으로 이루어져야 한다는 것을 알게 된 것이다. 먹고 살기 위한 요건을 이루기 위해서는 교육이 가장 강력한 생존의 필수요건이라는 것을 인식하게 된 것이다. 지금까지를 의식주(衣食住)가 우선하는 사회라 한다면 이제는 의식주보다 우선 되어야 하는 것이 교육이라는 사실을 알게 된 것이다.

이런 의식주를 해결하기 위해 인간은 사회적, 경제적, 정치적 활동을 더욱 활발히 하였다. 인간의 여러 가지 활동은 인간의 다양한 측면에서 이해하고 해석하였다. 의식주를 해결하기 위해서는 교육이 우선하는 사회가 된 것이었다. 이제 의식주 사회가 아니라 교의식주(敎衣食住)사회 되었다 해도 틀린 말이 아닐 것이다. 아이러니하게도 의식주를 해결하는 데 선행하는 것이 교육임을 인식하면서 그동안 잊고 지냈던 교육의 중요성이 우리 모두에서 가장 강력한 화두가 된 것이다.

교육이 우선 되는 교의식주 시대의 현재는 의식주가 해결하기 위해 선결조건으로 교육이 필수적 조건이 된 사회이다. 교육이 인간에게 가장 필수적인 요건임을 인식하게 한 것이다. 인간이 의식주만을 해결하기 위해 사회적, 정치적, 경제적 활동을 하는 인간이기 이전에 인간은 교육적 동물이다. 이런 측면을 강조할수록 교육은 인간의 의식주 해결이 우선 되어야 함을 다시 인식해야 한다.

인류사, 인류의 생존을 살펴보면 가르치고 배우는 지고지순한 상호작용은 어느 시간, 어느 곳에서도 존재했다. 가르치고 배우는 활동은 인류의 생존과 동시에 시작되었고 시공을 초월한 영속적인 인간활동이다. 어제에서 오늘로 또 오늘에서 내일로 이어지는 연속성을 지니고 있으며 무한한 시공으로 연결하는 인간의 삶 자체이기 때문이다. 또 무한히 열려 있는 만남의 통로이기도 한 것이다. 이렇듯 교육은 인간에게 영속적인 활동이라 할 수 있다.

인간은 개인이 삶을 생존하기 위한 것이든 집단의 생존을 위한 것이든 한시도 어떤 배움과 가르침의 상호작용이 없었던 적이 없었다. 또 인간에게 이런 작용이 없었다면 지금의 삶은 가능하지 않았을 것이다. 또 이것이 사회적, 경제적 관계이든 아니면 정치적 관계이든 여러 관계 속에서 서로를 이해하고 배려하도록 활발하게 작용하게 한 것 역시 교육의 힘이었다. 오늘의 문명이 있게 한 모든 관계의 근원도 역시 교육이다. 모든 활동에서 스스로 배우고 가르치는 활동 속에서, 스스로 생각하고 느낄 수 있게 하였고 여러 가지 인간적인 활동을 가능하게 한 것이다. 이처럼 배움을 통하여 새로운 지식과 경험을 배우고 습득해 가는 상호작용은 새로움을 얻고 그 새로움으로 변화를 가져오게 하는 심연의 생명이기도 하다. 교육이 모든 것의 근원이었던 것이다.

인간이 인간일 수 있는 가장 근원적이고 중요한 속성은 서로가 생존을 위해 끊임없이 가르치고 배우는 상호작용 아니었던가. 생래적인 것 몇 가지를 제외하고 지금 우리를 있게 한 것 중 배우고 가르치는 상호작용에 의해 이루어지지 않은 것이 없다고 해도 지나치지 않는다. 인간에게 이러한 교육적인 활동이 오늘날 인간의 삶을 가능하게 한 것이다. 이렇게도 우리는 너무나 교육적 동물이었음에도 교육적인 동물임을 잊고 있었다.

우리는 교육계에 있으면서 인간을 해석하는데 사회적, 경제적, 정치적 입장을 너무 대변하고 그들이 주장하는 측면에서 이해하고 교육을 실천하려 한 것은 아니었을까. 어느 누구보다도 교육계에 있는 교육자들은 인간을 교육적 시각에서 바라보아야 하지 않을까. 그러함에도 불구하고 교육계에서는 너무나 다른 학계에서 주장한 인간 이해에 바탕을 두고 있었던 것은 아닌지 모른다. 다른 학계에서 주장한 측면을 받아들이고 옹호하고 바라보았다. 그렇게 하는 것이 인간을 잘 이해하는 것으로 생각한 것은 아니었을까. 우리가 인간을 교육적으로 바라보지 않는데 어느 학계에서 인간을 교육적으로 바라볼 수 있겠는가. 보다 적극적으로 교육적인 측면에서 인간을 바라보아야 하는 것은 아닐까.

「장자」에 잘 알려진 나비의 꿈 이야기가 있다. 호접몽(胡蝶夢)인데 장자에서 가장 잘 알려져 있고 핵심적인 내용이기도 하다.

> 옛날에 장주가 어느 날 나비가 되었다.
> 그는 나비가 되어 펄펄 날아 다녔다.
> 자신이 장주임을 알지 못하였다.
> 꿈에서 깨어나 보니 내가 나비가 된 것인지, 나비가 내가 된 것인지 모르겠다.
> 장주와 나비와는 필시 구분이 있다. 이를 물화(物化)라 한다.

이 이야기는 두 가지 꿈 이야기이다. 장주가 꿈에서 나비가 되었다는 것과 꿈에서 깨어서야 그것이 꿈이었다는 것을 깨달았다. 그러나 꿈에서 깨어나서 다시 생각해 보니 지금의 나는 나비가 꿈을 꾸어 그 꿈속에서 장주가 되어 살아가면서 자기가 나비라는 생각을 하지 못하고 있는 것이 아닌가 하는 의문을 갖게 된 것이다. 꿈이 꿈인 것을 알려면 그 꿈에서 깨어나야 한다.

이 글에서 장자가 하고 싶은 말은 무엇이었을까. 내가 나비가 될 수 있고 나비가 내가 되었다는 것은 무엇을 의미하는 것일까. 일방적 변화, 나와 나비, 나비와 나는 같은 것이다. 내가 나비가 되고 나비가 내가 되는 것이다. 이러한 변화는 한쪽 방향으로만의 변화가 아니라 쌍방적 변화를 의미한다. 이를 장자는 물화(物化)라는 개념으로 변화의 새로운 의미를 사용했다. 이 개념으로 변화의 쌍방향을 생각할 수 있게 하였으며 이는 자연의 순환적 의미와도 같은 것이다. 물화는 쌍방적 상호변환을 의미한다. 애벌레가 나비가 되는 변화는 한쪽으로만 변하는 일방적이고 직선적인 변화를 생각한다. 그러나 내가 나비가 되고 나비가 내가 되는 것처럼 이것이 저것이 되고 저것이 되는 것으로 이는 쌍방적 상호변환을 의미한다.

교육현장으로 돌아가 보자. 지금까지 교육현장과 배움의 전당에서 변화는 어느 한쪽에서 다른 쪽으로 변화를 요구하는 일방적 변화였다. 가르치면 배워야 했고 필요하면 일방적으로 기르면 된다고 생각했다.

그러나 내가 나비가 되고 나비가 내가 되는 변화는 이런 일방적인 변화가 아니라 양쪽이 서로 변할 수 있는 쌍방적 상호변환을 의미한다. 이제 우리는 가르치고 배우는 과정이 쌍방적 변화임을 인식하여야 한다는 것이다. 이는 교학상장(敎學相長)의 의미와 상통하기도 하지만 사실 누군가를 가르치는 활동은 자신의 알고 있음을 보다 강화시켜 주는 역할을 한다. 이처럼 교육활동은 가르치면서 배우는 것이며 가르치면 스스로 배움이 강화되는 것이다. 이렇게 가르치는 것이 배우는 것이고 배우는 것이 가르치는 쌍방적 상호변환은 인간 간의 상호작용이며 이 상호작용이 교육적 상호변환인 것이다.

이런 교육활동은 사회생활을 보다 풍부하게 하고 사회생활은 교육을 통하여 보다 더 자유로워질 수 있음을 의미한다. 이는 교육과 사회생활 역시 교육과 사회의 물화작용 즉 사회적 상호변환이라 할 수 있을 것이다. 가르치는 것과 배우는 것, 교육과 사회생활 역시 물화상태가 아니겠는가.

　장자는 이 이야기를 통하여 세상과 마음의 변화를 이해하는 데 새로운 관점을 제시하였다는 것이다. 인간의 삶 자체가 가르치고 배우는 것은 하나의 과정이라면 우리는 보다 근원적인 측면에서 우리가 교육적 동물로서 상호변환의 영향을 주고 있음을 새롭게 인식하여야 함을 의미한다. 스승을 통해서 제자는 배우고 제자는 또 다른 스승이 된다. 어느 때는 그 누구도 배우는 학생이고 어느 때는 그 누구도 선생이 될 수 있다. 교육활동에서 배움의 현장에서는 영원한 스승도 영원한 제자도 없다. 우리의 삶 역시 끊임없이 가르치고 배우는 물화의 과정이기 때문이라는 것이 아닐까.

　또 하나의 의미는 장주 자신의 세계관을 제시하였다는 것이다. 즉 일상에서 사용하는 꿈의 의미를 통하여 삶의 이해를 일반화하였다. 흔히 우리 삶을 두고 일장춘몽이니 또는 꿈과 같은 세월이라는 등의 말을 하며 역시 꿈은 꿈이라는 말들을 한다. 그러나 냉정히 생각해 보면 꿈은 꿈인 것이다. 꿈을 꾸고 있는 장주도 꿈이고 현실을 살고 있는 장주도 이 세상이 꿈이라고 생각한다.

　나비도 꿈이고, 꿈을 꾸고 깨어난 장주에게도 꿈이며, 나비와 장주를 혼동하는 것도 꿈이고, 꿈이라고 생각하는 것도 꿈이다. 의식주를 해결하고 자신의 삶을 자기답게 살아야 하는 개개인은 이를 해결하지 못하고 꿈을 꾸고 있다. 교육이 모든 것을 해결해 줄 것이라는 또 다른 꿈을 꾸며 우리는 우리 교육에 꿈을 걸고 있는 것은 아닐까.

교육의 근본을 생각한다

제나라 환공(桓公)이 단상에서 책을 읽고 그 밑에서 윤편은 수레바퀴를 깎고 있었다. 윤편(수레바퀴를 깎는 사람이라는 뜻)이 왕에게 질문을 하였다.

> 윤편: 책에는 무엇이 쓰여 있습니까?
> 제나라 환공: 성인의 말씀이 쓰여 있다.
> 윤편: 성인들은 살아있습니까?
> 제나라 환공: 죽었다

그러자 윤편은 "왕께서 지금 읽고 있는 책은 성인들이 남긴 찌꺼기에 불과합니다"라고 말하였다. 감히 수레바퀴를 깎는 신분 주제에 군주가 읽는 성인들의 말씀이 적힌 책을 찌꺼기에 불과하다고 하였다. 매우 화가 났지만 잠시 참으면서 만약 제대로 설명하지 못하면 엄벌에 처하겠다고 말하였다. 이에 윤편은 "저는 평생 수레바퀴 깎는 일만 해왔습니다. 하지만 조금 구멍을 느슨하게 깎으면 축이 헐렁해지고 너무 뻑뻑하게 깎으면 축이 들어가지 않습니다. 꼭 맞게 하기 위해서는 손끝의 감각, 능력이 있어야 가능합니다. 말로 설명하기가 너무 어려워서 제 아들에게도 전수할 수 없습니다, 오죽하면 이 나이 되도록 수레바퀴를 깎겠습니까?"라고 말하였습니다. 이 설명을 듣고 왕은 윤편을 살려 주었다는 것이다.

아니 이럴 수가? '책 속에 길이 있다.' 지혜를 얻기 위해서는 책을 읽어야 한다는 독서예찬, 만고의 진리를 일시에 뒤집어 버렸다. 군주가 성현의 책을 읽고 있는데 수레바퀴나 깎는 천한(?) 주제에 책을 읽지 말라는 고언을 한 것이다. 책은 성인들이 남긴 찌꺼기에 불과하다며 지혜의 보고인 책을 읽지 말라는 것이다. 책에 적혀 있는 것은 현재의 문제가 아니라 과거의 문제라는 훈수까지 하였다. 과거의 간접적인 이해로는 현재의 실질적인 문제를 해결하는 데는 한계가 있다는 의미이다. 이는 단순히 책을 멀리하라는 것이 아니라 살아있는 지혜를 터득하라는 의미가 아닐까. 아무리 훌륭한 성현의 말씀이라 할 지라도 살아있는 지식인지 죽은 지식인지를 살펴보아야 한다. 살아있는 지식인지 불필요한 지식인지는 직접 생활에 필요한 것인지를 살펴보아야 한다는 의미이다.

생활의 지혜는 말로만 하는 것이 아니라 체험으로 깨달아야 한다. 이론이 아니라 경험으로 익혀야 한다는 것이다. 책의 내용이 아무리 좋아도 지금 우리 생활에 도움이 되지 않는 것이라면 그것은 우리가 느끼고 생각하는 것과는 다르다는 것이다. 과거에 살았던 사람들의 감정, 사실, 현상을 현재 살고 있는 사람들에게 똑같이 끼워 맞추려고 하는 것은 현명하지 못하다.

과거의 상황과 현재의 상황이 같지 않고 그들의 문화와 현재의 문화가 다른데도 불구하고 성현이 말하였기 때문에 그것에 맞추어야 한다는 것에 동의하지 않는다. 농경문화시기에 지냈던 차례와 제사문화를 오늘날 그대로 적용한다는 것은 무리인 경우와 같다. 과거 관습이나 낡은 이론은 전승할 필요는 있지만 오늘날 그대로 지키면서 생활하는 것은 유행이 지난 옷을 입고 행세하는 것이나 유사하다. 이는 현실에서의 보편성과 시대적 특수성을 잃어 설득력을 가질 수 없기 때문이다. 과거의 관습이나 생각에 갇혀 있는 것은 과거의 찌꺼기에 불과한 것이다. 현실과 맞지 않는 문화와 풍습을 전통이라는 생각으로 무턱대고 계승하여야 한다는 것은 과거의 이념, 가치관에 빠져 변화에 둔감한 시대착오적인 것이 되는 것과 비슷한 의미가 아니겠는가. 아무리 좋은 것이라 할지라도 현실 생활에 도움이 되지 않는다면 과감히 버려야 한다. 성현의 말씀을 배우고 따르는 것이 분명 좋은 부분이 많지만 그것이 낡고 시대에 맞지 않는 것이라면 버릴 수 있어야 한다는 것은 아닐까.

　교육도 배움도 이런 사례가 많다. 우리가 그동안 당연시하고 지나쳤던 교육적 관행과 습관도 이러한 것이 있는지 다시금 살펴보아야 한다. '교육은 이런 것이다'라는 어떤 틀에 얽매여 있거나 불필요한 것에 매달리고 있는 것은 아닌지 근본적으로 생각해 보아야 한다. 성현의 말씀은 무턱대고 받아들여야 하는 것이 아니다. 예전부터 그렇게 해왔기 때문에 그렇게 하는 것이 옳은 것이라는 생각을 근본에서 살펴 보아야 한다. 비록 성현의 말씀이라도 잘못 이해하고 있거나 해석하고 있는 것은 아닌지 새로운 시각으로 보아야 한다. 성현의 좋은 말씀이니 그저 따라야 하는 것이 아니라 지금 우리에게 필요한 것이 무엇인지를 생각해 보아야 한다. 아무리 성현의 좋은 말씀을 글로 읽어 교양을 쌓는다고 할지라도 자신의 삶에 도움이 없으면 불필요한 것처럼 학교 공부가 개인의 삶에 도움을 주고 삶의 질을 향상시키지 않는 것이라면 아무 필요가 없는 것처럼 과감하게 버려야 한다는 것은 아닐까.
　우리가 배우는 것들이 누구를 위한 것이며 무엇을 하기 위한 것인지에 대하여 깊이 생각해보아야 함을 의미한 것은 아닐까. 인간이 인간으로서가 아니라 하나의 자본(인적자본)으로 생각하는 교육을 어떻게 바라보아야 하는가. 함께하는 것이 보다 나은 삶의 방법임을 알고 있음에도 불구하고 경쟁을 더욱 부추기는 현실은 어떻게 보아야 하고 무엇을 의미하는 것일까. 10%만을 위한 입시제도에 언제까지 매몰되어 있어야 하는가. 그리고 그 나머지는 누구를 위한 것인지 다시 생각해 보아야 하는 것은 아닐까.

단순히 과거의 사건을 외우는 역사교육, 실생활에 별 도움이 안 되는 어려운 수학문제를 풀어야 하는 이유는 어디에 있는 것인가? 생활에 별 도움이 되지 않는 내용을 억지로 공부해야 하는 지금의 학교교육은 어떻게 바라보아야 하는가. 그 공부가 자신이 좋아서 하는 것도 아니며 자신이 장래에 꼭 해보고 싶은 것을 하는 것도 아니면서 단지 제도 속에서 서열을 매기고 우열을 가리기 위한 것에 불과한 내용을 배우고 가르쳐야 하는 지금의 제도를 어떻게 바라보아야 하는가.

당연히 옳은 것이라고 생각하는 것 자체의 잘못은 없는지 다시 생각해 보아야 한다. 이는 학교교육이 근본적으로 반성하고 성찰하여야 함을 의미한다. 교육이 변해야 함을 의미한다. 국영수 위주의 암기교육에서 자신의 삶을 책임지고 가꾸어 갈 수 있는 체험교육 기회를 제공하는 교육이어야 한다. 배우는 것이 남보다 빨리 더 많이 배워서 상대방을 이기는 것이 아니라 자신의 삶을 어떻게 살아갈지 어떻게 살아가야 하는지 탐색하는 활동이 되어야 한다. 학교는 공부만 하는 곳이 아니라 삶을 배우는 곳이 되어야 한다.

학습은 내일을 위한 것이 아니라 오늘을 사는 것이 되어야 한다. 개개인이 스스로 현실의 문제를 볼 수 있는 안목을 길러주어야 한다. 사회를 이해하고 자신이 직면한 문제를 해결할 수 있는 능력과 잠재력을 제공하고 현실의 문제에 대한 나름의 시각과 문제의식을 가질 수 있는 기회를 제공하여야 하는 것은 아닐까. 건강교육, 보건교육, 성교육, 직업과 노동교육, 운전교육 등 자립적인 생활을 위한 교육이 되어야 한다. 자립을 위해 스스로 필요한 교육, 경제교육, 대인관계를 원활히 할 수 있는 관계교육 등에 더 많은 기회를 제공하여야 한다.

불필요한 내용을 가르치고 그것으로 서열을 정하는 교육이 아니라 개개인이 자신의 삶을 행복하게 설계하고 삶을 살 수 있는 교육을 하여야 한다. 우리 교육에서 암기식 교육과 주지교과교육의 틀에서 벗어날 수 있어야 한다. 일제고사의 목적은 일등과 꼴등을 정하는 것이 아니라 단 한명이 낙오자도 없게 하려는 방안을 마련하려는 진단이어야 한다. 잘하는 아이보다 못하는 아이에게 보다 많은 관심과 지원을 할 수 있는 제도 마련의 근거가 되어야 한다. 소수의 엘리트가 나라를 먹여 살릴 것이라는 신화를 만드는 것이 아니라 모든 아이의 재능을 살리는 행복교육으로 바뀌어야 함을 말하는 것은 아닌지 생각해 보아야 한다.

인간의 가치는 동등하다

유용성은 인간에게 도움이 되느냐, 되지 않느냐로 판단하는 것이 일반적이다. 개인적 입장에서 유용성은 자신에게 필요한 것인지 아닌지에 따라 이루어진다. 쓸모 있음과 쓸모없음 즉 유용성은 때와 장소에 따라 달라진다. 유용성의 여부와 그 정도, 인간에게 도움이 되느냐, 더 나아가 얼마나 많은 도움을 주느냐에 달려 있는 것이다.

어떤 사물이든 자신이 어떤 목적을 가지고 바라보면 쓸모 있고 쓸모없음이 분명해진다. 그것은 나름 유용성의 기준이 정해져 있기 때문이다. 그 사물은 변함이 없는데 개인의 목적과 시공간이 달라지면 변하기도 하는 것이 유용성이다. 이런 유용성의 개념을 경제적 관점에서 바라보면 간단하게 구별되기도 한다. 쓸모 있는 것인가? 쓸모없는 것인가? 필요하면 어떻게든 획득하려 수단과 방법을 가리지 않지만 필요 없다면 가차 없이 내다 버릴 수 있는 것도 우리가 바라보는 유용성의 실상이다.

「장자」에는 이러저러한 유용성 논쟁이 있다. 논쟁은 이렇다.

넓은 땅이 있는데 너무 넓어 경작하지 못한 곳이 있다. 경작하지 않기 때문에 쓸모없다고 모두 파내서 버리면 지금 발을 밟고 있는 이 땅은 쓸모 있는가 없는가 하는 물음이다. 답은 지금 경작하지 않는다고 그 땅을 파내버리면 경작하는 땅도 쓸모없는 것이 된다는 것이다. 쓸모없다고 그것을 버리면 쓸모 있는 것도 제 역할을 할 수 없게 된다는 것이다. 쓸모없음이 쓸모없는 것이 아니라 쓸모없는 것이 있기 때문에 쓸모있는 것이 제 역할을 할 수 있다는 것이다.

여기에서의 유용성 의미는 쓸모 있음과 쓸모없음은 상대적이라기보다 보완적인 의미이다.

산길을 걷는데 큰 나무를 보고도 나무꾼은 그 나무를 베지 않았다. 그 이유를 묻자 나무꾼은 그 나무는 재목감이 아니기 때문이라고 했다. 이를 보고 장자는 제자들에게 그 나무는 아무리 크지만 재목감이 아니기 때문에 완전한 수명을 누릴 수 있었다고 말했다. 즉 쓸모가 없다고 판단되었기 때문에 나무는 제 수명대로 살 수 있었다는 것이다.

다음 날 친구 집에서 거위를 잡아 장자 일행을 대접하는데 우는 거위와 울지 않는 거위 중 어느 것을 잡아야 하느냐는 물음에 울지 않는 거위를 잡아서 대접받게 되었다. 울지 않는 거위는 쓸모없기 때문에 잡았다고 하였다. 이를 보고 제자들이 의아했다. 어제의 경우와 상반되었기 때문이다. 이에 제자들은 어떻게 처신해야 되는지 갈등할 수밖에 없었다. 즉 쓸모 있음과 쓸모없음에 대한 기준이 없는 것을 보고 항의성 질의를 하였다.

이에 장자는 "자신은 재목감이 되는 것과 재목감이 되지 못하는 것 사이에 머물겠다"고 했다. 존재하는 것에 대해 쓸모의 여부는 쉽게 판단할 수 없다는 것이다. 즉 판단을 유보한 것이다. 어떤 사물에 대한 쓸모 있음과 쓸모없음에 대해 어떤 기준을 명확히 제시할 수 없다는 것이다.

모든 것은 나름의 가치를 가지고 있지만 인간은 자신의 필요에 따라 쓸모 있음과 쓸모없음을 판단하게 된다는 것이다. 쓸모 있음과 쓸모없음이 그 자체의 존재가치보다는 외부로부터의 가치판단에 따라 달라진다는 것이다.

슈바이쳐는 '생명의 외경'을 이야기했다. 살아있는 그리고 존재한 모든 생명에 대한 무한한 가치와 그 존재는 경이롭다는 것이다. 모든 것은 나름의 가치를 지니고 있기 때문에 존재하는 것이다. 단지 인간 자신의 필요에 따라 쓸모의 여부를 판단하는 것은 존재가치의 귀중한 가치를 인정해야 하는 것이다. 어떤 꽃은 예쁘고 어떤 꽃은 예쁘지 않은 것이 아니다. 모든 꽃은 모두 아름다운 것이다. 각자의 존재가치를 자기만의 존재가치로 인정받을 때 모두가 귀중한 동등한 가치로 인정받는 것이다. 아름다운 꽃들이 모두 각기 자기 아름다움으로 나타낼 수 있을 때 그 아름다움을 넘어 장엄하기도 한 것이다. 불가의 화엄(華嚴)이다.

쓸모없는 부분이 있기 때문에 쓸모 있는 부분이 있는 것이고 그 존재의 필요성을 갖게 된다. 따라서 쓸모 있음의 쓸모와 쓸모없음의 쓸모가 같은 것이 아니겠는가. 각각의 사물에는 모두 나름의 특징과 용도가 있다. 그 사물이 사용할 가치가 없다고 하여 다른 사물로 대체할 수는 있지만 그 사물의 가치에는 변함이 없다. 모든 꽃이 아름다움 것과 마찬가지이다. 오히려 쓸모 있기 위해서는 쓸모 있음의 쓸모를 넘어서 쓸모없음의 쓸모의 중요성을 알아야 함이다.

교육현장에도 가끔씩 쓸모 있음과 쓸모없음에 대해 갈등하는 경우가 있다. 개개인의 입장에서 보면 쓸모 있음이 장점이라면 쓸모없음은 단점일 것이다. 아이들 개개인을 보면 잘하는 것이 있고 못하는 것도 있다. 잘하는 아이가 있는가 하면 잘하지 못하는 아이도 있다. 잘하는 것이 많은 아이는 쓸모가 많은 아이이고 잘하는 것이 적은 아이는 쓸모가 없는 아이라는 시각은 잘못된 것이다. 잘하는 것이 많고 적음이 쓸모의 기준이 되는 것이 아니라 아이들의 입장에서 바라볼 수 있을 때 그 아이의 중요성을 깨닫게 된다. 이는 아이들 개개인이 지닌 부족함을 다른 사람과 비교하지 않을 때, 개성이 다르고 부족함이 보일지라도 다른 아이와의 차이가 아름답게 보일 때 제대로 볼 수 있는 것이다. 진정한 쓸모 있음은 스스로 자기에게 필요한 것이다. 누구와의 비교가 아니다. 쓸모의 궁극목표는 자기 자신이다. 이 길이 자아실현이며 절대자유에 있는 것이다.

쓸모없음의 중요성을 깨달을 때 진정 쓸모 있음을 알게 되는 것이다. 그것은 바로 인간에 대한 철저한 존엄성에 대한 인식의 출발이기 때문이 아닐까.

잠재적 교육과정이 중요하다

우리는 잘 짜여진 교육과정을 가지고 있다. 어느 곳에 내놓아도 부족함이 없다고 한다. 교육과정은 특정 시기에 배워야 할 내용을 가장 적합하게 정선하여 구체적으로 구조화한 것이다. 교과서는 교육과정의 가장 핵심적인 내용이며 우리 학생이 학교에서 배우는 교과서의 내용과 순서는 그 시기에 배우고 익혀야 할 최소한 내용이다. 그 내용만 잘 가르치고 이해해도 그 시기 그 단계에서 배워야 할 지식과 학습내용을 제대로 배웠다고 할 수 있다. 각 교과서에 실려 있는 내용 즉 교육과정은 반드시 배워서 익혀야 할 내용을 구체적이고 체계적으로 제시한 것이다. 이런 교육과정의 핵심내용을 구체적으로 나열한 것이 교과서이다. 교육과정은 교과서에 가장 핵심적인 내용을 최소화하여 제시한 것으로 핵심 중의 핵심이다. 그래서 교사는 교과서만을 가르치려 한다. 교과서가 교육과정을 핵심내용을 잘 정리하였다고 하지만 그 과정에서 이루어지는 비공식적인 배움이 더 많다는 것이다. 그래서 학교에서는 교과서만을 가르치지 말고 교육과정을 가르치라고 하는 것도 바로 이런 까닭이 있는 것이다. 교육과정이 제도화되고 구체적으로 나타난 것이며 잠재적 교육과정은 교육과정의 운영에서 보이지 않게 형성되는 것이다. 교육과정이 빙산의 보이는 부분이라면 잠재적 교육과정은 보이지 않는 부분과 같다.

제물론편에 나오는 이야기이다.

> 요임금이 천하를 허유에게 물려주겠다 말하였다.
> (요양천하어허유(堯讓天下於許由)
> "해와 달이 나와 있는데 햇불을 끄지 않는다 해도 그 빛을 내는 일이 어렵지 않겠습니까. 때에 맞게 비가 왔는데 여전히 물을 준다면 논밭에 주는 효과는 쓸데없이 헛수고가 될 것입니다"라고 말하였다.

요임금은 동양정치에서 가장 현명한 통치자로 추앙 받는 사람이고 허유는 은자(隱者), 숨어 사는 사람의 대명사이다. 그런데 가장 현명한 지도자로 일컬어지는 임금이 세상을 은둔한 사람에게 권좌를 주겠다고 제안했다는 이야기이다. 임금이 숨어 사는 은자에게 나라를 바치겠다고 하였다. 그러면서 요임금이 허유에게 왕위를 물려주겠다는 근거는 이렇다. 요임금 자신은 조그만 횃불에 불과하지만 허유는 태양처럼 크고 밝은 존재라고 비유하였다. 요임금은 자신이 만백성으로부터 칭송을 받고 있지만 사실 자신의 덕은 아주 미미하다는 것이다. 자신의 덕은 횃불에 불과하지만, 허유의 덕은 태양과 같이 크고 위대한 존재라고 말한 것이다. 그래서 당신에게 나라를 양위하겠다는 것이다. 요임금의 시대는 그야말로 태평성대 꿈의 시대가 아니던가? 군왕 중의 군왕이고 성군으로 칭송받는 그런 임금이다.

대부분 군왕은 자신이 태양이고 하늘 아래 지존이라 하는데 자신의 통치는 한낱 횃불 정도에 불과하며 태양에 비하면 정말 보잘것없다는 것이다. 자신의 미약함을 실토한 것이다. 자신의 역량은 비가 오는 논에 물을 대는 것처럼 아주 미미하며 수고로울 뿐이라고 말한다. 자신의 통치는 부질없는 헛수고에 지나지 않는다는 것이다. 임금 자신이 천하의 은자에게 자신의 통치 능력의 한계를 고백한 것이다.

요순시대는 백성들은 임금이 누구인지 모를 정도로 자신의 삶에 충실하였다고 한 시대로 평가받는다. 즉 당시 나름대로 갖추어진 법과 제도가 있었지만 그 아래에서 다른 사람에게 피해를 주지 않으면서 스스로 자신의 생활에 최선을 다할 수 있었던 시대였다는 의미이다. 국가는 강제적 통치와 간섭과 규제를 최소화하고 백성들이 스스로 자신을 규제하고 생활할 수 있도록 하는 자치통치 또는 자활통치로 국가가 최소한 개입한 시대였던 것이다.

그런 요임금의 눈에 통치자인 자신은 조그만 횃불에 불과한 미미한 존재이며 숨어 지내는 허유의 능력은 태양과 같다고 본 것이다. 다스린다는 것의 한계, 제도와 규제화된 것의 문제를 제기한 것이다. 그것도 태평성대의 군왕 스스로가 이런 생각을 한 것이다. 보이는 것은 조그만 것에 불과하고 보이지 않는 것이 보다 큰 영향력을 지니고 있다는 것이다. 제도와 규제가 잘 갖추어져 그에 따라 잘 통치한다고 믿었던 요임금은 그것을 떠받치는 잠재적인 힘을 넘어설 수 없다는 것을 깨달았던 것인지 모른다.

잠재적 교육과정을 폴 잭슨은 교육과정을 통해 일어나는 아이들 변화의 전부이며 이는 학업성취뿐 아니라 정신적 세계관 형성에도 영향을 준다고 했다. 즉 교과과정 속에 담긴 내용과 지식이 어울려 생활하면서 배우고 익히며 실수하고 갈등을 경험하고 해결하는 과정에서 형성되는 모든 것을 의미한다. 교육과정에서 배웠던 지식은 그때의 지식으로 끝나고 말지만 잠재적 교육과정에서 형성된 다양한 정신적·정서적 영향력은 다시 학업성취 등 교육과정에 긍정적 영향을 주는 것이다. 잠재적 교육과정의 중요성이 갈수록 증대되고 있는 이유이다.

우리나라에서 실행되고 있는 표준 교육과정은 학교급별 학년별 학과별로 잘 정선되어 있다. 아이들의 지적 능력과 정서적인 능력과 우리 사회와 문화적 특성을 고려하여 만들었기 때문에 매우 짜임새 있는 것으로 알려져 있다. 그러하지만 교육과정은 표준화할 수 있지만 배움을 표준화할 수 없다. 그것은 어느 누구의 머리와 두뇌가 똑같지 않다는 것을 의미한다. 즉 교육과정을 정교하게 설계하고 완전하게 표준화하였다고 하지만 학생 각자의 배움을 표준화할 수 없는 것이다. 그 어떤 학생도 똑같은 뇌를 갖지 않기 때문이다. 적성과 취미와 특기도 같을 수 없는 것은 당연하다.

요임금이 교육과정이라면 허유는 잠재적 교육과정이라 할 수 있을 것이다. 요임금이 제도와 규제와 공식적인 것이라면 허유는 제도 속에 움직이는 민심이고 여론이고 비공식적인 것이다. 아무리 정선되고 잘 짜인 교육과정이라 하더라도 그와 관련된 지식을 암기하여 얻은 많은 지식은 지식에 그치는 데 반하여 잠재적 교육과정은 개인의 인성과 품성에 절대적인 영향력을 지닌 것이다. 교육과정이 요임금의 조그만 햇불이라면 잠재적 교육과정은 허유의 태양과 같은 것이다.

정권과 특정집단의 이해관계에 따른 교육과정 개편은 교육과정 정착과 역할에 대한 불신을 초래하며 교육의 정치적 중립성을 훼손하는 것이다. 정권적 필요에 따른 정치적 훼손은 햇불에 불과할지 모르지만 잦은 개편과 정권의 입맛에 따라 그때그때 바뀌는 교육과정은 아이들에게 정신적·정서적인 면에 커다란 상처로 아이들 일생의 커다란 태양 아닌 상처로 남을 것이다. 학교교육에서 이루어지는 활동이 지식을 배우고 경쟁하기 위한 것이 아니라 지식을 배우는 과정에서 느끼고 생각하는 잠재적인 활동이 중요하다는 것이다.

근시안적 시각의 정권 입맛에 맞는 교육과정이 아니라 백년의 앞을 내다보고 민주시민 육성을 대비하는 교육과정이 되어야 한다. 국가와 정권이 필요성보다 개인의 존엄성을 생각한다면 자유롭고 비의도적인 교육과정에서 개성이 존중되고 자유를 만끽할 수 있는 멀리 바라보는 혜안이 필요하다.

인성교육은 인성의 획일화이다

우주의 시작은 혼돈에서부터 시작되었다고 한다. 혼돈은 빅뱅 이전의 상태, 무엇인가 정해져 있지 않는 상태를 말한다. 서양에서는 이를 카오스라고 말하는데 이는 동양의 태극 이전의 개념과도 일맥상통한다. 태초의 세계, 질서가 생기기 전의 세계 또는 질서가 무너진 상태 또는 무질서의 상태를 의미하지만 가장 자연스러운 원시를 말할 때 혼돈(chaos)이라 한다. 혼돈 그 자체가 질서이고 본연의 상태라는 의미이다.

응제왕편의 이야기이다.

> 남쪽바다에는 숙임금이 있고, 북쪽바다에는 홀임금이 있다.
> 그리고 그 중앙에 혼돈임금이 있었다.
> 남쪽바다 왕과 북쪽바다왕은 때때로 혼돈의 땅에서 만났는데 혼돈은 이들을 잘 대접하였다. 두 임금은 은혜를 갚기로 하고 사람처럼 숨을 쉴 수 있도록 하루에 구멍 하나씩 뚫어주었다.
> 일곱 개 모두를 뚫었더니 칠일 만에 혼돈은 죽고 말았다.

교육의 혼돈상태는 인간의 자연적인 상태 즉 교육받기 이전의 순진무구함이 아닐까. 인간을 인간답게 기르기 위해 교육이 시작되었고 가장 인간적이고 자연적인 상태에서 교육은 보다 나은 사람을 기르기 위해 수많은 제도와 규칙을 만들었다. 해야 할 것과 하지 말아야 할 것으로 나누고 이를 규제를 하고 있다. 이런 과정에서 인간은 국가나 사회가 바라는 인물로 만들어졌다. 수많은 제도와 법규는 그때그때 필요에 따라 만들어졌고 이런저런 처방은 언제나 땜빵에 그쳤다고 비판을 받는다. 내놓은 처방은 오히려 또 다른 중병의 원인이 된다. 원칙이 없이 처방만을 하였기 때문이다. 최근 학교폭력, 가출 청소년, 자살률 증가는 만신창이가 된 우리 교육의 민낯을 강하게 각인시켰다. 이를 해결하겠다는 의지는 「인성교육진흥법」을 제정하고 시행하기에 이르렀으나 오히려 우리 교육과 아이들의 장래에는 짙은 먹구름에 휩싸일 것 같아 안타깝기 그지없다.

인성을 교육하여 일정한 인성을 길어낸다는 이 기발한(?) 발상은 우리 교육이 어디에 와있는가를 극명하게 보여주고 있다. 참기름에 '진짜'라는 이름을 붙인 이후 가짜 참기름이 판치는 세상이 되었던 것처럼 인성교육으로 인성을 형성해야 한다니 더 이상 갈 곳이 없는 교육막장에 이른 것 아닐까.

인성의 함양은 한두 번의 교육이나 훈련으로 길러지는 지식이나 습관이 아니다. 인성은 한두 번의 경험과 체험만으로 길러지는 단순한 감정이나 정서도 아니다. 인성은 지식과 경험과 주위 환경과 문화와 삶의 태도, 가치관, 부모의 양육태도 등 수많은 요인에 의해서 형성되고 축적된 개인의 살아온 삶의 축적이다. 내면적이고 외면적인 표현의 총체이다. 이처럼 다양하고 복합적으로 형성되는 인성을 몇 번의 교육으로 형성할 수 있다고 믿는 것은 교육을 하면 무조건 된다는 것은 교육만능주의이고, 교육만 하면 모든 것이 저절로 해결될 것이라는 것은 교육기능주의에 불과하다.

인성은 예, 효, 정직, 책임, 존중, 배려, 소통, 협동 등의 몇 가지의 가치와 덕목으로 한정된 개념이 아니다. 인성은 그 사람의 됨됨이다. 사람마다 다르고 그 사람만이 갖는 고유하고 독자적이며 독보적인 것이다. 개인마다 갖는 아주 독특한 인성이 개인 인격의 고유성이다. 특정 가치와 덕목을 인위적 강압적으로 기른다는 것은 인격의 존엄성을 규격화하고 본질을 훼손할 것이다. 몇몇 덕목과 가치만이 인성의 전부가 아니라는 것은 자명하다. 인성은 개인이 타인과 그가 속한 공동체와 자연과 더불어 가지는 마음가짐이며 사람됨의 매우 포괄적인 개념으로 각 개인마다 다르게 형성되어야 마땅하다. 인간은 모두가 각기 다른 존엄한 존재로 다르기 때문이다.

영국의 시인 윌리엄 블레이크는 '모든 형법이 범법을 낳고 감옥은 법의 돌로써 세워졌다'고 했다. 형법이 죄를 만든 것처럼 인성의 편협한 가치와 제한된 덕목은 인성의 본질을 왜곡하는 '규제인성'이 될 수 있고 편협하고 강요된 '인조인성'은 또 다른 형상으로 아이들을 가두는 울타리가 될 것이다.

교육은 인간이 자유롭고 삶을 풍성하게 살기 위한 것이며 공교육의 궁극적 목적은 인성 함양 즉 인격의 도야이다. 지식을 탐구하는 것도 다른 사람들과 협력하고 공동체 생활을 하는 것도 바람직한 인성을 형성하기 위한 과정에 불과한 것이다. 인성교육이 잘못되었다는 것은 학교교육이 제대로 이루어지지 못했다는 것을 역설적으로 말하고 있는 것이다.

정상화된 공교육에서 자연스럽게 개개인의 독자적이고 독보적인 인성이 길러질 수 있도록 하는 것이 우선이다. 학교가 제 역할을 할 수 있도록 하는 것이 무엇보다 중요하다. 인성이 학교와 교육과정을 통해서 자연스럽게 길러지지 않는다면 인성교육을 위한 사교육 시장은 형성될 것이다. 시장은 인성교육을 활성화하고 인성에는 등급이 매겨지고 인성교육을 위한 관련 자격증 등은 '인성자격'을 공식화하고 인증하는 꼴이 될 것이다.

마침내 인성 등급 서열화로 이어져 전대미문의 심성을 줄 세우기하는 또 다른 획일화를 가져올지도 모른다. 각기 달라야 하는 그 사람만의 고유하고 독보적인 인격권을 제한하고 통제하는 것은 인성강요가 될 것이다. 개개인의 삶을 통해 자연스럽게 함양되어야 할 자연성을 왜곡시키는 것과 같다.

장자에 따르면 가장 원시 상태인 혼돈에 인위적 힘을 가함으로써 혼돈은 죽게 되었다. 은혜에 보답하겠다는 좋은 의도라 할지라도 불필요한 인위적 행위는 결국 본질을 훼손하게 되어 그 자체를 죽게 만든다는 것이다. 강요와 규제에 의해 형성된 편협한 인성은 혼돈에 구멍을 뚫는 것처럼 교육에 또 다른 구멍이 되어 복구불능 상태를 만드는 것이다.

4대강 사업은 자연을 인간이 통제할 수 있다는 생각에서 이루어졌다. 4대강 사업은 아름답고 자연스럽게 흐르던 강은 황폐화되었다. 강을 살리자는 취지는 오히려 강을 죽이는 결과를 가져왔다. 더구나 그 강에 설치된 시설을 유지하고 관리하는 것은 강을 살리고 깨끗이 하는 것이 아니라 강을 오염시키고 죽이기 위해 매년 수많은 재정을 투입해야 한다. 기막힌 아이러니가 아닐 수 없다.

인성의 단순화 인성의 등급과 서열화, 인성의 강요화는 인성교육이 인성을 통제하게 되는 꼴이다. 인성교육은 인성의 규격화, 단순화, 강요로 이어질 것이다. 그리고 필연적으로 서열화되어 아이들의 심성을 피폐화하는 '인성재앙'이 될 것이다. 강은 자연스럽게 흘러야 하지만 흐르지 못한 강은 '녹조라떼' 썩어가는 강이 되었다. 자연스럽게 흐르지 못하고 억지로 만들어진 인성교육이 '인성라떼' '혐오인성'의 단초가 될 수 있다. 인성은 각자에 따른 자연스러움이고 인격이 되도록 자연스럽게 형성되어야 한다.

인간의 품성을 단순화하고 등급화하고 강요하는 교육은 분명 제대로 된 사회가 아니다. 배우는 과정에서 자기 나름의 인성을 형성하는 게 아니라 이제 인성 자체를 교육해야 한다는 것이다.

인성교육이 부재했기 때문에 아이들의 인성이 황폐화되었다는 진단도 잘못이다. 인성교육의 부재가 원인이 아니다. 학교교육이 제대로 역할을 하지 못했기 때문이다.

인성은 개인의 품성으로 개인이 처한 생활 속에서 자연스럽게 길러지도록 하여야 하는 것이다. 인성교육을 한다는 것은 가훈을 모두 같이 정하는 것과 유사하다. 집집마다 사정이 있고 가풍이 다르고 삶의 방식 역시 다른 것인데 이를 제도화한다는 것은 무엇을 의미하는 것인가. 그 사람만이 지닌 향기는 독자적이고 독보적이어서 아름답고 고유한 인성인 것이다.

잎의 역할이 같다고 장미의 잎에 코스모스의 잎 모양이 되도록 강요하여서는 안 된다.

인성과 지성은 하나이다

우리의 언론진영은 보수적인 성격이 강한 신문과 방송이 있고 이와 반대되는 진보적인 성격을 갖는 언론매체가 있다. 보수적인 사람은 보수적인 성격의 언론매체를 통하여 자신의 논리와 세상을 보는 시각을 확립하고 확인해 간다. 반대의 생각을 가진 사람 역시 이와 유사하다. 이런 상황에 고착되고 한 방향의 생각과 논리만이 절대적인 것으로 여겨지게 될 것이다. 이런 편협하고 경도된 시각을 조금이나마 바로 잡기 위하여 양 진영 대표적인 두 가지 신문을 동시에 구독하였다는 어느 지인의 이야기를 들은 적이 있다. 물론 자신의 시각을 바로 잡기 위한 방법이었다.

백 년을 보고 세워야 하는 교육정책이 연례행사처럼 자주 바뀐다. 우리는 이를 두고 조삼모사 교육정책이라고 말한다. 아침에 세웠던 결정을 저녁에 바꾼다는 것을 비아냥거리며 하는 말이기도 하다.

 제물론편에 나오는 원숭이 이야기는 이렇다.

> 원숭이를 키우는 주인이 원숭이에게 아침에 4알을 주고 저녁에는 3알을 주고 있었다.
> 어느 날 주인은 아침에 3알을 주고 저녁에 4알을 주겠다고 하였다.
> 이에 원숭이들이 절대 안 된다고 화를 내며 반대했다.
> 그래서 본래대로 아침에 4알, 저녁에 3 알을 주기로 했다.
> 그랬더니 원숭이들은 모두 기뻐했다.
> 명실은 변한 것이 없는데 기뻐했다가 화를 냈다 하였다.

 원숭이에게 먹이 주는 것과 받는 사람이나 주는 사람이나 양에는 하등의 변함이 없다. 단지 언제 주는 것이 좋겠는가 하는 것을 물은 것이다. 어느 때 주느냐를 두고 그것이 맞느니 맞지 않느니 다투고 있는 것을 빗댄 것이다. 전체적인 총량에는 변함이 없고 주는 시기만 바꾸려는 것에 불과한 것에 대한 불만이다. 이는 본질을 보지 못하고 지엽적이고 말단을 보는 우리의 지식과 판단의 단견을 질책한 것이다.
 우리 주변에서 가끔 정책이나 생각이 아침저녁으로 바뀌는 것을 보고 조사모사라고 하는데 이는 이 이야기의 내용의 진의보다는 이랬다 저랬다 중심 없이 변하는 사람이나 정책을 보고 하는 말이지만, 그 본래 의미는 문제의 본질을 보지 못하고 밖으로 나타나는 것만을 보는 단편적인 사고를 의미한다고 보는 것이 많은 연구자의 의견이다.

교육의 핵심적 과제는 모두가 자신의 잠재력을 최대한 발휘하기 위해 동등한 조건에서 교육을 받을 수 있는 기회와 조건이 주어져야 한다. 그 가치의 개념이 수월성과 평등성이다. 수월성은 개인이 가진 모든 잠재력을 최대한 발휘할 수 있도록 하는 것이며, 평등성은 개개인이 지니고 있는 능력의 수월성을 이루기 위해 교육의 접근 기회와 여건을 균등하게 주어야 하는 것을 말한다. 개개인이 지닌 능력을 최대한 발휘하여야 하고 이를 위해 개개인에게 평등한 기회와 여건을 갖도록 하여야 한다. 어느 진영에서는 잘하는 사람에게 보다 더 할 수 있는 기회와 여건을 마련해주어야 한다고 한다. 그러나 교육의 핵심가치는 과거나 오늘이나 변함이 없다. 그런데 정책은 그러하지 못하다. 수월성 교육과 평등성은 동시에 추구해야 할 변하지 않는 교육의 핵심적 가치이지만 어느 진영의 영향력이 증대되면 수월성을 추구하고 다른 진영에서 집권하면 평등성을 추구한다. 진영논리에 따라 오직 정책만 왔다 갔다 할 뿐 교육의 본질은 변함이 없다.

또 하나의 핵심가치는 교육권력을 집중할 것인가 아니면 더욱 분산할 것인가 하는 문제도 마찬가지이다. 이를 중앙집권적이라 하고 다른 하나는 지방분권적이라 한다. 교과서를 만들고, 가르칠 내용을 정리하고 어떻게 평가할 것인가, 또 이것을 누가 할 것인가에 대한 역할이다. 중앙정부에서 지시와 명령으로 일관되게 실시하는 것이 바람직한가 아니면 교육청, 지역교육청, 일선 학교, 교사에게 가르칠 권한을 더 많이 주어야 하는가 하는 것이다. 이 역시도 누가 더 많은 역할을 하느냐 하는 것이 아니라 어떻게 하는 것이 아이들의 발전에 도움이 될 것이냐를 생각해야 할 것이다. 그러나 현실은 왔다 갔다 할 뿐이다.

개개인의 능력을 최대한 신장시키기 위해서는 수월성을 추구하여야 하고, 모든 개인의 능력을 보장하기 위해서는 평등한 기회를 제공하여야 하는 것은 너무 당연한 것이다. 그러함에도 어느 시기에는 수월성을 지나치게 강조하고, 어느 시기에는 기회제공의 균등만을 내세우는 것이다.

지성과 인성의 교육적 접근도 마찬가지이다. 인간이 지녀야 할 핵심적 품성은 두말할 것 없이 지성과 인성이다. 이러한 품성은 인간에게 길러야 할 품성이라는 것은 예나 지금이나 변함없다. 개개인 모두가 갖추어야 할 기본적인 품성이다. 두 분야가 고루 잘 갖추어져 있어야만 원만한 인간이 될 수 있는 것은 누구나 다 안다. 지식사회가 되었기 때문에 지식만이 중요하고 공동체 생활이 중요하니까 협력만이 중요한 것이 아니다. 어느 정치집단이 그들이 지향하는 사회를 추구한다고 어느 하나의 품성을 길러야 하는 것이 아니다. 어느 시대이든 인성과 지식은 사람이면 누구나 고루 갖추어야 할 품성이다. 지식은 많지만 인성이 갖추어지지 못해 사회의 비난을 받는 유명인사가 얼마나 많은가. 두 개의 부분으로 나누어 인식하고 그것을 따로따로 길러야 하는 것으로 생각하는 것이 문제이다. 인성이라는 성향과 지식이라는 인식작용은 별개라고 할지라도 개인에게 충족되어야 할 인간다움의 기본적 본질임을 잊은 것이다.

한 개인이 원만한 삶을 영위하기 위해서 그 사회가 필요로 하는 수많은 지식과 경험이 중요하고, 어울려 살아가기 위해서는 서로 존중하고 배려할 줄 아는 마음가짐 역시 필요하다. 그런데 우리 현실은 그러하지 못하다. 어떤 사람에게는 인성이 중요하고 어떤 사람에게는 지성이 중요한 것이 아니다. 모든 개개인에게 인성과 지식이 모두 중요하다. 그럼에도 불구하고 한쪽에선 인성이 우선되어야 한다며 인성만을 강조하는 인성주의에 빠져 있다. 또 다른 쪽에서는 경쟁에 이기기 위해 지식이 우선되어야 한다며 지식만을 강조하는 지식교육 우세론자들이 존재한다.

그리고 자신들의 정책과 생각만이 옳다고 주장한다. 이는 두 눈을 가지고 있으면서 한쪽 눈만으로 보는 외눈박이와 유사하다. 이것은 자신의 신념과 생각만 옳다고 주장하며 다른 사람의 생각과 의견을 받아들이지 못하는 것은 오만이고 편견에 지나지 않는다. 인성과 지식 두 가지 모두 필요한데 한 가지만이 중요하고 필요하다는 것은 강요이며, 한쪽은 별로 중요하지 않다고 하는 것은 인간성에 대한 왜곡이기도 하다. 인성과 지성은 하나이다. 원숭이 먹이처럼 아침에 인성교육, 저녁에는 지성교육을 하여야 하는 것이 아니라 원만한 인격을 갖추기 위해 어떻게 해야 하는가를 생각해야 할 것이다.

장자는 도추(道樞)의 개념으로 이분법적 사고를 넘어야 한다고 주장한다. 문의 오른쪽에서 보면 오른쪽만 보이고 왼쪽에서 보면 왼쪽만 보는 어리석음을 범하지 말아야 한다. 어떤 사물을 볼 때도, 어떤 사고를할 때도 통합적인 시각으로 보아야 함이 의미한다. 아무리 현명하다고해도 한 부분만을 보면 잘못을 저지르게 된다. 문의 두 부분이 균등하게 자리 잡고 있을 때 문은 뒤틀림이 없다. 어느 한 부분이 너무 크거나 작으면 온전한 문이 되지 못하고 문의 역할을 할 수 없다.

우리가 진정으로 아이들과 학생들을 위한 교육을 하기를 원한다면한쪽만을 보는 외눈박이 시각이나 이분법적 사고, 자신만 옳다는 편견에서 벗어날 수 있어야 한다. 인성과 지식은 인간이 고루 갖추어야 할하나의 문(門)과 같은 것이다. 안쪽에서 보면 인성이고 밖에서 보면 지성이지만 그것은 문의 안과 밖일 뿐이다.

교육자치시대에는 교육감 명칭을 바꾸어라

장사를 잘하기로 소문난 일본 사람들은 에스키모인에게 냉장고를 팔고 아프리카에서 화로를 팔았다는 전설적인 이야기가 있었다. 물건이란 필요한 사람에게는 장소를 불문하고 사고 싶은 것이다. 물건을 사고파는 행위는 그것이 필요한 사람에게 필요한 물건을 제공하고 돈을 버는 행위이다. 하지만 어느 곳이든 필요한 물건이 있으면 어디에서든지 팔릴 수 있다는 것이다. 물건을 사고 파는 것은 그것이 필요할 때 생기는 행위이다.

제물론편에 송나라 상인 이야기가 있다.

> 모자를 만들어 파는 송나라 사람 장보가 월나라에 갔다. 월나라
> 사람은 머리를 짧게 깎고 몸에 문신을 하여 모자가 필요 없었다.

당연히 모자를 팔기 위해 월나라에 간 것이다.

그런데 월나라 사람들은 모자가 필요 없는 상황이었다. 머리를 짧게 깎아버렸기 때문이었다. 시대에 맞지 않고 장소에 어울리지 않는 상황은 어떻게 하여야 할까.

지방교육자치 시대가 시작된 지 33년이 지나고 있다. 교육자치라 하지만 미비한 점이 한두 가지가 아니다. 지방교육을 책임지는 교육감을 주민이 직접 선출하는 것은 그나마 교육자치의 명맥을 유지하는 유일한 끈이라 할 수 있다. 그러나 지방교육을 책임지고 있는 '교육감' 명칭은 현행제도와 시대정신에 맞지 않아 옛날의 낡은 옷을 그대로 입고 있는

꼴이다.

교육자치에 관해 역사적 맥락을 간단하게 살펴보면 1964년 시·도교육
국이 폐지되고 교육위원회로 개편되면서 시·도는 교육위원회를 구성하
였다. 당시 교육감은 시도교육위원회가 장관에게 추천하면, 장관은 그
를 교육감에 임명하였다. 중앙정부가 지방의 의견을 수렴하여 교육감
은 임명하는 이른바 임명직 교육감이다. 그 당시 교육위원회는 시·도지
사가 당연직 의장이었고 이들이 지역의 덕망 있는 인사를 교육부장관
에게 추천하면 장관이 임명하였던 것이다. 시·도지사에게 추천권이 있
고 장관이 임명한 교육감이었다.

그때 교육위원회는 합의제 집행기관이었고 그 사무를 독자적으로 처
리할 목적으로 교육감을 두었다. 즉 교육감은 교육위원회의 사무를 처
리하는 사무장 역할이었다. 그래서 교육감은 집행기관의 장이 아니라
보좌기관으로서의 역할 개념을 정리하였기 때문에 감독(監督), 감사(監
査), 감시(監視)의 의미를 지닌 감(監)의 의미를 지닌 교육감의 명칭을 사
용하였던 것이다.

그 당시 "교육에 관한 임시 특례법"을 제정하였는데 그 의도는 교육행
정기구를 일반행정에 편입시켜 교육의 자치적 기능을 완전히 제거하기
위한 것이었다. 집행기관이 아니라 보좌기관을 역할을 하는 의미의 명
칭이 교육감이었던 것이다.

그러나 지금의 지방자치는 주민직선 선출제이다. 이는 지금의 교육자
치와는 전혀 다른 개념이었으며 출발부터 교육자치의 싹을 제거한 것
으로 지금의 지위와 역할과는 더더욱 어울리지 않는 것이다. 더구나 당
시 시·도지사 역시 정부에서 임명한 임명직이었고 이들이 추천한 인사
를 다시 정부가 임명하는 인사시스템으로 지방자치의 개념과도 다른
것이었다. 그야말로 중앙집권식 인사제도에서 만들어진 것이다. 중앙집

권적 지방행정조직에 교육의 자치라는 개념을 포장해 끼워 맞춰 놓고 교육만을 헌법의 자주성을 보장한다는 어정쩡한 교육자치의 이념을 반영한 것이었다. 이 제도에서 교육감은 지방자치의 업무 중 교육·학예에 관한 업무만을 처리하는 사무장이었던 것이다.

현행 교육감은 주민에 의하여 직접 선출되는 선출직이며 과거의 교육감과는 그 위상과 지위, 역할 등이 전적으로 다르다. 주민 대표성을 지니고 있을 뿐 아니라 선출되는 범위도 시·도지사와 동일한 범위에서 선출되기 때문에 표의 등가성으로 보더라도 시·도지사와 동등한 지방교육의 대표성을 지니고 있다.

법률적인 측면에서도 이를 분명히 하고 있다. "지방교육자치에 관한 법률 제18조에는 교육·학예에 관한 사무의 집행기관이며 교육·학예에 관한 소관 사무로 소송이나 재산의 등기 등에 대하여 당해 시·도를 대표한다"라고 명시되어 있다. 명실상부한 지방교육수장 즉 지방교육책임자라 할 수 있다.

그러함에도 불구하고 1964년식 임명직 명칭을 주민직선 선출직 지방교육자치단체장에게 그대로 사용하고 있는 것은 어불성설이고, 주민의 교육대표기관이자 지방교육 집행기관을 무시하고 경시한 처사라 할 수 있다. 어떤 조직이든 자치권한을 가진 장의 명칭은 조직을 활성화하고 조직목표 달성에 어울리는 적극적이고 긍정적인 명칭이 되어야 한다. 그런데 교육감의 명칭만은 자기 자신을 감사하고 감독한다는 부정적 의미를 지닌 것으로 이 또한 조직과 명칭의 합목적성 원리에도 어울리지 않고 지위와 역할에도 적합하지 않는 것이다.

아울러 지방교육행정관련 기관장의 명칭도 지역교육청의 개정할 필요성이 있다. 지방교육행정기관은 시도교육을 책임지는 시도교육청이 있고, 그 지방교육청 산하에 지역교육행정 기관인 지역교육청이 있다.

시도 교육행정기관장을 교육감이라 하고 지방교육행정기관을을 교육장이라 부른다. 예를 들면 경기도의 경우 경기도교육청 책임자의 명칭은 교육감이고, 지역교육지원청의 장은 '교육장'이라 부른다. 1964년 당시 시·군·구는 자치행정을 실시하고 있었기 때문에 기초자치단체의 교육위원회는 집행기관이며 대표권과 입법권을 지니고 있었던 것이다. 즉 지금의 교육감이 지닌 지위와 역할을 기초자치단체에 적용하였던 것이다. 따라서 '교육장'으로서의 당시 명칭은 전혀 손색이 없는 적합한 것이라 할 수 있었다.

그러나 현재 지역교육청의 역할과 지위는 하급교육행정기관으로 시·도교육청의 사무를 위임받아 관내 학교의 운영·관리를 지도·감독하는 역할에 그치고 있다. 그 당시의 위상과는 매우 다르며 과거의 법적 역할과 권한의 거의 없다.

이처럼 과거의 제도가 서로 엇갈린 상태에서 상존하고 있다. 제도의 의미가 바뀌었는데도 불구하고 제도가 마련될 때의 옛 이름을 사용하는 것은 양복을 입고 갓을 쓰는 격이 아닐까. 명칭이 현재의 지위와 역할에 어울리지 않기 때문에 일선 주민과 학부모들은 교육감과 교육장의 명칭에 대해 이해를 잘 하지 못하고 있다. 지방교육수장을 수장답게 '장'으로 명칭을 사용하지 못하고 자식의 조직을 감독·감시하는 소극적 책임자의 의미로 한정된 명칭을 사용해야 하는지 이해하지 못하고 있다. 그리고 시·도 지방교육행정의 명칭과 지역교육청장의 명칭을 바꾸어야 한다. 기관장의 명칭은 기관의 명에 장을 붙여 사용하는 것이 이해하고 쉽고 일반적이기 때문이다.

따라서 현행 교육감은 '교육장'으로 지역교육지원청의 교육장은 '교육지원청장'으로 바뀌는 것이 조직과 제도에 어울리는 것이라 할 수 있다. 권한과 지위에 맞는 명칭 그리고 혼동과 오해의 소지를 제거하는 것이 필요하다. 대부분 직위 명칭은 그 직위의 명칭에 장을 붙이는 것이 중요하고 일반적이고 상식적이기 때문이다.

선행학습은 왜 문제인가

한국인의 평균 삶이 길어지고 있다. 여성은 평균 90세를 살고 남성은 80세 중반까지 생존할 수 있다 한다. 지금 태어난 아이들의 평균 삶은 120세를 넘을 것으로 예상하는 의학자들도 있다. 오래 살고 싶은 것이 인간의 욕망이고 모든 생물의 목표일 것이다. 예전과 비교하면 인간의 삶의 기간은 길어지고 있으나 장자에도 칠백 년을 살았다는 사람의 이야기가 있다.

조금 아는 것으로 많이 아는 것을 헤아릴 수 없고 짧은 삶으로 긴 삶을 헤아릴 수 없다.

하루살이는 그믐과 초하루를 알지 못하고 여름 한 철 사는 매미는 봄과 가을을 알 수 없다.

거북은 봄이 오백 년이고 가을도 오백 년이다.

먼 옛날 대춘이라는 나무는 봄이 팔천 년이고 가을도 팔천 년이다.

인간 중 가장 오래 산 팽조는 칠백 년을 살았다. 사람들은 팽조를 부러워한다.

하루살이와 매미 등 곤충의 생존 기간으로 삶의 기간을 판단하면 하루살이의 생존 기간은 하루에 지나지 않는다. 거북은 이천 년을 살았고, 대춘은 삼억 이천 년을 살았다(이 부분에서 해석이 각기 다른데 한 계절의 기간을 기준으로 정리한 것임). 누가 오래 살았는지는 명확하다. 그러나 하루밖에 살지 못했지만 하루살이는 주어진 자신의 생애 기간을 최대한 오롯이 살았고 장수하였다. 반면 대춘이 팔천 년을 살았다면 일 년의 1/4정도 살았기 때문에 그의 생존 기간은 아주 짧은 삶을 살다 간 것이다. 대춘의 입장에서 보면 요절한 것이나 마찬가지이다. 비록 하루살이와는 비교할 수 없는 긴 삶이지만 대춘 자체를 기준으로 한다면 짧은 삶을 산 것이다.

따라서 하루살이의 하루는 짧은 기간의 삶이지만 짧다고 할 수 없다. 반면 대춘의 봄이 길다고 긴 것이 아니다. 하루살이의 하루는 대춘의 삶보다 더 오래 살았다고 할 수 있다. 하루를 살았지만 하루를 살도록 한 삶을 오롯이 살았기에 자신의 삶을 주어진 대로 산 것이다. 대춘이 팔천 년을 살았지만 그것은 자신의 삶을 1/4 정도밖에 살지 못한 것이므로 오래 살았다고 할 수 없다. 짧은 기간을 살도록 한 하루살이는 하루를 제대로 산 것이고 대춘처럼 오랜 기간을 살았지만 자신의 삶을 오롯이 살았다고 할 수 없다. 짧은 삶을 살도록 한 삶은 짧게 사는 것이고 긴 삶을 살도록 한 삶을 오래 산 것은 당연하다. 짧은 것은 짧은 대로 긴 것은 긴 대로 사는 것이 그의 생존 기간이며 그것이 자연이고 자연이 모습이다. 자신의 생존 기간을 다 살지 못했지만 다른 것과 비교하여 오래 살았다고 장수한 삶이라 할 수 없다.

이들의 삶의 차이는 오래 살고 짧게 사는 것이 아니라 개개의 존재들이 자신에게 주어진 생존기간을 제대로 사는 것이지 생존 기간이 다른 삶을 두고 길고 짧음을 비교하는 것이 잘못이다. 인간도 나와 다른 사람을 비교하는 것도 이와 비슷하다. 개개인은 개인 나름 나름의 많은 차이가 있을 수 있다. 개개인의 다르고 다른 점들을 인정하지 않는 것은 하루살이의 삶을 대춘의 삶과 비교하는 것과 같다. 작은 지혜와 큰 지혜, 오랜 삶과 짧은 삶을 기준이나 가치를 의미하는 것이 아니다. 다른 사람과의 차이를 인정하지 못하고 자기중심적으로 생각하는 것은 좁은 소견에 불과하다.

전설 속 인물인 팽조는 오래 산 사람으로 무려 칠백 년을 살았다고 알려져 있다. 인간의 수명으로 보면 아주 오래 산 사람이다. 사람들은 이토록 오래 산 팽조를 부러워하지만 대춘에 비교하면 짧은 삶에 불과하다. 그러나 비교 대상을 달리하여 하루살이나 매미와 비교하면 아주 오래 살았다. 하루살이의 최장 삶은 하루이고 매미의 일생은 여름 한 철에 불과한 것이다. 하루살이의 한나절 그 짧은 삶이 그들에게 주어진 최대의 삶이고 최대 생존기간이다. 그들은 자연이 준 나름의 생명으로 천수를 누린 것이다. 그런데 우리는 이들을 인간의 생존기간으로 비교한다. 하루 밖에 살지 못해 짧은 삶을 산 것이고 팔천 년을 살았으니 장수했다고 생각하는 것이다. 그러나 생존 기간만을 비교해서 오래 산 것으로 판단하는 것은 개체들의 삶의 기준을 고려하지 않은 것이다. 개체마다 고유한 생존 기간이 있다.

일생을 살고 나면 죽은 후 사람을 평가한다. 일반적으로 큰일을 하고 많은 일을 한 사람을 두고 위대하고 보람된 삶을 살았다고 말한다. 그가 지닌 능력이나 그가 처한 환경에 대해서는 거의 고려하지 않고 단지 그가 한 일의 업적만을 가지고 판단하는 경향이 있다. 그래서 영웅이라거나 대왕이라거나 황제라 하면 영토를 확장하고 남들이 할 수 없는 엄청난 일을 하는 사람을 칭한다. 반면 자신의 능력은 미미하고 부족하여 적은 일을 한 사람은 보잘것없는 삶을 산 것으로 여긴다. 주어진 여건과 환경의 어려움을 이겨내고 많은 일을 한 것에 대해서도 인정해야 하지만 그의 능력이나 환경에 비해 적은 일을 했어도 최선을 다했다면 많은 일을 한 사람과 비슷하게 인정할 수 있어야 한다. 업적이 많고 적음이 문제가 아니라 자신에게 주어진 삶을 얼마나 열심히 적극적으로 살았느냐 하는 것이 삶의 기준이 되는 것은 아닐까.

현재 k 팝과 한류는 우리 역사상 최고의 수준에 이른 것 같다. 우리 역사상 우리의 놀이와 문화가 이처럼 세계 곳곳에 그 영향력을 미치고 젊은이들을 열광케 한 적이 있었을까? 정말 놀라운 일이라 할 수 있다. 이런 문화현상은 음식문화, 음악, 스포츠 등 다양한 분야에서 세계인의 관심을 차지하고 있다. 이는 스포츠계에서도 축구, 빙상경기, 클래식 음악계에서의 잇따른 수상, 우리 문화가 한류라는 분야에서 어떤 수준에 와 있는가 그리고 어느 정도인가를 즐기는 것이다. 같은 한류문화라고 k팝 스타와 빙상계 선수를 비교하지 않는다. 클래식 연주자와 축구선수의 재능 수준을 비교하지 않는다. 각기 다른 분야의 활동가들을 한 가지 기준으로 판단하듯이 우열을 가리는 것은 의미가 없다.

아이를 키우던 시절을 생각해 보면 노래를 잘하는 어떤 어린이를 보면 노래를 시켜보고 싶고 그림을 잘 그리는 아이를 보면 그림을 그리는 아이로 키워보고 싶었다. 운동을 잘하는 아이를 보면 우리 애도 쟤처럼 운동을 잘하고 튼튼했으면 얼마나 좋을까 생각했던 적이 있다. 이것을 잘하면 이것도 시켜보고 싶다. 또 다른 어린이가 저것을 잘 한다고 하면 저것도 시켜보고 싶다. 그 아이는 그 아이대로 하고 싶은 것이 있고 할 수 있는 능력이 다른데 이럴 때는 이렇게, 저럴 때는 저렇게 비교하기에 바빴던 적이 있다. 아이들은 자신이 타고난 재능에 따라 잘 자라면 되는 것이다.

선행학습은 어떤 의미를 갖는 것일까? 다른 사람이 하지 않을 때 한발 먼저 가서 선점하겠다는 의욕이다. 누군가 선행학습을 먼저 하고 나면 다른 사람은 또 다른 선행학습을 하여 한 발 더 앞서가고 싶은 마음이다. 선행학습은 남보다 먼저 배워야 앞서갈 수 있다는 생각에서 생겨난 것이다. 선행학습은 선선행학습이 있게 할 것이고 또 선선행학습은 또 다른 선행학습이 있게 할 것이다. 선행은 선행을 낳고 나중에는 선행이라는 의미를 어디에 기준을 두어야 할 것인지조차 잃어버리게 될 것이다. 선행하기 위해 선행은 계속될 수밖에 없는 극단적인 상황이 될 것이다. 능력에 따라 배우고자 하는 것 막을 수는 없다. 배움은 인간이 가진 기본권이자 삶을 향한 욕구이기 때문이다. 그 과정에 최선을 다하고 충실하는 것을 두고 무어라 나무랄 수 없다. 그러나 남을 이기기 위해 남보다 앞서기 위해 남보다 빨리 해야 한다는 것은 강박감일 뿐이다. 이런 선행학습은 배움에 대한 열정이라기 보다는 남을 이겨야 한다는 경쟁으로 한 순간의 앞섬에 지나지 않는다. 어느 한 순간의 크지 않은 작은 지식에 불과하다.

인사 행정의 원칙은 사기 진작이다

행정의 핵심은 인사다. 그래서 인사를 만사라 한다. 인사만 잘하면 모든 일이 풀린다는 것은 누구나 다 아는 사실이다. 모든 일은 사람이 하고 그 사람의 사기에 따라 조직의 발전과 성장이 달라지기 때문이다. 인사가 만사라고 하는 것도 바로 이런 이유 때문이다.

인사원칙은 적재를 적소에 배치하면 잘한 것으로 본다. 매우 타당한 원칙이다. 이는 될 사람이 됐다는 것을 의미하며, 세간의 여론과 멀리 떨어져 있지 않다는 것이다. 상황이론이 일반화되면서 적재적소라는 원칙에 적시(適時)라는 원칙 한가지가 지켜져야 바람직한 것으로 여긴다. 위징(魏徵)이 했던 것처럼 시대적 상황과 조직의 상황을 고려했을 때 보다 바람직한 인사가 이루어졌다고 보는 것이다. 이는 건강한 조직을 만들기 위해서는 조직이 처해있는 내외적 상황과 구성원의 성숙도를 반영해야 함을 의미한다.

외물편에 나오는 이야기이다.

> 붕어 한 마리가 수레바퀴 자국에 누워있다가 지나가던 장자를 부르며 말했다.
> "나는 동해에서 파도를 관리하는데 물 한 말이나 한 되만 주면 살 수 있다"고 했다.
> 그러자 장자는 "서강(양자강)의 물을 끌어들여 보내주겠다"고 했다.
> 이에 붕어는 화난 얼굴로 "그저 물 한 말이나 한 되만 있으면 살 수 있다. 이제 나를 찾으려거든 건어물가게에서 찾는 게 나을 것이다"고 하였다.

장자는 가난하게 살았다. 이 이야기는 장자 자신의 이야기인 듯하다. 장자는 얼마나 먹을 것이 없었는지 감하우라는 지방호족쯤 되는 사람에게 양식을 구하러 갔던 모양이다.

하후는 장자의 말을 듣고 내 땅에서 세금을 걷으면 그 돈으로 삼백 금을 주겠다.'고 말하자 이 말을 듣고 붕어를 빗대어 한 이야기이다.

배가 고파 한 끼의 양식을 도와달라는 사람에게 한 끼 정도의 양식보다는 세금을 거둬 많은 돈을 주겠다고 하였다. 지금 주는 것이 아니라 세금을 걷어서 거금을 주겠다고 미래의 약속을 한 것이다. 지금 당장 필요한 것은 거금이 아니라 한 끼를 때울 수 있는 양식인데 다음에 준다는 거액은 아무리 많아도 별 의미가 없다. 한 끼 밥이라도 배고플 때 먹는 것이 진수성찬 아닌가.

중국의 당태종은 수많은 황제 중 가장 칭송받는 사람이다. 그가 당대뿐 아니라 후대에도 이런 평가를 받을 수 있었던 것은 위징과 같은 훌륭한 신하가 있기에 가능했다고 한다. 위징은 당태종에게 수많은 간언을 하였지만 특히 상벌관계 원칙을 잘 지킬 것을 강조하였다. 예를 들면 '위기에는 덕 있는 사람보다 재능 있는 사람을 우선하고, 안정기에는 덕이 없고 재능만 있는 사람은 절대 불가하다'는 원칙을 적용하여야 한다는 것이었다. 위기에는 재능 있는 신하가 필요하고 안정기에는 덕이 있는 사람이 필요하다는 것이다. 시기에 따라 조직의 상황에 따라 인재 등용을 매우 융통성 있게 하여야 한다는 것을 알 수 있다.

조직이 어떤 상황에 처해 있는지 외부환경에 적합한지 즉 위기 시기인가 안정 시기인가를 잘 판단한 후 이에 따라 인사는 달라질 필요가 있음을 말하는 것이다. 외부상황이 급변하고 조직 내의 문제도 각 조직마다 다르기 때문에 조직이 처한 상황을 고려해야 하는 것이 매우 중요해진 것이다.

지난 몇 해 전 어느 교육청에서 교육장을 공모한 적이 있었다. 평균 경쟁률이 5:1이 넘었던 적이 있었다고 하니 대학입시를 방불케 했다. 좋은 인재들이 지방교육에 헌신하겠다는 취지로 읽을 수 있으나 이상과열현상이라 아니할 수 없다. 최소 35명 이상의 장학관과 능력 있는 국과장들이 공모에 참여하였다는 것인데 이는 무엇을 의미하는 것일까.

염불에는 관심 없고 잿밥에만 정신 팔렸다는 비아냥을 모르는 것도 아니었을 것이다. 자기의 소임에 최선을 다한다는 평소 소신을 저버린다는 비난을 모르지 않았을 것이다. 교육자의 자존심과 영혼을 파는 것이라는 눈총에도 고민이 컸을 것이다. 명예만을 생각하고 걸어 온 자부심을 뭉갠다는 염려가 없었던 것도 아니었을 것이다.

40여 년의 노력이 물거품이 되는 안타까움이 무엇보다 크게 작용하였을 것이다. 어떻게라도 해보자는 절박함이었을 것이다. 이는 정년 4년 미만의 교원에게는 교육장 등에 임명하지 않는다는 인사원칙에 따른 막차타기의 후폭풍이었던 것이다.

조직의 상황과 구성원의 성숙도 즉 구성원 당사자들의 이해와 유예기간 없는 원칙의 개정은 '인사폭력'이나 다름 없다. 묵묵히 자신의 일에 최선을 다한 이들에게 큰 상처를 주기에 충분하다. 이는 조직 활성화라는 좋은 취지가 있었다 해도 공모라는 합의가 '공모'해야만 하는 인사제도가 되었다면 짜고 치는 것과 다름없다. 합법을 가장한 자기 사람 심기와 나눠 먹기에 불과하다는 점을 잊어서는 안 되지 않을까.

인재 선발과 활용은 진정성에 있다

고대 그리스에 제욱시스(zeuxis)라는 사람이 그림을 잘 그렸는데 그가 포도를 그리면 새들이 포도를 먹기 위해 달려들 정도였다. 이에 파라오시스(parrhasios)는 자신은 새를 속이는 것이 아니라 사람의 눈을 속일 수 있다고 하였다. 파라오시스는 제욱시스를 집에 초청하여 그림을 보여주었다. 파라오시스는 제욱시스에게 나의 그림은 커튼 뒤에 있으니 마음껏 구경하라고 하였다. 이에 제욱시스는 성큼 다가가서 커튼을 걸으려 하였으나 그 커튼은 파라오시스가 그린 커튼이었다는 이야기가 있다. 이를 프랑스어로 트롱프뢰유(trompe-l'oeili)라고 하여 '눈을 속이다'라고 하는데 그림을 실제와 가깝게 그리는 기법을 말한다. 우리나라에도 신라시대 솔거가 실제와 똑같이 그림을 그려 새가 날아와 앉았다는 이야기도 이와 비슷한 이야기이다. 현상과 사실을 그대로 표현하는 극사실주의는 어느 것 하나 숨기지 않고 그리려고 한다.

윤두서의 「자화상(국보240호)」을 보면 인상적이다. 그 자화상을 보면 얼굴은 펑퍼짐하고 부릅뜬 눈이 무섭기도 하지만 자신의 털끝 하나 놓치지 않고 그렸다. 더구나 자세히 묘사된 것에 놀랍다. 자신의 모습을 그리면서 보다 온화하게 보기 좋게 그릴 수도 있었을 것이다. 조금 어색하고 보기 싫은 부분은 감추거나 수정할 수도 있었을 것이다. 보정하거나 미화하여 보기 좋게 그릴 수 있었을 것이다.

그러나 이 그림에서는 그런 의심이 들지 않는다. 자신의 모습이 조금 이상하고 어색한 부분이 있어도 그대로 그렸을 것이라 느껴진다. 보다 품격 있게 그려보고 좋은 부분은 더 좋게, 부족한 부분은 보완해서 멋있게 보이려고 하지 않았다. 이는 선비의 정신이기도 하고 그만큼 자신의 모습에 자신이 있었다는 자부심이 아니었을까. 그만큼 자신을 사랑하는 마음이었을 것이다. 실제 모습과 다르지 않아야 한다는 그의 올곧은 정신세계이기도 한 것이다.

전자방편에 나오는 이야기이다.

송나라 원군(元君)이 자기 초상화를 그리게 하였다.
전국의 화가들이 모였다. 화가들은 원군의 마음을 사기 위해 붓을 핥고 먹을 갈기도 했다.
원군의 마음에 들어 자신의 솜씨를 뽐내고 싶었을 것이다. 미처

들어오지 못한 사람도 절반은 되었다.

　화가 한 사람이 늦게 도착했는데도 서두르지 않고 절을 한 다음 숙소로 돌아가 버렸다.

　원군이 사람을 시켜 그를 살펴보았다.

　그는 두 다리를 뻗고 벌거벗은 상태였다(해의반박라 (解衣槃礴裸).

　원군은 말했다.

　"됐다. 이 사람이야말로 진실한 화가이다."

　원군은 송나라 임금이다. 원군은 어떤 사람이 진실된 사람임을 알고 있었던 것 같다. 임금 자신의 초상을 그리겠다고 온 화가들은 어떤 마음을 가졌을까. 무엇보다 임금의 눈에 들어야 한다고 생각했을 것이다. 붓을 핥듯이 그의 모습을 최대한 멋있게 그려 포장해야 한다고 생각했을 것이다.

　그러나 원군은 자신의 모습을 그릴 때 어떤 마음을 가진 사람이 그려야 하는지 알고 있었다. 그것은 정확하고 꾸밈이 없는 모습이었을 것이다. 그리고 그 모습에서 내면까지 표현할 수 있는 사람이어야 한다. 있는 그대로 그릴 수 있는 순수함과 정직한 마음을 가진 사람은 그 어떤 것에도 구속됨이 없어야 가능하다고 생각했을 것이다. 내면의 모습을 볼 수 있고 그의 정신세계를 나타낼 수 있는 사람을 기대하였을 것이다. 그러기 위해 기교와 허세를 버리고 내면적 자유와 정직함과 순수함이 있는 사람을 찾았을 것이다.

　임금인 자신의 초상을 그린다고 하여 눈앞에서 아부를 하거나 갖은 아양을 떠는 것이 아니라 그 마음이 얼마나 자유스러운가 하는 것이 중요했을 것이다. 자신의 모습이 왜곡되거나 과장되지 않는 그런 모습을 원했을 것이다. 외부의 압력이나 부당한 요구가 있더라도 거절할 수 있는 배짱도 필요하다고 생각했을 것이다. 어느 것에도 구애받지 않고 기울지 않은 마음에서 자신의 있는 모습을 그대로 그려낼 수 있는 그런 마음을 가진 사람을 생각했을 것이다.

어느 교육청 일반직 공무원은 1만 천여 명이 넘는 전국에서 가장 규모가 크다. 일반직 승진제도가 시험과 심사를 병행한 적이 있었다. 시험에 자신 있는 사람은 미리 공부를 시작하였을 터이고, 현장 실무에 강한 사람은 조직 충성도에 심혈을 기울일 것이다. 실력도 실력 나름이라며 인맥 관리에 열을 올리는 사람도 있단다. 업무 충실보다 눈도장이 우선한다는 인지상정론도 힘을 얻고 있다고 한다. 될 사람은 될 것이라는 관망론도 그럴듯하다. 특히 일반직의 꽃이라는 사무관 선발 기준과 선발될 인재들에 관심도 항상 높다.

인사의 핵심은 공정성이다. 공정성은 시험보다는 심사제에 더 많은 관심이 쏠린다. 심사제는 임용권자가 필요한 인재를 뽑을 수 있다는 점이 최대의 장점이다. 즉 정책 철학을 얼마나 심도 있게 이해하고, 강력한 의지를 가지고 있는지 등이 중요한 기준이 되기 때문이다.

기존의 심사제는 연공서열식 보수적 관념이 강했다. 이는 조직의 안정을 꾀할 수 있다는 점이 있으나 활력을 찾기는 어렵다. 심사제가 현장에 숨어 있는 인재를 발굴하는 데 기여할 수 있어야 한다.

지방교육행정의 무궁한 성장 잠재력은 현장에서 말없이 실천하는 이들로부터 시작된다. 또 경영철학을 현장에 실천하는 이들도 바로 이들이다. 그래서 현장이 중요하다. 현장이 침체되고 무기력증에 빠지면 행정은 탄력을 잃게 된다. 현장을 넓게 보고 참신하고 능력 있는 인재들을 찾는 일에 소홀해서는 안 되는 이유이다. 조금만 눈을 돌리면 현장에서 묵묵히 실천하는 숨은 진주를 발굴할 수 있을 것이다. 이는 사기 진작은 물론 현장 중시 행정의 메시지를 강하게 전달할 것이다. '벌을 줄 때는 가까이 있는 사람부터 주고 상을 줄 때는 멀리 있는 사람부터 찾아야 한다'는 말도 이런 점에서 새겨볼 만하다.

송나라 원군이 진실한 화가를 찾았던 것처럼 자신이 소속한 교육을 사랑하고 헌신할 수 있는 유능한 인재 등용의 기회가 되어야 한다.

어떤 선생님을 존경할까

어느 지방학교에서 있었던 일화이다. 그 인문계 고등학교는 지방의 명문이었지만 거칠고 드센 친구들도 꽤 있었다. 몇몇 친구들은 성인들과 겨루어도 지지 않을 만큼의 운동력과 힘을 지니고 있다는 풍문도 있었다. 어느 누구도 함부로 건드릴 수 없을 정도였다. 이런 친구들이 있었기 때문에 모범생들은 그 친구들의 근처에 가기도 힘들었지만 그들의 폭력에 힘들어 했던 친구들도 상당히 있었다. 지금에 와서 생각해 보면 웬만한 학교폭력보다 훨씬 더 심각한 수준의 문제 학생(?)들이었고 그들은 친구들을 괴롭히고 못살게 굴면서 자신들은 이를 즐기기도 했던 것 같다.

이런 사건이 있었다. 당시 중고등학생의 머리는 빡빡이였다. 빡빡이는 중고등학생이면 당연한 모습이고 의례 그 모습일 수밖에 없었다. 그러나 조숙했던 친구들은 머리카락을 길러서 성인과 같은 행동을 하고 싶어했다.

교칙에 따라 머리카락을 짧게 깎아야 하는 시기였지만 멋을 부리는 친구들은 머리카락을 기르고 싶어 했다. 아무리 타이르고 훈계를 하여도 이를 수긍하지 않는 학생이었다. 자신의 개성을 강조하고 주장하였지만 그 당시에는 전혀 받아들여지지 않았다. 받아들여질 수 있는 시대적 상황은 아니었다. 학생들의 생활지도를 담당하고 있던 학생부 입장에서 보면 생활지도가 안 되는 것이었다. 더구나 그 친구는 '왜 선생님은 기르는데 학생은 왜 머리를 깎아야 하느냐'고 반문하고 반항하였다. 당연한 질문이었지만 허를 찌르는 반문을 한 것이다. 학생은 왜 머리카락을 잘라야 하고 선생님은 왜 머리카락을 길러야 하는지 이해할 수 없다며 사회적 편견과 두발자유화를 제기한 것이다.

그러면서 이런 것이 잘못되었으니 선생님이 깎으면 자신도 깎겠다고 제안하기에 이르렀다. 그래서 선생님이 머리를 깎으면 자신도 머리를 깎을 수 있다고 하여 선생님은 자신의 머리카락을 깎아버린 것이다. 지금은 자신의 개성을 나타내기 위하여 빡빡이 머리(?)를 하는 사람도 있지만 그때 당시 성인이 머리카락을 깎는다는 것은 상상할 수 없었다. 그친구도 설마 선생님이 머리카락까지 깎겠느냐고 생각했을지 모른다. 선생님께서는 자신이 곧바로 학교 이발관에서 가서 머리카락을 깎았다. 반항하고 거절했던 그 친구도 긴 머리카락을 자르지 않을 수 없었다.

그 선생님의 생활지도는 이렇게 했다. 말하자면 선생님이 솔선하여 문제 학생의 행동을 바꾸게 한 것이다. 당시에 머리카락이 짧은 성인은 죄수 정도였기 때문이었다. 그러나 그 선생님은 선생님의 위신과 사회적 시선도 모두 물리치고 머리카락을 깎았던 것이다. 이 행동으로 문제 친구를 한 방에 제압(?)하였던 것이다. 선생님은 학생이 왜 학생은 머리카락을 기르면 안 되고 어른만 기르고 다녀야 한다는 말에 자신도 머리카락을 깎는다는 것은 정말 놀라운 일이었다. 이 이야기는 전설이 되었고 그 열정과 진정성에 놀라지 않을 수 없었다. 선도부에서 몽둥이 지도를 한 것이 아니라 학생의 타당한 반론에 행동으로 답변을 한 것이다. 이 모습을 보고 놀랐고 이 사건을 모두 기억한다. 지금도 동창들이 만나면 그 시절 그 선생님 이야기를 하곤 한다.

그 선생님의 수업 방법도 독특했다. 담당 과목이 윤리였지만 우리에게 윤리를 가르친 것이 아니라 철학을 가르쳤다. 수준은 서양철학 원론 정도였던 것 같다. 아마 대학에서 공부한 내용을 조금은 쉽게 설명하였고 칠판 가득히 쓰면서 설명하는데 한 시간 동안 분필이 대여섯 개 이상 부러져야 수업이 끝나곤 했다. 이런 열정과 헌신에 우리는 소크라테스에서부터 하이데거까지 서양철학을 섭렵했다. 상당히 어려운 내용이었고 고등학생 수준으로는 이해하기 힘들었지만 무엇인가를 가르쳐 주려는 마음은 알 수 있었다.

새로운 것을 알아가는 즐거움도 없지 않았다. 딱딱하고 미주알고주알 고리타분한 이야기보다는 생각해 보지 못했던 말을 들을 수 있었던 것도 보람이었다. 우리가 어떻게 서양철학자의 사상을 이해할 수 있었겠는가. 이해한다고 하는 것은 사실 무리였다. 그러나 그보다 더 중요한 것은 선생님의 열정이 아니었나 생각된다. 철학 사상을 알아가는 것보다는 그 선생님의 열정이 좋았던 것 같다.

우리는 왜 이 선생님을 기억하고 존경하는 것일까. 수업을 시작하자마자 열변을 토하면서 우리에게 무엇인가를 가르쳐 주어야겠다는 열정! 우리는 그것을 느낄 수 있었던 것이다. 그리고 학생들을 최대한 배려하고 함께하려고 했다는 것이다.

대종사편에 이런 말이 있다.

> 살아있는 것을 사멸시키는 존재는 그 자신이 사멸하지 않으며, 살아있는 것을 생성하는 존재는 그 자신이 생성되지 않는다.

사물을 보내지 아니함이 없고 맞이하지 아니함이 없으며 허물지 않음이 없고 이루지 않음이 없으니 그 이름을 영녕이라 한다.

영녕이라고 하는 것은 어지럽게 어울린 뒤에 대상과 사물과 우호적인 관계를 이루는 것이다.

좋은 선생님은 어떤 사람인가? 그 당시의 학교에서 생활지도는 강압과 징계 그리고 몽둥이로 대변하였던 시절이다. 그러나 이 선생님께서는 아이들을 지도하기 위해 자신의 체면과 사회적 관습까지 뛰어넘고 자신을 버렸다는 것이다. 수업할 때에는 그 열정을 다하셨다. 학생들은 선생님의 그 열정과 진지함을 알게 되었고 지금도 그분을 기억한다.

역사 교과서 국정화는 역사의식을 눈멀게 한다

4년마다 열리는 월드컵 축구경기는 온 세계를 열광케 한다. 우리도 연속 10회 출전이라는 명예와 기록을 자랑스럽게 생각하며 응원을 많이 하고 관심을 갖는다. 경기가 시작되기 전부터 경기가 끝날 때까지 수많은 이야깃거리를 만들고 새롭고 진기한 기록에 탄성과 환호를 보낸다. 경기의 최대 관심은 어느 팀이 우승하는가, 그리고 최우수 선수는 누구인가 하는 것이다. 축구경기 등 운동경기는 우승이 최대의 관심사이다.

그러나 경기를 재미있고 흥미롭게 관람하는 방법은 다양하다. 응원하는 팀이 승리할 것인가. 득점을 어느 정도 할 것인가. 최우수 선수는 누가 될 것인가. 뜨는 선수는 누구이고 지는 해는 누가 될 것인가. 누가 골을 넣을 것인가부터 시작해서 패스 성공률은 어떠한가 또는 상대 팀의 약점은 어디이고 어느 선수의 기량이 부족한가를 보면서 즐길 수도 있다.

감독의 작전은 어떠한가. 그리고 그 작전이 제대로 맞아떨어지는가. 아니면 선수 활약 정도는 어떠한가를 분석하는 좀 더 과학적인 방법으로 볼 수 있을 것이다. 연봉이 높은 선수들은 어떤 활약을 하는지 고연봉 순으로 경기 내용을 분석하고 즐길 수도 있을 것이다. 또한 경기보다는 경기 외적인 응원하는 모습과 그들의 열정 그리고 치어걸의 춤 솜씨를 비교·분석할 수도 있을 것이다.

경기를 보는 방법도 다양해졌다. 다양해진 관점에 따라 경기를 관람할 때 재미있고 흥미로움은 더할 것이다. 여기서 중요한 것은 우리가 경기를 다양한 관점에서 본다고 경기 결과나 내용이 달라지는 것은 아니다. 경기는 경기이고 다양하게 분석하는 것은 경기를 개인이 보는 시각이고 관심사일 뿐이다. 이런 다양한 분석과 관점은 경기력을 향상시키고 선수 개개인에게는 최선을 다하게 되는 계기를 마련해 주는 자극제가 되기도 한다.

역사를 어떻게 바라보아야 할 것인가. 하나의 역사적 사건은 어느 관점에서 이해하고 해석하느냐에 따라 달라질 수 있다. 역사적 사건을 어느 한 관점에서 이해하고 해석하는 것은 축구경기를 승패라는 한 가지 관점으로 관람하는 것과 비슷하다. 그것도 승패에 대한 객관적인 사실을 기록하지 않고 자신의 팀 위주로 경기를 분석하고 해석했다면 그것은 경기 내용과 결과를 왜곡한 것이라 할 수 있을 것이다.

역사교육은 사건중심으로 이루어지고 있다. 또 어느 임금이나 장군이 어떤 역할을 하였다는 업적과 공적을 위주로 이해하는 것이다. 그러나 바람직한 역사교육은 결과보다는 그 원인과 과정 그리고 그 사건이 다음 세대에 어떤 영향을 주었는지 그리고 어떤 대책을 세웠는지가 중요하다. 역사적 사건에 대한 분석은 원인, 과정, 결과를 통해서 그 사건이 미친 의미를 찾는 것이다. 따라서 어떤 시각은 원인에, 어떤 시각은 그 과정에 또 어떤 시각은 결과에 더 무게를 두고 분석할 수 있을 것이다. 그렇다고 이것이 잘못되고 틀렸다고 볼 수 있는 것은 아니다.

역사교과서 국정화에서 역사적 사실에 대한 오류보다 더 심각한 문제는 하나의 사건에 대해 단일하고 편협한 시각을 갖게 하는 것이다. 그것은 국정교과서를 사용하는 국가가 북한 이라크 등 몇몇 극소수의 국가에 한정된 점이라는 것을 구태여 강조하지 않더라도 인간의 생각을 단순화하는 것은 맹목적인 역사적 관점을 갖게 하기에 충분하기 때문이다.

게다가 자신들이 생각하는 한 가지 관점과 유리한 점만을 제시한다면 이것이 바로 역사를 왜곡하는 것이다.

축구경기 하나만을 봐도 다양한 시각으로 분석할 때 더 재미있고 흥미로울 뿐 아니라 경기를 제대로 분석할 수 있고 다음 경기를 어떻게 준비해야 하는지 정보를 제공하게 되는 것이 아니겠는가. 역사적 사건은 어느 한 시점에 관한 총체적인 이해가 바탕이 되어야 한다. 시대적 상황, 시대의 인식, 국제적 역학관계뿐 아니라 정치세력 간의 관계와 수많은 요인이 작용한 것이 아니겠는가. 그리고 그 관계와 관계 사이에 서로 얽혀있는 인간관계의 맥도 파악할 수 있어야 할 것이다. 역사를 배우는 것은 우리가 그 역사를 통하여 우리가 어떤 교훈을 얻을 것인가 하는 것이다.

역사학의 아버지 E.H. 카는 "역사는 과거와 현재의 대화이다"라고 했다. 이 말의 의미는 과거의 사건을 현재의 시각에서 기술한다는 의미이다, 현재에 대한 해석은 어느 한 사람의 몫이 아니고 그것은 그 시대의 국민과 사회의 몫이다. 과거의 사건을 현 집권세력이나 특정계층에 유리한 해석을 하여야 한다는 의미가 아니라 현재 우리 사회가 안고 있는 문제를 어떻게 바라보고 진단할 것인가에 대한 해결방안을 얻기 위한 다수의 의견이고 그것과의 대화인 것이다. 이는 결코 권력과 힘을 가진 자의 현재 입장에서 해석하고 기술하라는 것이 아니다.

좁은 세상에 갇혀 넓은 세상을 보지 못한 생각을 가진 사람을 우물 안의 개구리라고 한다. 추수편에 있는 이야기를 들어보자.

> 그대는 우물 안의 개구리 이야기를 들어보지 못했단 말인가?
> 그 개구리는 동해의 자라에게 이렇게 말했다네.
> 나는 여기가 즐겁고 좋다네.
> 한번 뛰어올랐다 하면 우물 난간에 오르기도 하고
> 우물 벽돌이 빠진 구멍에 들어가 쉬기도 하고
> 물에 뛰어들면 겨드랑이를 붙이고 턱을 들 수도 있다네.
> 진흙에 엎어지면 발이 빠지고 발등이 묻히기도 하지만
> 장구벌레와 게와 올챙이를 둘러보아도
> 내 능력을 따라올 자가 없네.
> 또 한 구덩이의 물을 제 마음대로 할 수 있고 우물의 쾌락을 독차
> 지할 수 있네.
> 그대는 어찌 때때로 와서 즐겨보지 않는가?
> 이에 동해의 자라는 우물에 왼발을 밀어 넣기도 전에 오른쪽 무릎
> 이 끼어버렸다.
> 이에 뒷걸음쳐 물러 나와 개구리에게 바다 이야기를 해주었다.

바다는 천 리보다 멀어 그 크기를 잴 수 없고

천길 높이로도 그 깊이를 다다를 수 없다네!

우임금 때 십 년에 아홉 번 홍수가 있었으나 물을 불어나게 할 수

없었고

탕임금 때는 팔 년에 일곱 번 가뭄이 들었지만 물기슭을 줄어들게

할 수도 없었다네.

시간이 길고 짧음에 따라 변하지 않고 양이 많고 적음에 따라 나

아가거나 물러나지 않는 것이

역시 동해의 큰 즐거움이라네.

우물 안의 개구리는 이 말을 듣더니 안절부절 놀라 정신을 잃었다.

복합적이고 다의적인 역사적 사실을 하나의 관점으로 제시하는 것은 역사적 사실에 대한 강요이며 역사에 대한 개개인의 생각을 편협하고 왜곡된 시각을 갖게 하기에 충분하다. 강요된 역사의식은 맹목적 국수주의로 빠질 우려가 있으며 역사의식을 눈멀게 할 것이다. 독립운동가의 동상 철거 등 역사왜곡과 정파적 국정교과서 집필 논란을 유발하는 집단을 어떻게 생각하여 할까. 참 한심하기 그지없다.

3장

교육의 목적은 행복이다

교육과 배움의 목적은 삶에 대한 물음이며 이는 인생관의 문제이기도 하고 교육관의 문제이기도 하다. 이를 전제로 바라보고자 한다.

모든 생명은 태어나면 반드시 죽는다. 태어났으면 죽음을 향하여 가는 것은 자연의 섭리이다. 이런 과정의 삶을 불교에서는 생로병사라 하였다. 태어나서 죽음에 이르는 과정은 늙으면서 병들어가는 것이다. 이처럼 늙고 병들기 때문에 삶의 과정이 고통스럽다(늙지 않고 병들지 않고 산다는 것은 욕심이라는 것을 알면서도 그렇다).

이처럼 불교에서는 삶의 과정을 태어나고 늙어가고 병들고 죽는다는 4단계로 보았고 그런 삶의 과정이 늙고 병들기 때문에 고해(苦海)라고 하였다. 즉 '삶이 어떤 과정을 거쳐가는가' 하는 관점에서 보면 타당하다. 늙어 가는 것 그리고 병들어 가는 과정은 피할 수 없는 생물의 변화 과정이기 때문이다. 이 과정은 슬프고 고통스럽다. 왜냐하면 인간은 늙지 않고 병들지 않기를 갈망하기 때문이다. 이런 과정을 거쳐야 하는 것이 인간의 숙명이라 하지만 이는 그야말로 고통이다. 이것이 불교가 보는 세계관이다. 이런 관점에서 삶을 보면 타당하다.

인간을 교육적 동물, 학습하는 존재로 이해한다면 삶의 과정은 살아가기 위하여 배우는 과정이라 할 수 있다. 늙고 병들어가는 그 고해의 과정이 아니라 배우며 새로움을 알아가는 과정은 깨우침과 희열의 과정이라고 할 수 있다. 이런 관점에서 인간을 본다면 인간을 교육적 동물 또는 학습하는 존재라는 관점을 명확히 할 수 있다.

인간의 삶의 과정을 간단히 살펴보자.

인간의 삶의 과정은 무엇을 의미하는가. 태어나서 죽어가는 과정에서 인간은 무엇을 하여야 하는가. 그 무엇인가 하는 목적적인 활동이 바로 배우는 활동인 것이다.

이것은 생존하기 위해 살기 위해 배워야 한다는 것이다.

그 배움은 누가 가르쳐서 된 것이 아니다. 생존하기 위해 스스로 배우기 시작하였다.

누군가의 가르침을 받기보다 스스로 배우며 깨우쳐 가는 것이다. 이런 배움은 생래적이고 생득적인 것이다. 이처럼 배움이 존재인 인간은 배워야만 하는 존재인 것이다.

인간은 태어나서 죽는 순간까지 배우지 않은 것이 없고 배우지 않으면 생존할 수 없다. 사회가 복잡해질수록 생존하기 위해서 배워야 한다. 기술의 속도가 빨라질수록 배움도 빨라져야 한다. 배우지 않으면 도태되거나 퇴출된다. 배우는 것은 생존하기 위한 것이다. 이러한 배움의 궁극 목표는 행복하기 위한 것이다. 인간은 학습하는 존재이며 학습은 행복하기 위한 존재임을 의미하는 것이다.

이와 같이 인간은 평생 배우고 자신의 삶을 습득하여 가는 것은 식욕과 성욕처럼 생래적이다. 살기 위해 먹어야 하고 존재하기 위해 자손을 남겨야 하는 것처럼 생존하기 위해 스스로 배워야 한다. 모든 생물이 생존하기 위한 투쟁이라면 배움은 인간이 스스로 생존하기 위한 처절한 과정인 것이다. 그 과정은 잉태하면서부터 죽는 순간까지 변함이 없다. 살아있는 동안, 살아가는 동안 계속되어야 한다. 배움의 존재인 인간은 배워야만 하는 존재이다.

불교에서 삶을 생로병사라 하였다면 인간은 교육적 동물이며 학습하는 존재로 보는 관점에서는 하나하나를 세상과 자신을 알고 배워가는 과정인 것이다. 삶은 생존하기 위한 끊임없는 학습활동이며 이런 과정에서 배우는 것은 즐겁고 새롭다. 오늘도 새로운 삶의 방법을 배우며 터득하여 가는 것이 어찌 기쁘고 행복하지 않을 수 있겠는가. 학이시습 지불역열호라 하지 않았던가.

인간을 교육적 동물, 가르치고 배우는 존재로 바라본다면 가르치고 배우며 살아가는 과정은 그야말로 희열과 즐거움의 과정인 것이다. 불교에서는 이런 삶의 과정을 생노병사의 4단계로 보았다면, 가르치고 배우는 존재로서의 인간은 생학사(生學死)의 3단계로 볼 수 있다.

장자는 절대자유를 추구하였다. 교육의 목적은 자아실현이다. 자아실현은 자신의 잠재적 능력을 최대한 발휘하는 것이지만 그것의 궁극 목적은 행복을 추구하는 것이며 행복하기 위한 것이다. 즉 자신이 행복하기 위한 것이며 행복찾기이다. 따라서 인간의 배움의 목적은 학즉행(學卽幸)이라 할 수 있다. 이것이 장자철학이 교육적 동물인 인간에게 주는 의미라 생각한다. 이런 관점에서 인간과 삶의 목적과 교육을 생학사(生學死)인즉학(人卽學)학즉행(學卽幸)이라 할 수 있다. 인간은 배움의 존재이고 교육과 배움의 목적은 행복하기 위함이다.

세 번째 교육의 목표는 행복하기 위함이다

무엇 때문에 가르치고 배우고 익히고 살아야 하는가. 출세와 입신양명, 부의 창출, 문화의 발전과 창달, 세계 평화 기여 등 개인에서부터 사회 더 나아가 세계적 우주적 관점에까지 삶의 목표를 가질 수 있다. 그러나 가장 궁극적인 것은 자신의 삶에 대한 절대적 자유를 찾는 것이다.

절대적 자유는 시간적 자유, 공간적 자유, 물질적 자유, 육체적 자유, 경제적 자유, 정신적 자유라 한다면 삶의 과정에서 어려움이 없고 자신이 만족을 얻을 수 있어야 한다. 이런 절대적 자유는 모든 면에서 구속되지 않고 거침없이 자유롭다는 것이다. 이런 자유로움을 누리고 있는 사람은 과연 존재할 수 있는가. 여유롭고 편안한 마음으로 이 세상의 곳곳을 천천히 걸으며 삶을 음미해 볼 수 있을까. 그 과정에서 만족을 얻고 최선을 다하는 것이 절대자유의 추구이며 절대자유를 찾아가면서 누리는 것이 행복이 아닐까.

장자철학을 통하여 삶의 의미를 찾고 교육을 다시 생각한다.

내 삶의 주인은 나다

빛이 있으면 그림자는 생긴다. 빛을 이야기할 때 꼭 따라다니는 것이 그림자이다. 떼려야 뗄 수 없는 관계를 말할 때 사용하는 말이기도 하다. 또 다른 의미는 인생이란 오묘함을 이야기할 때 사용한다. 인생이란 좋을 때도 있고 좋지 않을 때도 있다는 의미이다. 항상 좋을 때만 있는 것도 아니고 또 나쁜 일만 있는 것도 아니라는 말이다. 산이 높으면 골이 깊듯이 빛이 강하면 그림자도 뚜렷해진다. 그림자의 길이는 시시각각 달라진다. 아침과 저녁에는 길게 드리워지고 정오에는 짧아진다. 겨울에는 길어지고 여름에는 짧아진다. 이처럼 빛의 원천인 태양의 고도에 따라 달라지는 것이 그림자이다.

이런 그림자에도 이름이 있다. 그림자를 자세히 보면 그 그림자 곁에

희미한 옅은 그림자가 있다. 이때 짙은 그림자를 '경(景)'이라 하고 본그림자라 한다. 그림자 곁에 어렴풋이 생기는 그림자는 '망량(罔兩)'이라 하고 반그림자라고 한다. 햇빛이 강할수록 뚜렷해지고 그때 그림자의 주위에 옅은 그림자도 있는데 이때 자세히 보면 볼 수 있다. 반면 햇빛이 약하거나 흐린 날에는 옅은 그림자는 잘 볼 수 없다. 잘 보이지 않을 때 굳이 찾는다면 달빛이나 호숫가에서 보면 비교적 쉽게 볼 수 있다. 그림자의 그림자인 망량은 그림자의 옅은 그림자라 할 수 있다.

이 이야기는 제물론편에 나오는 이야기이다. 그림자 '경'과 그림자 곁에 생기는 옅은 그림자 '망량'과 나누는 대화에서 시작한다.

> 망량이 경에게 말한다.
> "당신은 방금 전에는 걷다가 이제 서 있다. 그리고 앉았다가 다시 일어섰다 하였다."
> 이를 보고 망량이 경에게 "왜 그렇게 줏대가 없는가"라고 물었다.
> 이에 그림자 경이 말한다. "나는 내가 의지하고 있는 상대가 있어 어쩔 수 없이 따라 하기 때문이다.
> 내가 어찌 그러한 까닭을 알겠으며, 어찌 그러한 까닭을 알겠는가"
> 라고 자신의 뜻대로 하는 것이 아니며 뜻대로 할 수 없음을 말하였다.

그림자는 그 사물의 형태를 명암으로 나타낸다. 햇빛에 의해 생기는 그림자는 그 대상(사물)의 움직임에 따라 그 모양은 변한다. 망량이 볼 때 그림자 경은 물체가 움직이거나 흔들릴 때마다 변한다. 가만히 있으면 될 텐데 바람이 불면 사물은 주위의 변화에 따라 움직일 수밖에 없다. 그림자는 이렇게 생기는데 망량은 경이 줏대 없이 수시로 그 모습을 바꾼다고 생각하는 것이다. 그림자 경은 자신이 움직이고 싶어 움직이는 것이 아니라 물체의 움직임에 따라 움직이는 것인데 망량은 경이 왜 움직이는지를 알지 못한다. 사실 망량은 자신이 경의 움직임에 따라 움직여야 하는 자신의 처지조차 알지 못하는 것이다.

　그 대상이 어떻게 변하느냐에 따라 변하는 것이 그림자이다. 우리가 잘 알고 있듯이 그림자는 사물의 모양이나 움직이는 동작을 그대로 나타낼 뿐 자신이 스스로 어떤 모양을 만들어 낼 수 없다. 그림자 경은 자신도 알 수 없고 알지 못하는 무엇인가에 의해 움직인다는 것을 알고 있을 뿐이다. 그것은 자신의 어떤 의지나 생각으로 움직이는 것이 아니라 물체가 움직이면 그 움직임에 따라 변할 수밖에 없기 때문이다. 그런데 그 그림자를 그대로 따라야 하는 망량이 그 그림자를 비난하는 것이다. 왜 그렇게 줏대 없이 이리저리 움직이느냐고 따지는 것이다. 그림자는 자신이 어쩔 수 없이 움직이고 있다는 것을 알고 있지만, 옅은 그림자 망량은 그마저도 알지 못하면서 자신의 본모습을 비난하고 있는 것이다. 그림자는 사물의 모양만 같을 뿐 그 사물이 지닌 어떤 성질이나 속성을 지니고 있지 않다. 그래서 그를 허상이라 한다. 그렇다면 망량은 허상의 허상에 불과한 것이다. 망량은 자신이 어떤 것인지, 무엇을 하는 것이며 누구인지를 모르는 것이다. 망량 자신은 주제파악을 못하고 있는 것이다.

　경과 망량의 이야기를 들으며 개개인은 얼마나 자유롭게 자신의 삶에 결정력을 가지고 있는가. 자신의 삶에 대한 그 결정력의 핵심은 무엇인가. 그것이 경제력 즉 먹고 사는 것이 아닐까. 그렇다면 생산수단을 가지고 있지 못한 노동자라면 우리는 자신의 삶을 결정할 수 있는 능력을 가지고 있는가. 노동자이든 근로자이든 자산가가 아닌 노동자는 매일매일 먹고살기에 바쁘다. 그리고 그러한 생활 속에서 자신의 삶과 가족의 생계를 꾸려야 한다. 이런 상황에서 직장과 사회에서 타인의 작은 숨소리에도 귀 기울여야 하고 상사가 가리키는 손가락 방향에 따라 움직일 수밖에 없다.

그 삶은 하루하루 열심히 살아가지만 세상을 움직이고 이끌어가는 것이 누구인지 알지 못한다. 단지 알 수 없는 '거대한 손' 아니 알 수 없는 '거대한 손가락의 그림자'를 따라 할 뿐이다. 이렇게라도 해야 거기에 조금 더 잘 먹고 잘 살려는 욕구를 메꾸어 갈 수 있기 때문이다. 이런 처지의 개개인은 한없는 '경쟁의 그림자'로 변한다. 이 경쟁의 그림자는 개인 자신이 어떻게 할 수 있는 것이 아니라 그 상황에서 적응하며 살아가야 하는 처지에 있는 것이다. 그때그때의 상황에 따라 변화하고 그 변화에 따라 움직이는 경이거나 망량에 불과한 것이다. 좀 더 잘 살고 싶고 남보다 더 잘 살고 싶은 욕망으로 우리를 치닫게 한다.

이런 상황에서 개개인의 그 모든 행동과 행위는 자신의 의지보다는 이 보이지 않는 것들에 의해 따라 할 수밖에 없다. 게다가 우리는 보다 많은 부를 창출하고 싶고, 명예도 얻고 싶다. 그것이 자본주의의 속성이듯 그럴수록 우리의 삶은 더 매이는 삶일 수밖에 없다. 이런 것들이, 우리들의 일상이 우리 자신을 옭매는 그림자인지 모른다.

우리 교육환경도 곰곰이 생각해 보면 불행스럽게도 교육을 받을수록 그것에서 벗어나지 못하고 얽매이는 역설을 보게 된다. 가르치고 배우는 것은 자유롭고 자유를 얻기 위함이다. 그러나 오늘의 학교교육은 국가와 사회를 위해 개인에게 끝없는 희생을 요구하는 쪽으로 몰아 세운다. 그것은 개인의 유용성과 경쟁이라는 또 다른 이름의 그림자로 자리매김하지만 그것은 그림자에 불과한 것이 아닌가.

무엇 때문에 배우고 열심히 공부를 해야 하는지 알지 못하고 그저 남들이 하니까 나도 하고 나도 하니까 남들도 하게 되는 구조이다. 이런 사회구조에서 우리 사회와 학교는 '잘' 살려는 욕망만을 부추기고 있는 것은 아닐까. 아니 우리는 모두 잘 살아야 한다는 역설 속에 모두 행복하게 잘 살아야 한다는 열망만을 부추기고 있는지 모르겠다. 이런 구조 속의 역설과 열망이 우리를 더 구속하고 속박의 굴레에서 벗어나지 못하게 하는 것은 아닌지 성찰해 보아야 한다.

교육의 목적은 아이들의 행복이다

무엇인가 감추려면 감추려는 물건보다 커야 한다. 보자기에 물건을 싸려면 보자기가 물건보다 커야 싸서 감출 수 있다. 그런데 천하를 천하에 감출 수 있을까. 천하라는 물건을 천하라는 물건으로 감춘다면 어떻게 생각해야 할까. 아무리 잘 숨긴 것들도 백일 천하에 밝혀지는 것이 오늘의 현실인데 천하는 무엇을 의미하며, 천하에 천하를 숨긴다는 것은 무슨 의미일까? 어떤 수수께끼를 푸는 것 같다. 작은 것이라면 이곳저곳에 나누어 감추거나 보다 큰 것에 감출 수 있는데 천하를 어디에다 숨긴다고 하니 아리송할 뿐이다.

아직까지 천하의 크기는 인간의 능력으로 측정할 수 없어 그 크기를 정확히 알 수 없다는 것이 대체적인 시각이다. 크기를 알 수 없는데 알 수 없는 그것을 숨길 수 있을까. 그 크기를 알 수 없는데 그 천하를 숨길 수 있을까? 천하는 우리가 생각할 수 있는 가장 커다란 것인데 그것을 어디에 감춘다는 것인가. 그런데 그것을 그 천하를 천하에 숨겼다고 한다.

다음 이야기는 대종사편에 나온다.

'어떤 사람이 산골짜기에 배를 감추고 호수 속에 산을 감추어 아주
은밀한 곳에 단단히 감추었다고 자랑스럽게 말하였다.

그러나 밤중에 힘이 센 사람이 그것을 들고 가버렸다.

어리석은 사람은 알지 못한다.

작은 것을 큰 것에 간직하면 잠시 숨길 수는 있으나 오랫동안 숨
길 수 없다.

만일 천하를 천하에 간직하면 사라질 수 없다. 이것이 변치 않는
자연의 진실이다.' 라고 하였다. 장천하어천하(藏天下於天下) 이부득소
둔(而不得所遯) 시항물지대정야(是恒物之大情也)

즉 천하를 천하에 숨기는 것이 가장 안전한 방법이라는 것이다.

도망가는 꿩이 막다른 골목에 다다르면 머리를 풀숲에 처박는데 자기
만 보지 않으면 모두가 볼 수 없는 것으로 생각한 까닭이다. 막다른 골
목에 머리를 숨긴 꿩은 자기는 숨었으니 남들도 자신을 찾을 수 없을
것이라고 생각하는 것과 비슷한 것은 아닐까. 천하를 천하에 숨긴다는
말은 이런 어리석음을 말하려는 것 같았다. 자기만 보지 않으면 모든 것
이 감추어진 것이라고 생각한다는 의미인 것이다. 감춰지는 천하와 감
추는 천하는 다른 것인가? 아닐 것이다. 천하는 천하일 뿐이 아닌가.

감춘 사람과 찾는 사람의 마음을 상상하고 그 의미를 알아보는 것이
우선일 것 같다. 배를 산골짜기에 감춘 사람은 어떤 생각을 했을까. 일
반적으로 배는 강가나 호숫가에 두어야 나중에 사용하기 편하다. 가까
이 있을 때 언제든지 쉽게 사용할 수 있기 때문이다. 강이나 호수 근처
에서 배를 찾는 것이 가장 쉽다. 배를 훔치려는 사람은 배는 호숫가에

있을 것으로 생각하기 때문에 배가 산골짜기에 있으리라고는 생각할 수 없다는 것이다. 그래서 아무도 생각하지 않는 곳인 산골짜기에 숨겨 놓으면 잃어버리지 않으리라 생각하였을 것이다. 배를 잊어버리지 않기 위해서는 호숫가에서 멀리 떨어져 있는 곳에 감추어 놓으면 찾을 수 없다고 생각한 것이다. 산골짜기 깊은 곳에서 배를 찾는 사람은 없을 것이기 때문이다. 이런 생각을 한 사람은 산골짜기에 배를 감추었기 때문에 아주 잘 감추었다고 생각할 것이고 배를 잃어버리지 않을 것이라 굳게 믿었을 것이다. 배가 있어야 할 곳에 있지 않고 아주 엉뚱한 곳에 숨겼으니 찾을 수 없는 것은 당연한 것이다. 남들이 생각할 수 없는 곳에 숨겨놓음으로써 안전하게 숨겼다고 생각한다. 그러함에도 불구하고 배를 훔쳐야겠다는 힘센 사람은 산골짜기에 있는 배를 찾아 가져가 버렸다는 것이다.

감추는 사람은 자신이 생각하기에 어떤 깊숙한 곳에 감추어 놓으면 잘 감춘 것일까. 찾고자 하는 곳에 두지 않았기 때문에 잘 감췄다고 생각할 수 있을 것이다. 호숫가에서만 배를 찾을 것이라는 일반적 생각을 뛰어넘는 발상이기 때문이다. 그러나 있어야 할 곳, 아무리 깊숙한 곳에 감추었다고 하더라도 그 어떤 사람은 또는 힘센 사람은 어떻게 하든 찾아서 가져가 버렸다. 감추었다고 감추어진 것이 결코 아니다.

또 호수 속에 산을 감춘 사람은 어떤 생각을 하였을까. 마술 같은 발상인지도 모른다. 호수 속에 산을 감추었을 방법을 생각해 낸 것 또한 대단히 파격적인 상상이다. 어떻게 이런 생각을 하게 되었을까? 잔잔한 호수에 산의 모습이 비친 호수를 보았다면 호수에 산을 감추었다고 할 수 있을 것이다. 그 호수에 비친 산의 모습을 보고 그것을 숨겼다고 생각하면 어느 정도 일리는 있을 것 같다. 아니면 호수에 비친 산의 모습은 물결이 일면 흐트러져 없어져 버리는데 이를 보고 없어진 산을 호수에 감추었다고 한 것은 아닐까. 명경지수에 비친 모습은 사물 그대로의 모습을 볼 수 있듯이 호수에 산의 모습을 그대로 담고 있다면 호수 속에 산을 감춘 결과가 되는 것이다. 이런 경우에 호수가 산을 담고 있다고 할 수 있다.

그러나 이것도 순간 물결이 일어나면 일순간 그 물체는 사라지고 만다. 호수의 수면을 보고 있다면 그 물체는 어디론가 사라져 버린 것이다. 이런 모습을 보고 산을 호수에 감춘 것이라 하였을까. 과연 그렇다면 산은 사라진 것일까. 산은 그래도 있을 뿐 호수에 비친 산의 모습이 잠시 사라진 것이다. 들어갈 수 없는 곳에 물건을 숨기거나 바꿔 놓고 그것이 감추어진 것이라고 한다면 결국 '눈 가리고 아웅' 하는 격이다.

장자가 말하는 천하를 천하에 간직한다는 것은 어떤 의미를 갖는 것일까. 그렇다면 천하가 무엇이고 어떻게 감추어야 할 것인가. 천하는 우리가 생각할 수 있는 가장 커다란 것이 천하가 아닌가. 가장 커다란 천하를 천하에 숨긴다는 것은 가능한 것일까? 숨기려면 숨기려는 물건보다 커야 한다. 그런데 천하라는 온 세상 자체를 숨긴다는 것은 무엇을 의미하는 것일까. 또 다른 천하가 있는 것도 아니다. 더 큰 천하가 있는 것도 아니다. 천하는 그 자체가 천하이다. 천하를 천하에 숨긴다면 그것은 바로 기적과 같은 것이다.

그렇다면 천하를 다른 의미로 생각할 수밖에 없다. 장자는 중언과 우언을 사용하였다. 그렇다면 천하는 우리의 삶에서 가장 큰 의미를 갖는 것이라 생각할 수 있다. 이 때 천하는 아마도 영원히 변하지 않는 자연의 섭리. 있는 것을 있는 그대로 보아야 한다는 그 무엇을 의미하는 것은 아닐까.

결국 천하를 천하에 숨긴다는 의미는 있는 것을 있는 그대로 보아야 한다는 것이라 할 수 있다. 모든 것은 자연의 순리대로 자연의 이치대로 되어야 한다는 것이 아니겠는가. 오늘은 내일과 다르듯이 지금 존재하는 것들이 내일도 그대로 있을 수 있다는 보장을 할 수 없다. 모든 것은 잠시도 그대로 있지 않기 때문이다. 그렇다면 지금 존재하고 있는 것이 가장 소중하다는 것을 의미한다. 자연의 순리는 세상에 영원한 것은 없고 지금 존재하는 것은 모든 것이 나름의 존재가치를 가졌다는 것이다. 존재하는 모든 것은 언젠가는 사라지기 때문에 현재 존재하는 것의 가치를 소중하게 생각해야 한다는 것이다.

정권이 바뀔 때마다 교육은 바뀌어야 한다고 수많은 개혁과 대안이 쏟아지고 있다. 어떤 때는 산에 감추기도 하고 어떤 때는 호수에 숨기기도 하였다. 이런 상황에서 아이들은 갈수록 더욱 억압되고 교육은 흔들리고 꼬이기만 더해 간다. 교육개혁이라는 개혁은 곁가지를 만들어내는 것에 그치고 있다. 새롭게 나오는 정책과 대책은 더 이상 변형의 변형으로 이어져서는 안 되겠지만 변형은 계속되고 있다. 개혁을 위한 개혁이 되어서는 안 되지만 개혁은 계속되고 있다. 뒤집은 것을 다시 뒤집는다. 단지 임기 동안의 실적 쌓기 교육이 된 것이다.

교육이 천하라면 어떤 의미일까. 천하를 천하로 감춘다는 것은 교육의 근본을 생각하라는 것이리라. 교육은 무엇인가에 대한 본질적인 질문이어야 한다는 것일 것이다. 그렇다면 교육의 궁극적인 목적은 아이들에게 귀착되는데 우리 아이들을 어떤 시각으로 보아야 할 것인가에 대한 답일 것이다.

가장 원론적이고 기본적인 일이다. 결국 그것은 우리 아이들을 어떤 시각에서 보아야 할 것인가에 대한 답이 아닐까. 아이들이 진정 자유로울 수 있는 교육은 무엇인가. 아이들이 진정 행복한 교육은 무엇인가. 인간이 자유로울 수 있는 것은 무엇인가. 우리 교육은 진정 아이들이 자유로울 때 행복해질 수 있다는 생각과 그렇게 되기 위해 해야 할 일이 무엇인가에 대해 고민하고 고민하여야 한다. 교육이 아이들을 가르치고 변화시킨다는 것이라 한다면 즉 아이들을 보는 시각인 것이다. 아이들을 어떤 시각에서 바라보아야 할 것인가에 대한 물음이라 생각된다.

아이들이 우리를 먹여 살리는 보증수표로 보아야 하는가. 국가와 민족을 계승할 후손으로 보아야 하는가. 개개인이 자유롭게 살아야 할 존재로 보아야 하는가. 이것이 바로 교육을 천하로 보는 것이다. 이것이 인간교육의 성패를 좌우할 핵심 열쇠일 것이다. 아이들을 위하고 경쟁력을 높이겠다는 것은 배를 골짜기에 숨겨놓는 것과 같이 곁다리를 긁은 것이나 마찬가지가 아닐까. 교육을 받을수록 행복해질 것이라는 것은 호수에 산을 숨기는 것처럼 우리를 현혹하는 것은 아닐까. 아이들을 위한다고 하지만 사실은 눈 가리고 아웅 하는 격이 아닐까.

이런 모든 것은 우리 아이들을 어떤 시각에서 바라보아야 하는 것인가. 교육의 본질은 인간은 행복하기 위한 것이다. 삶은 그 자체가 배움이고 그것은 행복하기 위한 것이라는 의미가 아닐까.

교육의 본질로 돌아가는 것!

교육을 교육답게! 학습을 학습답게! 교사는 교사답게! 학생은 학생답게!

자신을 이기는 방법은 무엇일까

닭싸움은 태국이 유명하다. 발톱을 깎아 날카롭게 하고 발목에 날카로운 칼이나 갈고리를 달아 무장을 시킨다. 닭의 참지 못하는 급한 성질을 이용하고 있지만 닭은 싸움을 한번 시작하면 끝장을 보고 만다. 어느 한쪽이 죽거나 싸움을 포기하기 전에는 끝나지 않는다. 인정도 없고 사정도 봐 주지 않는 그야말로 그들만의 혈투이다. 민속놀이이고 전통이라고 하지만 잔인함이 없지 않다. 동물을 이용하여 자신들의 이익을 취하려는 도박사들의 모습에 인간의 잔인함과 폭력성을 보는 것 같아 씁쓸하다. 장자에 싸움닭 관련 이야기가 나온다.

달생편에 나오는 이야기이다.

싸움닭을 갖고 싶은 임금이 기성자라는 사람에게 싸움닭을 길러 달라고 부탁했다.

기성자는 왕을 위해 싸움닭을 길렀다.

열흘 후 왕이 "닭이 되었느냐"고 물었다.

기성자는 "아직 안되었습니다. 허세를 부리고 힘만 믿습니다."

다시 열흘 후 물음에도 "아직 안 되었습니다. 다른 닭을 보기만 하면 덤벼든다"고 했다.

또 열흘 후 물었다. "아직 안 되었습니다. 상대를 노려보고 혈기왕성하다"고 했다.

그리고 열흘이 지난 후 "이제 됐습니다. 다른 닭이 울음소리를 내어도 아무 변화가 없고 멀리서 보면 마치 나무로 깎아 놓은 닭과 같다"고 했다.

나무로 깎은 닭처럼 아무런 변화가 없다는 것이다.

목계(木鷄)라는 말도 이 이야기에서 유래하였다. 목계는 나무를 깎아

만든 닭을 의미한다. 나무로 만들어진 닭은 외부 변화에 반응하지 않는다. 외부 감정에 영향을 받지 않는 마음의 상태를 말한다. 목계가 되었다는 것은 외부 변화에 전혀 동요하지 않는 마음의 상태가 되었다는 것이다. 이는 수양이 잘 된 정신상태로 외부의 자극이나 유혹에도 흔들리지 않고 초연해진 모습을 일컫는다. 감정에 지배되거나 휘둘리지 않는 안정된 심리적 상태이다. 즉 덕의 완성된 상태, 내면의 힘이 겉의 허세를 압도한 상태 또는 그런 사람을 의미한다. 이를 두고 아무런 감정이 없는 나무 같은 닭이라는 뜻으로 '목계'라고 불렀다. 수양하는 사람들은 나무로 닭을 만들어 자신이 모든 것을 버리는 정신 수양의 목표 또는 상징물로 사용하기도 하는데 이와 같은 이유일 것이다.

이 이야기는 싸우기 위해 기른 닭이 싸우지 않는 닭이 된 것이다. 싸움닭으로 기르려는 처음의 목적에 이르지 못했으니 실패한 것이라 할 수 있다. 그런데 싸우지 않고도 싸움에서 이길 수 있었다니 이보다 더 바람직한 일이 어디 있겠는가. 그 비결은 무엇일까. 허세를 버리고, 싸우려는 본성을 버리고, 상대방이 공격할지도 모른다는 위험을 내려놓고야 가능했다. 허세, 호전성, 위협적 태도 등은 상대방의 기를 꺾기 위한 외적인 과시이고 위협이다. 허세는 내면의 힘에 압도되는 것을 말하려 한 것이다. 아무것도 바라지 않는 마음이 있을 때 허세는 그 앞에서 꺾이고 마는 것이다. 호전성은 상대방과 경쟁이라 할 수 있다. 상대는 자신의 경쟁자이기 때문에 어떻게든 이겨야 한다. 노려보는 위협적인 태도는 자신의 부족함을 감추려는 과시이다. 호전성은 상대방과의 경쟁에 대한 최악의 수준이다. 허세, 호전성, 위협적인 태도 등 상대방의 기를 꺾기 위한 외적이 과시이고 위협이라면 이런 것을 스스로 버리고 난 이후에 최고의 경지에 이른 것이다.

그 후 상대방이 싸움을 걸어와도 마음의 평정심을 유지할 수 있었다는 것은 이 모든 것을 내려놓음으로써 가능했던 것이다. 즉 자신이 마음으로 믿을 수 있다면 외적인 것에 대한 위협이 별것 아니라는 것이다. 비로소 자신을 잊게 되는 것이다.

기성자가 닭을 어떻게 훈련시켜 외부의 자극이나 여건에 전혀 동요하지 않았는지는 나타나 있지 않다. '그 훈련 방법이 전수되거나 전해졌다면 많은 사람이 쉽게 이런 경지에 도달할 수 있었을 텐데' 하는 아쉬운 생각도 든다. 그러나 짧은 기간에 동물을 훈련시켜 의도한 대로 만들었다는 것은 놀라운 일이다. 그 훈련은 동물과 인간과의 고도의 교감, 신뢰에서부터 출발하지 않으면 불가능하였을 것이다. 그 훈련 방법은 알 수 없으나 몇 가지 추측은 가능하다. 다른 닭을 이용하여 실전 경험을 했을 수도 있다. 먹이를 이용한 훈련일 수 있다. 특정 행동을 하면 자극을 주고 그렇지 않으면 자극을 주지 않는 방법도 생각해 볼 수 있다.

좀 더 긍정적인 방법은 칭찬을 택하였을 것이다. 칭찬을 통하여 특정한 행동에 적극 강화하는 방법이다. 싸움닭이 상대방을 대하는 태도 변화에 초점을 두었기 때문에 칭찬을 통하여 자신을 이기고 싸움닭의 기질을 스스로 잊게 하고 그것을 극복하도록 하는 방법이었을지 모른다. 닭의 외형 변화 등에 대한 언급은 전혀 없는 것도 이를 뒷받침한다. 단지 상대방을 제압해서 이기는 것이 아니라 자기 자신이 지니고 있던 상대방에 대한 잘못된 선입견을 잊음으로써 상대방의 어떠한 위협과 외부 위험에도 동요되지 않는 상태가 되었다는 것이다. 부드러운 것이 강한 것을 이긴다는 의미일 것이다. 이는 자신을 비움으로써 보다 강한 존재가 될 수 있음을 말한다.

상대 싸움닭은 어떤 생각을 했을까. 싸움을 걸어도 싸우려 하지 않는 닭을 보고 이상하게 생각하였을 것이다. 그러다가 아무리 싸우려 하여도 싸우려 하지 않는 그 모습에서 차츰 두려움을 느끼게 되었고 그 두려움에 스스로 기가 꺾였을 것이다. '도대체 어떤 자신감이 있어 저럴까?' 생각하고 지레 겁을 먹었을지 모른다. 이런 기세에 눌려 다른 닭들은 싸울 생각도 하지 않고 도망쳐 버린 것이다. 싸움닭은 단지 자신의 모든 것을 내려놓음으로써 상대방의 어떠한 위협과 외부의 힘을 막았던 것이다. 자신의 모든 것을 비움으로써 새로운 것으로 채워진 것이다. 싸우지 않고 싸움에서 이기는 것이 최상의 병법이라 하지 않던가.

싸움닭으로 길렀던 싸움닭은 싸우지 않고 이겼으므로 더 이상 바람직한 것이 어디 있는 것인가. 최고의 싸움닭은 싸우지 않는 닭이 됨으로써 이런 경지에 오를 수 있었던 것이다. 허세도 당당함도 모두 잊어버리면 가능하다는 것이다. 싸움닭이 싸우지 않는 닭이 됨으로써 최고의 싸움닭이 된 것이다.

허세를 부려 상대방을 끌어들이고 이렇게 저렇게 조롱하며 무시하고 싸움을 유도하고 자극하였지만 부족한 점을 찾아 공격하려고 노려보는 긴장 속에서도 이를 스스로 다스리고 내려놓을 수 있었던 것이다. 어떠한 수작을 걸어도 좀처럼 움직이지 않는 닭을 보며 지도자가 되거든 이처럼 자신이 가진 것을 버려야 한다는 의미일 것이다.

지도자는 어떤 위치에 있든 많은 영향력을 가지고 있다. 지도자들은 자신의 힘과 권한이 주어져 있다고 그것을 과시한다. 구성원은 자신의 이익과 불이익에 민감하여 조금도 손해를 보거나 피해를 보지 않으려 한다. 이럴수록 갈등은 심화되어 간다. 그 조직은 서로의 이익을 위해 갈등을 분야의 구성원들은 하게 된다. 특히 조직의 규모가 클수록, 조직의 구성원이 다양할수록 서로의 갈등은 다양하게 나타나고 심화될 수 있다.

조직의 지도자와 구성원은 싸움에서 이기려고 하기보다는 싸우지 않고 이기려는 데 더 많은 고민을 하여야 하는 것이 아닌가. 한 나라의 최고 지도자인 대통령은 말할 것도 없다. 오히려 부추기는 것은 아닌지 모르겠다. 권력이 막강하면 막강한 만큼 문제의 본질을 찾아 해결할 수 있는 방안을 제시해야 한다. 따라서 커다란 조직의 지도자일수록 영향력이 막강한 지도자일수록 자신의 위치에서 자신을 바라볼 수 있어야 한다. 그것은 자신을 비울 수 있을 때 그는 진정 지도자가 될 수 있다는 것을 깨닫고 인식하여야 한다는 의미이다.

한 지방의 교육수장인 교육감도 교육 현장의 학교장도 마찬가지일 것이다. 지금 교육현장은 갈등과 대립이 첨예한 상태이다. 각기 다른 단체는 자신들의 위상과 이익을 위해 싸움닭이 된 듯한 분위기이다. 이런 갈등의 원인은 수없이 많을 것이다. 모두의 가치와 행복을 존중하여야 한다. 왜 이렇게 싸우지 않으면 문제가 해결될 수 없는가 하는 근본적인 문제를 생각하여야 한다. 문제의 본질은 손도 대지 못하고 현장에 있는 하위조직의 구성원들에게만 문제를 던져놓고 갈등을 조장하는 것은 아닌지 모르겠다. 조직의 지도자들은 어떤 생각을 하여야 하는가?

현명한 사람은 자신을 버리려 노력하고 어리석은 사람은 언제나 자신의 현명하다는 것을 증명하려 노력한다고 한다. 즉 자신의 위치에서 무엇을 하여야 하는가를 먼저 생각하여야 하지 않을까. 현명한 사람은 자신을 버리려 노력하고 어리석은 사람은 언제나 자신이 현명하다는 것을 증명하려 노력한다.

삶, 그 안에 즐거움이 있다

「장자」에 매우 흥미로운 이야기들이 많다. 그중에서 자신의 일을 하면서 행복하게 산 사람들의 이야기가 있다. 몇 가지를 보면, 정육점 주인의 소를 잡는 이야기. 곱추노인의 매미 잡는 이야기, 허리띠 걸쇠를 만드는 노인 이야기들이다.

포정이 문혜군을 위해 소를 잡는데 손으로 쇠뿔을 잡고, 어깨에 소를 기대게 하고, 발로 소를 밟고, 무릎을 세워 소를 누르면 칼질하는 소리가 획획 하고 울리고, 칼을 움직여 나가면 쐑쐑 소리가 난다. 모두 음률에 맞지 않음이 없어서 상림이 무악에 부합되고, 경수의 박자에 꼭 맞았다.

문혜군이 말했다.
"아, 훌륭하구나, 기술이 어찌 이런 경지에 이를 수 있는가!"
포정이 칼을 내려놓고 대답하였다.
"제가 좋아하는 것은 도인데, 이것을 기술보다 더 나아간 것입니다. 처음 제가 소를 해부하던 때에는 눈에 비치는 것이 소가 아닌 것이 없었습니다.
그런데 3년이 지난 뒤에는 온전한 소는 보이지 않게 되었습니다. 지금은 제가 신(神)으로 소를 대할 뿐 눈으로 보지 않습니다. 감각기관이 멈추고 신의 작용에 따라 움직입니다. 타고난 결을 따라 커다란 틈새를 움직여 조금도 방해하지 않는데 하물며 큰 뼈이겠습니까. 빈 곳을 따라서 본래 그러함을 따를 뿐이다.
솜씨 좋은 백정은 일 년에 한 번 칼을 바꾸는데 살코기를 베기 때문이고, 보통의 백정은 한 달에 한 번씩 칼을 바꾸는데 뼈를 치기 때문입니다.

지금 제가 쓰고 있는 칼을 19년이 되었고, 그동안 잡은 수가 수천 마리인데도 칼날이 마치 숫돌에 막 새로 갈아낸 듯합니다. 뼈마디에 틈이 있고 칼날 끝에는 두께가 없습니다. 두께가 없는 것을 가지고 틈이 있는 사이로 들어가기 때문에 넓어서 칼날을 놀리는데 반드시 빈 공간이 있기 마련입니다.

이 때문에 19년이 되었는데도 칼날이 마치 숫돌에서 막 새로 갈아낸 듯합니다. 비록 그러하지만 매양 뼈와 근육이 엉켜 모여 있는 곳에 이를 때마다, 저는 그것을 처리하기 어려움을 알고, 두려워하면서 경계하여 시선을 집중하고, 손놀림을 조심스럽게 합니다.

칼을 매우 미세하게 움직여서 고기가 이미 뼈에서 해체되어 마치 흙이 땅에 떨어져 있는 듯합니다. 이제 칼을 붙잡고 우두커니 서서 사방을 돌아보며 머뭇거리다가 흡족한 마음이 되면 칼을 닦아서 간직합니다."

문혜군이 말했다.

"훌륭하다. 내가 포정의 말을 듣고 양생의 도를 터득했다."

정육점 주인 포정은 3년 동안 덩치 큰 소 한 마리로만 보였는데, 3년이 지나서야 겨우 소를 감각이 아닌 정신으로 바라볼 수 있었다. 정육점 주인의 일하는 모습은 마치 춤을 추는 것과 같았다고 한다. 그는 일을 마친 후에는 하늘을 보고 마음이 침착해졌다. 얼마나 자신의 일에 자부심과 만족감이 가득하였는지 알 수 있다. 그는 자신의 일은 기술을 넘어 '도'의 경지에 이른 것이라고 자신 있게 말하였다.

이런 모습을 보고 군주 문혜군은 양생(養生) 즉 삶의 이치를 깨달았다고 말하였다.

생각해 보자. 당시 백정은 가장 미천한 사람으로 취급받던 사람이었다. 군주는 최고의 권력을 가진 자이다. 최고의 권력을 가진 사람이 가장 미천한 사람에게 고개를 숙일 수 있었겠는가. 그것도 스스로 머리를 숙여 존경을 표한 것이다. 아니 존경을 넘어 깨달음을 얻었다는 것이다. 가장 미천한 사람이 최고의 군주를 깨닫게 한 것이다. 이는 무엇을 의미하는 것일까. 자신의 일에서 즐거움을 느낄 줄 아는 사람은 자신의 삶을 행복하게 할 뿐 아니라 다른 사람에게 깨달음을 줄 수 있다는 것이 아닐까.

소를 잡는 데 19년 동안 사용한 칼이 숫돌에 방금 간 것처럼 예리하게 잘 든 칼은 어떻게 사용했기에 가능했을까. 소를 잡는 포정이 말했듯이 칼을 잘 사용하는 사람은 1달에 한 번 정도 칼을 갈고 좋은 사람은 1년에 한 번 정도 칼을 간다고 하는데 그는 칼 하나를 19년 동안이나 사용하였는데 더구나 그 칼이 처음 숫돌에 간 것처럼 잘 들었다.

그는 자신은 소를 정신으로 대했으며 눈으로 본 것이 아니라는 것이다. 감각기관이 멈추면 정신이 움직인다. 자연의 이치에 의지하여 큰 틈새로 들이밀고 큰 구멍을 통하여 본래의 자연을 따른다고 칼은 힘줄을 다치지 않고 더구나 뼈도 닿지 않는다는 것이다. 마디는 틈이 있으나 자신의 칼날은 두께가 없기 때문에 두께 없는 것을 틈새로 넣으니 텅 빈 듯 넓어서 칼질이 춤을 추듯 반드시 여유로워진다는 것이다.

매미를 잡는 사람은 곱추인 데다 젊은 사람도 아니고 노인이다. 그는 잠자리채를 사용해서 잡는 것도 아니고 젓가락으로 물건 집듯이 매미를 잡았다는 것이다. 매미는 겹눈이라서 주위의 조금만 변화가 있어도 몸을 움츠리거나 날아가기 때문에 매미 한 마리 잡는 것이 그리 쉬운 일이 아니다. 그런데 노인 그리고 장애를 가진 사람이 신체적 어려움에도 불구하고 젓가락으로 물건 집듯이 매미를 잡는다는 것이다. 참 놀라운 기술이라 아니 할 수 없다.

허리띠 걸쇠를 만드는 이는 나이가 자그마치 80세 노인이다. 지금 우리는 100세 시대라 하지만 아직도 80세 나이는 적은 나이가 아니다. 그 나이에 정교하고 힘이 들어가는 허리띠 걸쇠를 만들었고 조그만 실수도 없다는 것이다. 그 당시의 80세는 지금의 100세보다 더 연로한 나이였을 것임에도 자신의 일을 할 수 있는 열정과 삶에 대한 태도가 대단하다. 이런 열정은 어디서 온 것일까. 이들은 누구보다도 자신의 일에 자신감 있고 즐기고 있는 그들의 신체와 기술 그리고 정신력이 부럽다. 요즘 말로 하면 이들은 달인이라 할 수 있다.

이들은 하는 일이 달랐지만 자신이 하는 일에서 최고의 경지에 오른 것이다.

정육점 주인은 고기의 특성과 본래의 구조를 철저히 알고 그에 따라 살점을 바르고 살과 뼈를 갈랐다. 소의 자연스러운 생리 구조에 따라 칼을 움직였고 그렇게 작업을 했다는 것이다. 살은 살대로 살과 살은 근육의 결에 따랐고, 살과 뼈는 그 틈을 찾아 작업을 했다는 것이다. 즉 대상을 철저히 살피고 순리를 따랐다는 것이다. 그랬더니 칼은 전혀 무리가 가지 않았기 때문에 숫돌에 막 간 칼처럼 날카로움이 그대로 유지되었다는 것이다.

매미 잡는 방법은 재미있고 독특하다. 5개월 동안 장대 위에 공을 올려놓고 떨어뜨리지 않는 연습을 했다. 처음에는 2개의 공을 올려놓았고, 그 다음에 3개 그리고 5개를 올려놓고 연습을 하였다. 처음에는 실수도 많았지만 차츰 실수도 1/10 정도로 줄었고 나중에는 물건 줍는 듯한 경지에 이르렀다. 쉬운 단계부터 연습을 시작하여 점차적으로 고난도로 진행하였고 신체훈련을 거친 후 마음훈련에까지 이른 것이라 할 수 있다.

허리띠 걸쇠 만드는 노인은 20세부터 좋아했던 일을 시작했다. 그리고 그 일에만 집중한 것이다. 그가 한 가지 일을 한 것은 적어도 60년 이상이 된다. 한 가지 일을 이토록 할 수 있는 그의 끈질김과 집중력이 대단하다. 그 열정이 어떠했는지 알 수 있다. 자신이 좋아하는 일을 평생 동안 집중할 수 있는 것은 지금 보아도 커다란 행복이라 아니할 수 없다. 그가 일에 대해 몰입하는 것 역시 남달랐다. 그는 일에 집중할 때는 집중하는 의식조차 없는 상태였다고 하니 그 몰입의 정도가 얼마였는지 짐작이 간다. 몰입이 몰입하고 있음을 잊게 한 것이다. 이 정도면 몰입의 최고 경지에서 작업을 한 것이라 생각된다.

직업은 많고 직업에 귀천은 없다. 산업이 발달할수록 직업은 다양해진다. 세상에 직업은 많고 자신이 하고 싶은 일을 찾는 것이 인생의 성패를 가늠한다. 어떤 직업을 선택하느냐는 무엇이 되느냐 하는 것보다 중요하다. 자신이 스스로 즐겁고 행복할 수 있는 일을 하기 위해서는 어떻게 해야 할까. 아이들에게 어떤 삶을 살게 할 것인지 고민해야 함은 바로 이 때문이다.

이를 위해 진로교육과 직업교육이 무엇보다 중요하다. 기술이 없는 직장인은 정년이 되면 직업이 없어진다. 그러나 기술을 가진 자는 그 기술로 생존할 수 있다. 기술은 자신의 노력으로 얼마든지 자립할 수 있는 것이기 때문이다.

교육은 자기를 찾아 가는 것이다

삐비꽃은 잔디꽃을 말한다. 6, 7월경 씨가 떨어지고 그 전에 하얗게 피는 풀꽃이다. 삐비를 뽑아서 먹어 본 적이 있는가. 어릴 적 시골에서 학교를 마치고 집에 오면서 채소밭에 가꾸어 놓은 무도 뽑아 먹고 잔디도 뽑아서 먹은 적이 있다. 잔디는 꽃이 피기 전 줄기에 수분을 함유하고 있는데 이 수분을 빨아 먹으면 달짝지근한 단맛이 나기도 한다. 이 맛은 봄이 되기 바로 전 고로쇠나무에서 고로쇠 물을 받아먹는 것과 비슷하다.

조그만 개울가에 구슬처럼 둥그런 모양의 하얀색 물체가 떠 있다. 누군가 정성 들여 잘 뭉쳐서 물에 띄워놓은 것이다. 누가 이런 일을 하였을까. 들쥐 한 마리가 삐비꽃을 발로 모아서 뭉치고 뭉쳐서 차츰 크게 만든다. 삐비꽃을 뽑아 모아 알사탕만큼 키웠다. 이 삐비꽃 뭉치를 입에 물고 물가에 갔다. 그리고 물속으로 들어가는 것이다. 물속에서 헤엄을 치려고 물고 들어가는 것이라 생각했다. 수영을 처음 배울 때 가슴에 차는 공기주머니 역할을 하는 것으로 보였다. 삐비꽃 뭉치를 입에 물고 강가에 바짝 웅크리고 발로 강둑을 붙들었다. 그리고 난 후 꼬리를 물에 집어 넣었다, 꼬리부터 차츰 자신의 몸을 물속에 넣어 갔다. 그 속도는 매우 느렸다. 아주 천천히 꼬리 끝 부분에서부터 자신의 몸을 물속에 집어 넣는 것이다.

참 알 수 없는 광경이다. 무엇 때문에 삐비꽃뭉치를 만들어 입에 물고 꼬리에서부터 자신의 몸을 물속에 집어 넣는다는 말인가? 수영을 하기 위한 준비운동이고 준비과정인가.

10여 분이 훨씬 지나고 쥐의 입주둥이만이 물에 잠기지 않은 채 삐비꽃를 물고 있었다. 마지막 삐비꽃를 물고 있는 주둥이에 물이 닿자 물고 있던 삐비 뭉치를 놓았다. 삐비 뭉치는 물 위에 둥둥 떠 있고 들쥐는 물 속으로 들어가 반대편 개울가로 기어 올라왔다. 그리고 어디론가 사라져 버렸다. 헤엄치기 위한 준비는 아니었다.

삐비꽃 뭉치를 입에 물고 부력을 이용하여 헤엄을 치기 위한 삐비 뭉치가 아니었다. 이건 들쥐 나름의 어떤 의식일 것이라 생각되었다. 삐비꽃 뭉치가 궁금했다. 물위에 떠 있는 삐비꽃 뭉치를 나무막대로 건져서 살펴보았다. 놀라지 않을 수 없었다. 그곳에는 수많은 벌레가 우글거리고 있었다. 이 벌레들이 어디서 온 것일까. 왜 들쥐가 이런 일을 했는지 알 수 있었다. 자신의 털 속에 있던 벌레를 제거하기 위한 방법이었다. 이 얼마나 기막힌 방법인가. 꼬리에서부터 차근차근 자신의 몸 일부를 물에 담그면서 벌레들을 위로 올려보낸 것이다. 그러면 그 벌레들은 물에 적시지 않기 위해 차츰 위로 올라가 결국 입 주둥이에 물고 있는 삐비꽃 뭉치로 피하지 않을 수 없었던 것이다.

그리고 삐비꽃 뭉치를 놓고 물 밖으로 빠져 나오면 몸에 기생해 있던 벌레들은 모두 삐비꽃에 옮겨져 자신의 몸에는 한 마리의 벌레도 남아 있지 않게 되는 것이다. 말하자면 자신의 몸에 기생하고 있는 벌레를 일망타진한 것이다. 들쥐가 자신의 몸에 벌레를 제거하는 방법이었던 것이다. 개울에 떠 있는 삐비꽃 구슬이 가진 비밀이다.

소요유편에 동물들의 이야기가 있다. 그중 살쾡이 이야기이다.

'살쾡이는 몸을 낮추고 엎드려 노니다가 이리 뛰고 저리 뛴다.
높이 뛰기도 하고 낮게 뛰기도 하다가 결국 그물과 덫에 걸려 죽고 만다.
들소는 하늘을 가릴 정도로 크지만 쥐 한 마리 잡지 못한다. 크지만 아무 쓸모가 없다.

쓸모가 없다고 괴로워 하거나 슬퍼할 것이 없다.'

인간은 언제부터인가 쓸모 있는 정도에 따라 그 가치가 판단되었다. 그 후 교육은 국가, 사회에 필요한 사람을 만들어 내는 것이 목표였다. 아니 전락했다.

교육은 끼리끼리 집단화하고 경쟁을 통해 효율의 극대화를 추구했다. 인류문화 계승과 발전은 기성세대의 가치관과 전통으로 과거의 관습에 묶는다. 사회적 규범과 가치 공유의 사회화는 개개인의 자유와 생각과 행동을 속박하고 규격화하기에 이르렀다. 자기를 드러낸 개성화는 이단 자라는 낙인을 찍어 사회에서 고립화시켜 폐쇄된 공간으로 밀어버리기도 한다. 사람다움의 윤리적 틀은 상하좌우 관계로 묶고 천륜과 인륜이라는 뗄 수 없는 관계로 다시 굳게 맺었다. 인간은 평생 동안 배우지 않으면 생존하기 어려운 배움의 존재이지만 평생교육이라는 또 하나의 굴레는 벗어날 수 없다. 태어나면서 죽을 때까지 요람에서 무덤까지 배움으로써 쓸모 있는 인간, 경쟁력 있는 사람이 되어야 한다는 또 하나의 강요인지 모른다. 배워야 생존이 가능하기 때문이다.

이러한 과거로부터의 교육은 자기를 개성화하고 개별화 독립된 존재로 보기보다는 자신을 잃게 하고 사회화하는 의미의 순치된 인간으로 만들기에 충분했다. 개개인의 만족한 삶보다는 필요에 의한 개인, 어울리는 인간, 쓸모있는 인간으로 자기와는 갈수록 멀게 했다. 산업화 이후에는 이런 현상이 더욱 노골적으로 이루어졌다. 아는 것이 힘이라는 지식의 절대화는 불필요한 지식까지 동원하여 끝없는 쓸모 있음의 추구에 삶은 지식의 도구로 변했다. 내가 누구인지 알기보다는 누군가에게 쓸모 있는 인간으로 인정받기 위해 자신을 버리기 대열에 모두가 합류할 수밖에 없었다.

덩치 큰 들소는 쥐를 잡기에 적합하지 않다. 들소는 들소에게 적합한 일이 따로 있다. 그러나 대부분의 들소는 자신이 쥐를 잡는 데 적합하지 않다는 것도 모르고 앞에 놓인 일에 모든 정력을 낭비하고 만다. 자신에게 적합한 일이 아닌 줄 알면서도 그 일을 해야 한다. 이런 것이 과연 누구를 위한 것인지도 알지 못하면서 맹목적으로 해야 하는 것이다.

유능하고 쓸모 있는 인간이 되기 위해 평생을 배워야 한다는 것 역시 보이지 않는 거대한 손에 휘둘려 사는 것이 아니겠는가.

우리는 프렌차이즈점의 몰개성화된 햄버거처럼 어디서나 볼 수 있는 비슷한 사람으로 변해 있다. 끝없는 경력 쌓기는 세상의 이것저것을 경험하여 자신의 삶을 풍부하게 하려는 것이 아니다. 이런 일을 했고 이런 일을 할 수 있을 것이라는 능력을 남에게 보여주기에 지나지 않는다. 자신을 찾는 것이 아니라 '자기의 타인화', '자기의 상품화'로 매몰되고 있는 것이 오늘의 교육이다. 역설적이게도 가장 유능하고 쓸모 있는 인간이 가장 수단화되고 타인화된 인간인지도 모른다.

모델이론이나 장삼이사 필부필부들이 살아가기에 가장 쉬운 방법이 위인 본받기, 성공한 기업인 따라잡기, 인기 연예인 따라하기 역시 마찬가지가 아닐까. 위인들이나 성공한 기업인들의 판단력, 추진력, 정신력 등에 우리는 한없는 존경과 경탄을 금할 수 없다. 그러나 자신이 아닌 타인의 롤모델화는 자기가 다른 사람이 되기 위한 몸부림이고 이는 자기 잊기, 자기를 잃어버리기는 아닐까.

수많은 인간의 굴레는 교육이라는 메커니즘으로 포장되어 있고 우리 모두를 비슷하게 만들고 비슷해지기를 바란다. 이리저리 뛰다 결국 덫에 걸려 죽는 살쾡이처럼 쓸모 있는 사람을 기르기에 오늘의 교육은 바로 그 정점, 최전선에 있다.

개인 개인이 다르고 서로서로의 독특함과 존재 자체의 존엄성보다 얼마나 쓸모 있는가, 그 유용성에 의해 평가되는 사회에서 '자기의 타인화'가 아닌 '자기의 개성화', '자신의 고유화'를 모색하여야 한다. 자기의 필요에 따라 배우고 익히며 살아가는 것, 남에게 보여주기 위한 것이 아닌 배움, 타인에 의해서 만들어지는 것이 아니라 자신의 의지에 따라 스스로 길러지는 것 자기 찾기가 진정한 배움이다.

들소는 쥐 한 마리 제대로 잡을 수 없지만 쓸모없는 것이 아니다. 오히려 자신의 분수를 알지 못하고 날뛰며 자신의 삶을 망가뜨리는 것보다 낫다. 들쥐도 나름의 지혜로 몸의 벌레를 제거하였다.

가장 자기다움이 무엇인지를 생각하는 교육이 가장 쓸모있는 교육이 아닐까. 자기 찾기가 진정한 배움이 아닌지 생각해 보아야 하지 않을까.

모두가 주인이 되는 교육 세상이 있다

조선시대 임금의 자리를 나타내는 대표적인 그림이 있다. 그 그림은 일월오봉도이다. 그림에는 단순하게 하늘의 해와 달, 산봉우리 다섯 개를 그린 것이 전부다. 해와 달은 세상에 하나만 있다는 유일함을 말하고, 다섯 봉우리는 인의예지신(仁義禮知信)의 유교의 다섯 가지 덕목을 나타낸 것이다.

이 그림은 왕이 있는 곳 경복궁의 근정전에 있고 창덕궁의 인정전에 설치되어 있어 임금이 업무를 보는 곳임을 나타낸다. 하물며 야외 행차할 때에도 임금이 있는 곳에는 그 그림을 배경으로 설치하였다. 이 세상의 지존은 오직 한 사람인 임금이 이곳에 있음을 나타낸 것이다. 임금이 있는 곳에는 그 그림을 설치하여 하나만 존재하는 왕의 위엄을 과시한 것이다. 권력은 하나라는 것 그리고 나눌 수 없다는 것을 왕은 어디서나 상징적으로 나타내고 싶었던 것이었으리라. 권력을 가진 자들은 그 권력을 유지하기 위해 자신이 오직 하나라는 것을 알리고 싶어 한다. 하나밖에 존재하지 않는 그리고 그 의미를 가장 잘 나타낼 수 있었던 태양과 달을 다섯 개의 산봉우리와 함께 그려놓은 것이다. 그래서 세상에 하나밖에 존재하지 않는 그 무엇이 바로 태양이라는 것을 임금과 중첩시켰을 것이다.

예나 지금이나 권력은 나누지 않는다는 것이 일반적이다. 그리고 권력을 가진 사람 역시 그 힘을 나누려고 하지 않는다. 될 수 있으면 모두 한곳에 집중하여 자신이 모든 것을 쥐락펴락하고 싶어 한다. 아마도 권력을 많이 가질수록 위대하다고 생각할 것이라는 착각하기 때문일 것이다.

제물론편에 나온 이야기이다.

옛날 요임금이 순에게 물었다. "나는 종나라, 회나라, 서오나라를 치고자 한다. 천자의 자리에 있으면서도 마음이 깨끗이 풀리지 않으니 그 까닭이 무엇인가?"

순이 답하였다.

"그 세 나라의 임금은 마치 쑥대 사이에 사는 사람과 같습니다. 임금께서 마음이 깨끗이 풀리지 않으신 것을 어째서입니까? 옛날에는

열 개의 태양이 한꺼번에 나와서 만물을 비추었습니다. 하물며 덕이
해보다 더 뛰어나신 임금께서 그러실 수 있으십니까?"라고 하였다.

이는 요임금과 순임금의 대화이다. 요임금이 순임금에게 묻는다. 요임
금은 전설적인 태평시대의 성군임을 잘 안다. 그리고 순임금과는 장인
과 사위 관계이기도 하다. 장인인 요임금이 순임금에게 묻는 것이다. 요
임금은 아직 주변의 세나라(종, 회, 서오)를 정벌하지 못하고 있었다. 아
직 이 세 나라를 정벌하지 못해 마음이 불편하다고 하소연한 것이다.
아무리 성군이라도 임금의 권력을 지닌 사람은 그 힘을 과시하고 싶은
것인지 모른다. 이에 순임금이 "아직 세 나라는 쑥풀이 우거져 있듯이
미개지에 불과합니다. 석연하지 않은 것은 무엇 때문입니까"라고 물으면
서 열 개의 태양이 비추듯 무력보다는 덕으로 대하는 것이 더 나을 것
이라고 말한다.

현실세계에서 태양과 달은 오직 하나밖에 없다. 그러나 장자는 열 개
의 태양을 생각해 냈다. 십일병출(十日竝出). 바로 이런 점이 장자의 자유
로움과 거침없는 생각이 아니겠는가. 우리가 보는 것은 언제나 하나의
태양과 하나의 달만을 볼 수 있는데 감히 열 개 태양을 상상할 수 있다
는 것은 정말 파격적이다. 태양이 한 개가 존재하고 있지만 열 개일 수
있다는 생각. 열 개의 태양을 생각한 그 상상력과 초월성이 기상천외하
다고 할 수 있다.
이 의미는 태양이 임금이라면 열 개의 태양은 열 개의 임금이 있다는
것이다. 춘추전국시대 제자백가들은 수많은 왕조의 부침의 시대를 거
쳤지만 권력을 가진 군주는 오로지 하나임을 천명하고 하나밖에 없음
을 과시하기 위한 것이 참혹한 전쟁이었다. 그 힘 또한 절대시하였다.

이것이 권력의 속성이기 때문이다. 그런데 장자는 그 권력이 10개나 되는 세상을 추구하였고, 그 권력이 10개가 될 수 있다는 것을 선언하였으니 그 어느 군주가 그의 사상을 받아들일 수 있었겠는가. 그것은 한 개의 태양만을 바라보고 그것이 이 세상의 모든 것인 양 살아가는 것이 아니라 그와 같은 권력과 힘이 또 열 개가 있으며 열 개로 나눌 수도 있다는 의미이다. 열 개가 존재하는 세상이 될 수도 있다는 것은 권력을 가진 자에게는 엄청난 경고가 아니었겠는가. 아직도 권력의 세계에서 장자의 사상이 받아들여지지 않는 것이 바로 이런 점 때문이 아닌지 모르겠다.

태양이 열 개 존재한다면 어떤 세상이 될 것인가?

장자는 이렇게 생각했다. 아무리 부어도 차지 않으며 아무리 퍼내도 마르지 않을 것이라 하였다(주언이불만 작언이불갈 注焉而不滿 酌焉而不竭). 마르지 않고 차지 않는 것은 무엇을 의미하는 것일까. 세상에 하나의 태양만 존재하는 것이 아니라 열 개가 존재한다는 것은 무엇을 의미하는 것일까. 열 개는 많다는 것을 의미한다면 모두가 태양이 되는 세상을 의미하는 것은 아니었을까. 또 그것이 권력을 나눈다는 의미를 부여한다면 모두가 주인이 되고 개개인은 자신들이 일할 수 있는 세상으로 변한다는 것을 의미하는 것은 아닐까. 그런 세상은 아무리 부어도 차지 않고 아무리 퍼내어도 줄지 않는 세상이 될 것이다.

열 개의 태양이 같이 비추어 준다면 열 배, 아니 그 이상의 밝은 세상이 될 것은 너무 명확하다. 권력을 한 사람이 아니라 열 사람에게 나누었을 때의 세상을 상상해 보자. 권력자는 자신의 영향력이 줄어들었지만 주권자의 입장에서는 열 개의 세상이 새로 생기는 것과 다름없는 다양한 세상, 밝은 세상이 되었다는 것이다. 하나의 권력이 열 사람에게 나누어진다면 열 사람이 추구하는 새로운 세상이 될 것이기 때문이다.

장자가 바라보는 교육세상을 상상하여 보자. 개개인 모두가 태양이 되는 세상 그리고 모두가 자신의 능력을 최대한 발휘하는 세상. 몇몇 사람이 모든 것을 독점하는 그들만의 세상이 아니라 모두가 존경받고 자신의 가치를 인정받으며 사는 세상을 마르지 않는 무한성의 나눔 세상을 의미하는 것은 아니었을까.

나누어도 나누어도 줄어들지 않는 것, 나누면 나눌수록 많은 사람에게 도움을 주는 것은 무엇일까. 이렇게 나눔으로써 무한성을 가진 것 중의 하나는 교육이다. 특히 지식과 지혜를 나누어 준다는 것은 자신이 알고 있는 것에서 그치는 것이 아니라 많은 사람에게 밝은 세상으로 안내해 줄 수 있는 계기가 되기 때문이다. 지식과 지혜는 아무리 나누어 주어도 마르지 않고 아무리 채워도 채워지지 않는다. 오히려 나누어 준 지식과 지혜는 다른 사람의 삶에 새로움을 제공할 수 있다. 십일병출(十日竝出)하니 만물개조(萬物皆照)하는 세상 즉 열 개의 태양이 떠서 만물을 고르게 비추는 우리의 이상세계.

이것이 바로 교육이 바라는 세상, 희망으로 세상을 밝게 하는 교육세상이 아닐까.

이처럼 장자는 모두가 자신의 능력을 최대한 발휘할 수 있는 세상을 꿈꾸었던 휴머니스트이자 변혁가인지 모른다.

우리는 과연 어느 시대에 살고 있는가

춘추전국시대는 인류역사상 가장 치열하고 처참한 약육강식의 비인간적인 시대였다. 이 시대는 권력을 가진 자들이 자신의 힘과 세력을 강화하기 위해 온갖 수단을 동원하였다. 이들의 명분은 국가의 곳간을 넉넉히 하고 군대를 강하게 하여 국민을, 즉 모두가 편하게 살 수 있도록 하겠다는 것이었다. 이름하여 부국강병을 내세웠으나 권력을 가진 자만을 위한 나라의 부유함이었고 자신들을 지키기 위한 힘의 우위였다.

자신들만을 위한 공존이 없는 욕망은 오히려 일반 국민과 소시민에게는 이루 말할 수 없는 고통의 처절하고 처참한 시기였다. 춘추전국시대는 200여 개 국가가 있었고 차츰 5패 또는 7국으로 재편되는 과정에서 피비린내 나는 전쟁은 승자만을 위한 시기였다. 자신들의 권력 유지와 기득권을 지키려는 몸부림에 힘없는 민초들은 전쟁의 방패막이가 되고 군량미를 조달해야 하는 한낱 소모품에 지나지 않았다. 그들의 삶은 처절하고 비참함은 이루 헤아릴 수 없었다.

우리가 살고 있는 지금은 어떤 모습인가. 새로운 춘추전국시대에 살고 있다. 개명한 천지에 무슨 낡아빠진 소리냐고 할지 모르지만 2,500여 전보다 더 치열하고 비열하며 희망이 없는 시대라 생각한다. 세계화는 지구촌에서 1등만 살아남을 수 있는 제도이다. 우리는 우리 스스로가 이런 세상에 살아야 한다고 동의하고 서로가 서로를 경쟁의 대상으로 몰아넣었다. 과거에는 눈앞의 문제를 해결하고 나와 관련 있는 사람과의 관계만을 생각하였던 그 삶도 이처럼 처참하였건만 이제는 눈에 보이지 않고 알 수 없는 불특정의 모든 사람과 알 수 없는 경쟁을 해야 하는 무모한 경쟁사회는 춘추전국시대보다 더 처절한 경쟁의 세상이된 것이다.

지역과 화폐, 능력 등을 단일화하고 서열화하여 세계를 하나의 단위로 개편하겠다는 세계화의 끝없는 탐욕으로 자본은 국경을 넘어 자유자재로 이곳에서 저곳으로 이동하고 있으며 큰 자본은 작은 자본을 끝없이 잠식해 가고 자본을 증식해 간다.

개개인은 능력만 있으면 세계를 누비면서 자신의 능력을 과시할 수 있다. 누구든 세계 최고가 될 수 있고 무엇이든 할 수 있는 세계가 되었다고 한다. 이런 세계화는 우리에게 끝없는 희망을 주었고 능력만 있으면 무엇이든지 할 수 있으며 어디에서든지 자신의 능력을 발휘할 수 있는 세상이 되었다고 믿었다. 이제 능력의 경쟁은 지역을 넘어 모든 사람을 대상으로 하기에 이르렀다. 춘추전국시대는 힘만 있으면 누구든지 지역을 차지하고 지역의 맹주가 되어 자신을 과시하였다면 이제는 모든 사람에게 이 모든 것이 주어졌다고 호도하였다.

능력이 있으면 모든 세계인과 능력을 겨루고 나눌 수 있다고 하지만 모두가 자신의 능력을 마음껏 발휘할 수 있는 세상이라 할 수 있는가. 자신의 능력을 발휘할 수 있는 기회조차 주어지지 않는 비정규직의 사회에서 마냥 세계화의 환상만을 좇아가고 있는 것이 세계화의 실상이 아닌가. 더구나 가슴 아픈 것은 세계화가 그냥 온 것이 아니라 세계를 대상으로 경쟁해야 하는 시대가 되었음을 우리 스스로 선언하고 선택한 것이다. 우리도 노력하고 능력을 기른다면 얼마든지 세계에서 그 능력을 인정받고 살 수 있다. 몇몇 특출한 능력을 가진 사람이 몇몇 분야에서 세계적으로 그 능력을 인정받고 있다고 모두가 세계인을 대상으로 경쟁할 수 없는 것이다. 또 나름의 자신감에서 그 세계에 합류하겠지만 어딘지 모르게 무모한 도전이 아니었나 생각이 든다.

몇몇 천재들이 세계적으로 성공하였다고 모두가 그들처럼 부를 거머쥘 수는 없다. 세계의 모든 사람이 협력하고 노력하여야 하지만 단일화되는 세계화가 바람직한 것은 결코 아니다.

우리가 경험하고 있는 세계화는 부국강병의 이름으로 온 국민을 전쟁의 질곡 속에 몰아넣었던 그 시대보다 오히려 더 암흑의 시대인지 모른다. 춘추전국시대에는 국가가 국민을 도구화하는 데에만 그쳤다면 지금은 국가가 국민 개개인 모두를 경쟁의 대상으로 몰아가는 각자도생의 처절한 싸움터로 만들어 버린 것이다.

더구나 무한 자본축적의 경쟁은 지역과 국가와 시공을 뛰어넘었다. 그리고 이는 개인과 사회의 가치를 일순간에 뒤집어 놓았다. 돈이면 무엇이든지 해결되는 사회가 되었고 모두가 돈의 노예가 되어 허우적대고 있다. 예전에는 자기 스스로를 정립하고 가정을 일으켜야 하는 것으로 생각하였다. 천하의 일을 도모하기 위해서는 먼저 수신제가 하여야 가능하다고 하였으나 지금은 돈이 있어야 사람 구실을 하고 가정을 꾸릴 수 있는 사회가 된 것이다. 즉 수신제가(修身齊家)가 아니라 유전제가(有錢齊家)의 세상이 된 것이다. 자기 성찰과 자신의 정체성 확립보다 돈이 있어야 자신을 세우고 사람 노릇을 할 수 있는 세상이 참 안타까운 우리 현실이 아닐 수 없다.

양생주편에 나오는 이야기이다.

> 연못가의 꿩 한 마리가 열 걸음에 한 번 쪼아먹고
> 백 걸음에 한 모금 마시지만
> 새장 속에 갇혀 길러지는 것을 원치 않았다.

새들은 먹이를 먹을 때 콕콕 먹이를 쪼아 먹으며 이리저리 살펴본다. 풍부하지 않은 먹이를 찾아가는 환경은 위험하고 항상 두렵다. 먹이는 풍부하지 못한 환경에서 어렵게 살아가지만 갇혀 있지 않는 자유로운 모습이다. 한참 걸어가다가 먹이 한 번 쪼아 먹고 또 한참 가다가 물 한 모금밖에 마실 수 없는 열악한 환경이지만 새장 속에 갇혀 사는 것보다 낫다. 새장보다 더 답답하고 더 처절한 현대사회는 물질만능과 금전만능의 세계로 통일되었다.

춘추전국시대는 진나라로 통일되었고 제도는 단일화하기에 이르렀다. 그러나 모든 것이 하나로 통일한 그 사회는 불과 20여 년 만에 멸망하고 말았다. 단일화 즉 통일을 의미하는 세계화는 진나라의 멸망에서 보듯 과도한 경쟁의 세계가 하나로 통일되고 나면 그 후유증으로 멸망을 길을 재촉한 것은 아닌가. 지금의 일방적 승자 독식의 세계화 과정에서 돈으로 통일되었다(이렇게 돈으로 통일된 과정이 아니었으면 좋겠다만).

우리의 삶은 무엇을 추구해야 하는가. 그리고 우리 교육은 어디로 가야 하는가. 경쟁만을 추구하는 교육은 결국 물질만능의 세계를 갈망하는가. 유전제가(有錢齊家)의 황금만능주의 신춘추전국시대에 삶의 의미를 다시 살펴보아야 하지 않을까.

공원을 산책하면 가끔 새들에게 모이를 주는 사람을 볼 수 있다. 모이를 주면 새들은 어디에 있었는지 순식간에 몰려든다. 새들은 모이를 열심히 주워 먹는다. 그리고 모이가 떨어지면 또 어디론가 사라진다. 돈이라는 것도 이와 비슷한 것 같다. 돈이 되는 곳에 사람이 모인다. 먹이가 있는 주위에 새들이 몰려온다. 한 톨의 먹이라도 먹기 위해….

지금 우리 교육은 자아실현에 있지 않다. 유용성과 쓸모있음이라는 가치의 남용으로 아주 근원적이고 깊은 경쟁 속으로 밀어넣고 있다. 한 톨의 먹이라고 더 먹어야 하는 것처럼….

비주지교과의 가치는 무엇인가

도시의 길은 차도와 인도로 구분되어 있고 인도는 보도블록으로 가지런히 잘 정리되어 있다. 길에 따라 걷다 보면 보도블록의 모양도 다르지만 나 자신이 어느 정도 차지하며 걷는지 살펴보며 걷는 것도 재미있다. 대체로 한 사람이 걸으면서 차지하는 넓이는 어른의 두 발 길이의 정도 되는 듯하다. 보도블록으로 따져보면 좁은 것 6개 이내 정도인 것 같다. 조금 편한 마음으로 걸으면 두 줄 정도면 부담 없이 걸을 수 있지만, 아주 똑바로 걸으면 한 줄을 따라 걷는 것도 가능하다.

이렇게 편하게 걸을 수 있는 길이 만약 두 줄만이 있다면 이처럼 편한 마음으로 길을 걸을 수 있을까. 불가능할 것이다. 그 길은 분명 낭떠러지이고 그 좁은 길은 공포 그 자체일 것이기 때문이다.

외물편에 장자와 혜시가 길을 두고 대화를 하였다.

> 혜시가 장자에게 말했다. "당신의 말은 쓸모가 없소
> 장자가 대답했다. "쓸모없음을 알고 나서 비로소 쓸모 있는 것을 알 수 있소.
> 저 땅은 턱없이 넓고 크지만 사람이 이용하여 걸을 때 소용되는 곳은 발이 닿는 지면뿐이오.
> 그렇다고 발이 닿은 부분만 남겨놓고 그 둘레를 파내려가 황천까지 이른다면 사람들에게 그래도 쓸모가 있겠소?"
> 혜시가 대답했다. "쓸모가 없소
> 장자가 말했다. "그러니까 쓸모없는 것이 실은 쓸모 있는 것임이 분명하지 않소."

저 땅이 무척 넓고 광활하지만 사람이 다니는 길을 발이 닿는 부분에 불과하다.

그렇다고 발 닿는 곳만 남기고 모든 것을 파내버리면 그것은 쓸모가 없다. 이것이 바로 쓸모없음이 쓸모 있다는 장자의 답변이다.

고등학교의 교육목표는 인격을 완성하고 적성과 소질에 맞는 진로를 개척하는 것이다. 일반계 고등학교 교과목은 국어, 수학, 영어 등을 비롯하여 10개 과목이 있다. 일반적으로 이들 교과는 주지교과와 비주지교과로 나눈다. 국어, 수학, 영어 등 주지교과는 지식교과이고 지식 위주로 구성되어 있다. 이들 교과는 다른 지식을 이해하기 위한 도구의 성격을 지니고 있다. 이들의 교육내용은 기억을 중요시하고 암기 등을 통하여 내용을 이해하기 때문에 암기교과라고도 한다. 아이들의 능력과 성적은 주로 주지교과에서 판가름 난다는 인식으로 보기 때문에 주지교과는 경쟁교과이기도 하다. 이를 통해 아이들의 능력은 판단되고 성적의 순위는 결정된다. 이 교과들에 의해 자연히 경쟁을 유도한다. 이들 주지교과는 타 교과에 대해 '갑'이다. 다른 교과보다 항상 우선한다. 담당교사 역시 타교과 교사보다 '갑'의 위치에 있는 것 같다.

오래전 서울지역 주요 대학의 정시모집 수능영역별 비율을 살펴본 적이 있다(2016년 입시기준). 국어, 수학, 영어의 반영이 대체적으로 70% 이상을 차지하고 있다. 그리고 탐구과목은 20% 정도에 머무르고 있다. 대학입시 반영에 국어, 수학, 영어교과가 차지하는 비중이 어느 정도인지 알 수 있다. 결국 국어, 수학, 영어만을 잘하면 원하는 대학을 갈 수 있다는 것이 지금의 대학입시이다.

대학입시를 위한 교육은 교과에 대한 시각 자체가 사람을 기르는 것이 아니고 주지교과를 가르치고 이를 통하여 경쟁을 심화시키고 있다.

학교는 인간을 가르치고 인격을 도야하기보다는 교과를 가르치고 교과 내용만을 주입하고 중시하는 교과중심학교가 되었음을 말하고 있다. 교과에 대한 이런 생각은 갈수록 고착화되었고 공고화를 넘어 대학입시에서 절대화의 경지에 이르렀음을 알 수 있다.

교과에 대한 대학의 인식이 이러하듯 고교교육은 대학입시에 맞추어져 있다. 대학교육은 기업과 사회를 위한 교육에 맞추어져 있다. 이러한 메커니즘의 우리 학교교육은 개개인을 위한 교육이 아니라 기업과 사회가 필요한 인간을 육성하는 것으로 변질되었다. 나에게 필요한 교육이 아니라 남에게 필요한 교육, 나를 이기는 교육이 아니라 남을 이기는 교육이 지금 우리 교육의 현실이다. 그리고 학교교육은 이를 조장하고 협조할 수밖에 없는 현실이다.

결국 교과를 중심으로 하는 학교교육은 인격완성을 위한 교육이라기보다 대학진학을 위한 교육으로 전락하고 그 유용성은 주지교과에 따라 판가름되는 구조가 되었다. 교과를 중심으로 하는 교육이 인간을 기르기 위한 교육이라기 보다는 경쟁력을 기르기에 치중하고 있는 것이다.

그러면 비주지교과는 무용한가? 그렇지 않다. 비주지교과는 지적인 측면보다는 정서적·심리적 측면과 주지교과를 보완해주는 성격이 강하다. 인격의 완성은 경쟁교과에 있는 것이 아니라 비경쟁교과인 비주지교과에 있다. 또 모든 교과는 개개인의 자유와 인간의 보다 나은 삶을 살기 위한 수단에 불과하다. 국영수 교과를 가지고 서열을 정하게 된 것은 인간 전체성에 대한 경시이며 비교육적이다.

주지교과와 비주지 교과를 나누는 것 자체가 문제이다. 비주지교과가 있지 않고서 주지교과가 있을 수 없다. 교과서를 지식 위주와 지식 위주가 아닌 것으로 나누고 인식하는 것 자체가 문제이다. 주지교과라는 상대적 우위는 비주지교과가 건재하기 때문에 가능한 것이다. 주지

교과와 비주지교과로 보는 교과에 대한 편견을 가지고 인성과 인간교육을 부르짖는 것은 교육의 기본을 잊어버린 것과 같다.

학생들의 입장에서 보면 주지교과이든 비주지교과이든 아무 상관이 없다. 단지 입시와 사회적 유용성을 빌미로 비중을 달리하고 학교와 대학과 사회가 공조하고 있는 것이다. 대학입시에서 교과 영역별 반영비율을 보면 교과중심의 고교교육은 대학입시라는 유용성에서 벗어날 수 없음을 너무도 분명히 알 수 있다. 이런 현실은 비주지교과의 홀대로 이어지고 그 영향은 비주지교과 교사의 홀대로 나타나 교육의 불완전함과 인간교육의 불완전함으로 이어지는 것은 명확하다.

왜 주지교과가 학교교육에서 핵심이 되어야 하는가. 주지교과의 시수는 비주지교과 시수보다 더 많은 비중을 두어야 하는가. 우리의 교과교육을 다시 생각해 보아야 한다. 우리 스스로가 교과에 대한 편견을 버려야 하는 것도 중요하다. 인격완성이라는 개인적인 틀에서 보면 각 교과교육 비중과 시수의 차등을 두기보다는 균등화해야 한다.

오히려 아이들 자신에게 필요한 교육과 배움의 기회를 제공하여야 한다. 우리가 흔히 말하듯이 고기를 주지 말고 물고기 잡는 법을 알려 주는 것이 진정으로 아이들을 위한 교육이라고 누누이 수없이 되뇌면서도 실상의 교육은 아이들의 개인적 삶보다는 입시에 유리한 교과와 과목에 치중하고 있는 것이다.

비주지교과라고 불리우는 교과를 보면 아이들 개개인에게 꼭 필요한 것들의 교과들이다. 자신의 건강을 위한 보건교육과 성교육, 자신의 직업을 찾는 진로진학상담교육, 정보화시대에 유용한 정리처리 능력을 기르는 사서교육, 자신의 식생활에 유익한 정보와 지식을 제공하는 영양교육 등 개인적 삶에 직접적으로 영향을 주는 교과가 더 중요한 교과인 것이다. 이런 측면에서 보면 비주지교과에 대한 유용성을 보다 넓게 해석해야 한다. 더 나아가 비주지교과에 대한 인식을 새롭게 하고 해당 교사의 역할에 선도적인 정책이 필요하지 않을까.

그런데 고등학교는 갈수록 세분화되어 가고 있다. 처음에는 일반계와 실업계의 분리였다. 대학 진학을 위한 과정과 직업 선택의 과정으로 나누었던 것이다. 그 후 특수목적고등학교가 분야별로 생기기 시작하였다, 외국어 중심, 예체능 중심으로 분야를 더욱 세분화하였다. 글로벌 사회에 대비하기 위한 것이다. 특성화학교도 공업계열과 상업계열 등으로 나누어져 있다. 고등학교는 갈수록 세분화되고 있으며 이는 경쟁력을 확보하기 위한 불가피한 상황이라고 역설한다. 개성과 적성을 빨리 발견할수록 그 사람의 유용성을 얻을 수 있다는 깊은 숨은 뜻이 담겨 있다. 인격완성과 적성과 소질의 계발보다는 국가와 사회에서 보다 쓸모 있는 사람의 육성에 있는 것이 우리의 고등학교 현실이다.

편리함이 본질에 기여하였는가

우리나라의 대표적인 대하소설인 『태백산맥』, 『아리랑』, 『한강』 등은 조정래 작가의 대표작이기도 하다. 이 소설들은 우리의 역사의 흐름을 바라보는 관점, 이념 갈등에 따른 문제, 인간의 진정한 가치가 무엇인지에 대한 많은 고민과 갈등을 잘 나타냈다고 평한다. 더구나 놀라운 것은 그의 집필은 아직도 원고지에 쓰고 있다는 것이다. 세 편의 소설 원고지는 200자 원고지 5만 500장 분량이 되는데 이는 원고지의 높이가 그의 키 세 배를 넘는다고 한다. 그분의 글 쓰는 방법도 독특한데 글을 쓸 때 계획을 세워놓고 쓰는데 한 달이면 하루에 20매씩 23일 총 460

매를 쓰는 계획을 세운다는 것이다. 이렇게 글을 쓰다 보니 엉덩이 종기, 신경성 위궤양, 오른팔 마비 등 직업병이 생기기도 한다는 것이다. 이러한 그의 글쓰기는 대단한 인내와 끈기라 할 수 있다. 특이한 것은 컴퓨터를 사용한 것이 아니라 원고지를 사용하고 있다는 것이다. 육필로 원고지에 직접 쓰고 있다는 것이다.

원고지에 글을 쓰던 시절에는 비교적 긴 글을 쓰거나 문서를 작성할 때 초안을 잡고서 문서를 작성했다. 그러나 오·탈자가 생기기 마련이다. 처음 시작할 때 틀리면 그래도 괜찮은데 끝부분에서 이런 일이 생겼을 경우에는 처음부터 다시 써야 하는 번거로움에 귀찮고 시간 낭비했다는 생각에 짜증나기 일쑤였다. 그러던 과정에 워드프로세스를 사용하면서 그 편리함을 느꼈다. 컴퓨터가 처음 나왔을 때 편리했던 것은 글쓰는 것과 같은 문서작성이었다. 문서를 작성하다 틀리면 그 부분만을 고치면 되는 것이었기 때문이다. 더구나 표를 그리게 될 경우에는 자를 준비해야 하고 칸과 줄이 삐뚤어지고 간격이 맞지 않는 것은 이루 말할 수 없을 정도였다. 또 볼펜의 찌꺼기를 휴짓조각에 닦아내야 하는 불편함도 없어졌다. 이러한 방법의 문서작성은 고쳐쓰는 번거로움에 짜증은 줄었고 문서작성은 편해졌다.

이렇듯 문명의 발전은 우리의 생활을 편리하게 했다. 문명은 지금보다 더 나은 삶, 보다 편한 삶을 추구하였다. 편리한 삶을 위해 우리는 계속적으로 또 다른 새로운 문명을 기대한다. 이런 욕망과 희망의 결과물이 오늘의 문명이기도 하다. 그런 까닭에 우리가 생활하는 물건들은 끊임없이 편리해지고 새롭게 진화하여 우리를 유혹한다. 새로운 물건의 혜택을 누가 빨리, 많이 누리는지 경쟁하기도 한다.

그러나 많은 부분이 발전하고 편리해졌지만 삶의 전체적인 면에서는 더 바빠졌고 일에 매여 있다. 문서작성 등 일하는 방법 등은 편리해졌을 때 그만큼 여유 있을 것이라 생각했다. 이제 업무 처리가 빨라졌으니 일은 직장에서만 하면 될 것으로 생각했다. 직장에서만 일하면 집에서는 쉴 수 있을 것이란 생각을 했다. 하지만 그런 일은 일어나지 않았다. 문서작성에 절약한 시간만큼 자유롭고 여유로운 시간을 가져온 것도 아니다. 생활은 편리해졌으나 우리 삶의 질은 향상되지 않았다. 지난 과거보다 오히려 더 바쁘고 쉴 여유가 없다.

천지편에 나오는 이야기이다.

> 공자의 제자 자공이 길을 가다가 밭에 물을 주고 있는 한 노인을 보았다.
> 옹기그릇으로 물을 주는 것이 너무 비효율적이어서 한마디 참견을 했다.
> "기계를 사용하면 하루에 100이랑의 넓이에 물을 줄 수 있다"며 두레박 사용을 권했다.
> 물은 주던 노인은 화가 났다. 그렇지만 웃으며 말했다.
> "기계를 사용하게 되면 기계에 따른 일거리가 생기게 마련이다. 그 기계를 사용하는 일거리에 치우치다보면 기계에 사로잡히게 된다."

기계를 사용해야겠다는 마음이 자리 잡게 되면 자연의 본성이 파괴되고, 자연 그대로의 순박하고 깨끗함이 없어지게 된다는 것이다. 기계를 사용하여 일의 편함을 좇다보면 우리 자신의 삶이 삭막해진다는 것이다.

기계를 사용하면 기계관련 일거리에 치우치고 기계에 사로잡히게 된다. 어느 부분에서 절약한 시간만큼 또 다른 부분에서 우리의 노력과 열정을 요구한다. 이런 과정은 계속된다. 계속 업그레이드될 뿐 결코 멈출 수 없을 것이다. 이 과정에서 기계가 일에 투입한 시간만큼 인간이 쉴 수 있고 편안한 시간이 되었는가 하는 것이다. 기계가 인간의 일을 어느 정도 대신하였으나 인간은 오히려 소외되고 인간관계는 멀어지고 있다. 인간의 본성은 파괴되고 인간의 자연스러움을 거스르게 된다. 끝없이 진화하고 발전하게 될 문명 이기(利器)의 폭력성에 대한 장자의 비판은 우리의 가슴을 찌른다. 어쩌면 이렇게 지금 우리 현실을 직시할 수 있었을까 하는 생각이다.

그렇다고 우리가 이 문명의 이기와 진화과정에서 벗어날 수 있는 것은 아니다. 문명의 이기에 벗어나지 못하지만 그렇다고 무조건 문명의 이기를 받아들일 수만은 없는 것 또한 사실이다. 더구나 원시인처럼 살 수 있는 것도 아니다. 원시인처럼 사는 것이 더 어려울지도 모른다. 예전 기차를 타고 8시간 걸리던 시간이 이제는 3시간 이내로 줄었다. 그렇다면 줄어든 5시간은 우리를 그만큼 편하고 휴식을 가져다 주었는가? 단지 빠르게 오고 갔을 뿐 여전히 바쁘고 여유는 없다. 인간의 끝 모를 탐욕에 인간은 기계화되고 기계는 인간화를 대신하려 한다. 나무 그늘 아래 편하게 쉴 수 있는 시간은 우리에게 없는가.

학교현장은 어떨까. 가르치는 것보다 공문작성에 시간을 더 빼앗긴 적이 있었다. 이 시절 상급기관은 공문서를 줄여야 하고 교사들은 공문서 작성에 낭비하는 시간을 줄여야 교사의 전문성과 아이들을 더 보살필 수 있다 하였다. 사무보조인력을 배치가 필요하다고 하였다. 사무보조인력을 배치하였다. 공문작성하는 시간은 줄었으나 바쁘기는 마찬가지이다. 학교에서 교사의 본질을 찾아가는 데 커다란 역할을 하였을 것이다. 교사의 전문성을 신장시킬 수 있는 계기가 되었으며 그 전문성으로 아이들과 보다 많은 시간을 보낼 수 있어야 한다고 강조하였다.

문서작성에 시간을 절약한 만큼 다른 부분에서 우리의 힘과 열정을 요구하고 있는 것이 현실이다. 컴퓨터 문서작성은 처음에는 편리해졌으나 문서작성 프로그램을 사용할 때나 사용하지 않을 때나 학교는 바쁘고 일의 본질을 찾지 못하고 있다고 아우성이다. 그렇다고 우리가 문명의 편리함에서 벗어날 수 있는 것은 아니다. 이런 과정을 돌아보면 일하는 방법은 나아졌으나 교사들의 업무는 전혀 줄어들지 않았다. 교사들이 아이들의 교육활동에 전념하고 싶지만 그럴 여유는 아직도 없고 기대는 묘연할 뿐이다. 교사의 교육현장 편리함의 추구는 계속되고 있으나 교육의 본질에 접근하는 데 어려운 것은 어떤 관계가 있는 것일까. 학교는 언제나 불필요하다는 그 어떤 것에 계속 매달려 가야 하는 것인가. 편리함이 학교현장에 여유를 제공하였는가.

교육 생태계의 현실은

탄천, 안양천, 중랑천 등은 수도권의 대표적인 천변 길이다. 악취가 나고 쓰레기가 나뒹굴던 곳이 이렇게 변하다니 마음이 뿌듯하다. 걷는 길과 자전거길로 나누어져 있고 군데군데 쉴 곳도 있다. 자전거 타는 사람도 걷는 사람도 편하다. 이렇게 잘 가꾸어 정비되어 있는 그 길을 걸어가는 우리 모습이 대견스럽기도 하다. 건강을 지키려는 건강함도 자연을 사랑하는 건전한 마음을 볼 수 있기 때문인 듯 하다. 천변의 물은 많지 않지만 깨끗해진 물속에는 팔뚝보다 더 큰 물고기들이 놀고 있

다. 그리 깊지 않은데도 이런 물고기가 살고 있다니 새삼 놀랍기도 한
다. 유유히 노는 물고기들은 산책하는 사람들의 모습만큼 편안해 보인
다. 물고기들이 이러저리 헤엄쳐 다니는 모습을 보면 한결 자유스럽게
보인다. 이 모습을 한참 보면서 장자의 이야기가 생각난다.

장자와 그의 친구 혜시가 물고기를 보며 논쟁을 하였다. 추수편에 나
오는 이야기이다.

> 장자: 물고기가 자유롭게 노닐고 있으니 그것이 물고기의 즐거움일세.
> 혜시: 자네는 물고기가 아닌데 물고기가 즐거운지 어찌 아는가?
> 장자: 자네는 내가 아닌데 내가 물고기의 즐거움을 알 수 있는지
> 어찌 아는가?
> 혜시: 내가 자네가 아니니 본래 자네를 알 수 없네. 자네도 물고기
> 가 아니니 물고기가 즐거운지 알 수 없는 게 분명하네.
> 장자: 처음으로 돌아가 말해 보세. 그대가 방금 말하기를 '자네가
> 어찌 물고기가 즐거운지 아는가?'라고 말했을 때 그대는 이미 내가
> 그것을 알고 있음을 알아차리고 물은 걸세.
> 장자는 물고기가 즐거운지를 다리 위에서도 알 수 있다고 하였다.

이 부분은 장자와 혜시가 벌인 논쟁 중 하나로 장자가 혜시의 논리에
미치지 못한 것이라는 해석도 있다. 그러나 이는 논리적 접근 문제가
아니라 제삼자의 문제를 어떻게 보아야 하는 것이 아닐까. 장자가 물고
기 노니는 모습을 보며 그들의 즐거움을 알 수 있다고 한다. 노니는 모
습을 보면 물고기의 마음을 알 수 있다는 것이다. 사람이 어찌 물고기
의 마음을 알 수 있겠는가. 이는 장자 자신을 물고기와 동일시한 것으

로 보는 것이 더 적절할 것이다. 자신은 물고기의 마음을 알 수 있으며 물고기와 자신은 이미 하나가 되었다는 것을 의미하기도 하다. 장자는 물고기의 마음을 알 수 있는 경지에 이른 것을 말하려 한 것인지도 모른다.

호접몽(胡蝶夢)이 나비와 장자와의 관계를 나타낸 것이라면 이 이야기는 장자와 물고기의 관계를 말하고 있는 것이 아닐까. 장자가 제3자 즉 혜시라는 사람을 통해 다시 검증하려 한 것이라 볼 수 있을 것 같다. 호접몽의 이야기가 장자와 물고기의 관계에서 형태적인 상호변화를 제시한 것이라면 이는 정신적인 변화를 제3자를 통하여 증명할 수 있느냐 하는 것이 아니었을까. 따라서 이 이야기는 정신과 정신, 마음과 마음의 변화 즉 정신적 물화관계를 의미한 것이라 할 수 있으며 '물고기호접몽'이라 하여도 되지 않을까 생각한다.

천변에 살고 있는 물고기들은 깨끗해진 환경에 보다 나아졌다고 하지만 깨끗하면 깨끗한 대로 물이 많으면 많은 대로 물이 적으면 적은 대로 주어진 환경에 나름대로 적응하는 생태계를 형성한다. 식물은 바람이 불면 바람에 흔들리고 바람이 없으면 곧바로 서 있듯이 먹이가 있으면 있는 대로, 먹이가 없으면 없는 대로 물고기들은 살아간다. 이것이 자연 생태계이다. 이런 자연 생태계에 먹이를 던져 주면 한가롭고 자유롭게 지내던 물고기들은 먹이를 주는 순간에 쏜살같이 달려든다.

먹이를 던져 준 순간 물고기의 여유롭고 평화로운 모습은 찾을 수 없다. 던져진 먹이를 먹기 위해 입을 벌리고 달려들어 물고기들끼리 밀어내고 밀기를 반복한다. 위에 올라서기도 하고 내려가면서 지느러미끼리 부딪쳐 상처가 생기고 비늘이 벗겨지기도 한다. 자연 생태계의 평화롭고 여유롭던 모습은 사라지고 서로 그 먹이를 먹기 위한 싸움판이 되고 만다. 장난삼아 던져 주었을 수도 있고, 먹이를 준다는 마음으로 던져 주었던 먹이일 수 있지만 물고기들의 생태계는 순식간에 난장판이 되고 만다. 물고기들은 그것이 던져진 것인지, 주어진 것인지 알 수 없지만 먹이를 먹기 위해 처절한 싸움을 하는 것이다.

조금이라도 더 먹기 위해 필사적으로 달려든다. 물고기들의 유유히 헤엄치는 모습은 순식간에 사라져 볼 수 없다. 이들의 싸움은 막을 수 없다. 먹이를 주는 것은 조용한 생태계에 다툼을 제공하는 빌미가 되고 오히려 생태계를 파괴하는 꼴이 된 것이다. 주어진 환경에서 부족하면 부족한 대로 풍족하면 풍족한 대로 살고 잘 살고 있는 물고기들에게 오히려 싸움을 부추기는 결과가 된 것이다.

물고기들은 주어진 먹이의 그 숨겨진 의도를 알 도리가 없다. 단지 그들은 아무것도 모른 채 던져진 먹이를 먹기 위해 싸우는 것이다. 유유히 헤엄치고 다니던 물고기들을 순식간에 먹이를 먹기 위해 쟁탈전을 벌인다. 없던 먹이가 생겼으니 그 먹이를 먹기 위해 싸우는 것은 자연의 섭리이다. 일순간 생태계의 먹이는 풍부하여졌을지 모르지만 삶은 오히려 각박해진 것이다. 먹이를 던져주면 일순간 먹이가 풍부해진다. 갑자기 생긴 먹이는 생태계의 먹이로 인해 삶은 순식간에 각박해져 버린 것이다. 인위적으로 주어진 먹이는 오히려 조용하고 평화로운 삶을 파괴한 결과를 가져온 것이다. 주어진 환경에 스스로 적응하여 생존하도록 환경을 그대로 놓아두는 것이 더 낫지 않을까.

사람이 사는 생태계, 사회 역시 이와 유사한 것은 아닐까. 사회는 보이지 않는 수많은 관계와 관계 속에 움직이고 있다. 어떤 관계에 의해, 어떤 힘에 의해 움직이고 있는지는 알 수 없다. 그러나 물고기들이 먹이를 먹는 것처럼 그 먹이를 위해 우리를 치열하게 싸우게 하고 경쟁하게 하는 메커니즘 속에 살고 있는 것처럼 느껴지는 사회의 생태계이다.

보이지 않는 손은 국가일 수도 있고, 사회적 문화와 관습일 수도 있다. 그것이 부의 창출일 수 있고, 명예일 수 있고, 아름다움의 추구일 수 있고, 진선미의 탐구일 수 있고, 그 시대별 관심사일 수 있다. 개개인의 마음속에 들어 있는 어떤 욕망의 총합일 것이다. 그것이 그 무엇이 되었든 국가와 사회와 문화는 경쟁을 유도하고 경쟁을 통하여 개인의 삶을 계속적으로 옭아맨다. 모두가 개개인의 삶의 몫을 자신의 능력만큼 살아가도록 국가와 사회가 제도를 마련해 주기보다는 보이지 않는 그 무엇으로 경쟁하도록 하고 그 경쟁 속으로 묶어 버리는 것이다. 그리고 그것을 계속 유도하는 것이다. 이것이 과거에는 전쟁이었다면 자본주의 시대에는 이것이 끝없는 자본주의 진화 모델인지 모른다.

자본주의의 이와 같은 속성은 물고기에게 던져진 먹이처럼 우리를 끝없는 경쟁으로 유인하는 것이다. 물고기에게 먹이를 주지 않는 것이 물고기 스스로 자유롭고 여유롭게 살 수 있는 생존의 방식이듯이 우리도 자본주의 맹목적인 메커니즘은 인간의 자유롭고 여유로운 삶을 옭아매여 놓는지 모른다.

우리의 교육생태계도 이런 환경을 조장하고 있는 것은 아닐까. 세계적으로 가장 권위 있다고 널리 알려진 PISA의 학습 성취도 평가 항목도 아이들에게 또는 국가의 교육당국에게 이런 점들을 향상시키기 위한 교육을 해야 경쟁력에서 살아남을 수 있다는 것은 아닐까. 이제 세계 각국의 교육목표는 어느덧 그 항목에서 보다 나은 점수를 얻으면 성공하고 있거나 최고의 교육을 하고 있는 것으로 평가하고 있다. 성취도 평가 항목의 점수가 높다고 그곳의 아이들이 더 행복한 것은 아니지만 각국은 이 성취도 높은 평가 점수를 얻기 위해 개혁해야 한다고 한다. 그 성취도가 높은 국가의 아이들이 더 행복한 것인지는 알 수 없다. 그렇다면 세계의 교육은 또 다른 성취도 평가 기준에 맞춰지고 있는 것은 아닐까. PISA의 평가항목에 맞춰지는 획일화의 우를 범하는 것은 아닐까.

물고기에 던져진 먹이를 물고기는 어디서 왔는지 알지 못한다. 그리고 우리는 물고기가 먹는 모습을 보며 그 모습을 즐긴다. 우리가 살고 있는 사회도 이와 비슷한 것이 아닐까. 이제 물고기에게 먹이를 주지 않는 것이 물고기의 평화로운 세계를 파괴하지 않는 것일지 모른다.

물고기에게 먹이를 던져주는 것보다 물고기가 살고 있는 생태계를 보다 살기 좋게 해주는 것이 더 바람직하지 않을까.

아주 사소한 것에도 관심을 가져야

오래전 권투선수 홍수환이 사전오기(四轉五起) 끝에 승리했다. 네 번 쓰러진 후 다섯 번째에 이겼다는 것이다. 네 번을 다운당하고 다섯 번째 그것도 KO 승을 거두었다. 그 기쁨은 우리 국민뿐 아니라 그의 어머니에게도 더할 수 없는 기쁨을 주었다. 그 어머니는 기쁨을 '대한국민 만세'라고 해서 큰 호응을 얻었다. 그 어머니가 어떤 생각을 가지고 그렇게 말했는지는 알 수 없으나 대한민국이 아니라 대한국민이라는 말에 어떤 신선함을 느꼈고 우리가 대한민국의 위대한 국민임을 알려준 뜻하지 않은 한방이기도 하였다.

처음 만나는 사람과 인사를 나눌 때 우리는 일반적으로 서로 개인적인 정보부터 교환하면서 서로에 대한 이해의 폭을 넓혀 간다. 어느 지역 출신인지, 어느 학교를 나왔는지부터 차근차근 조사(?)해 간다. 우리는 이런 정보를 통하여 서로의 거리를 좁힐지 친밀도 유지 정도를 결정한다. 바람직하지 않은 줄 알면서도 간을 보면서 그 사람과의 관계 정도를 가늠해 보는 것 같다. 친밀도를 결정하는 것은 아무래도 지연과 학연에서부터 출발하는 것이 일반적이기 때문이다. 이 과정에서 가끔 자신의 출신학교 이름 앞에 '대(大) ○○고등학교'라고 말하는 사람이 있다. 자부심과 모교에 대한 긍지가 대단함을 느낀다. 자신과 모교를 생각하는 그의 마음이 갸륵하기도 하다.

한일월드컵 대회 기간 동안 우리는 원 없이 '대한민국'을 외쳤다. 자랑스럽게 외쳤고 외치니 더욱 자랑스러워졌다. 한국이라는 나라가 갑자기 대한민국으로 바뀐 듯 착각할 정도였고 이렇게 좋은 나라 이름이 있었나 할 정도로 나라 이름의 자랑스러움을 새삼 깨닫기도 하였다. 한국보다 큰 의미를 지닌 '대'한민국으로 불리게 되었으며 그만큼 국격은 향상되지 않았나 생각된다. 이제는 언제 어디서나 부담 없이 아무렇지 않게 국명을 풀네임으로 부르게 된 좋은 계기가 되기도 하였다.

'대'테러, '대'북용이라는 용어로 자주 사용한다. 테러를 방지하고 제거한다는 의미로 상대방을 적대시하고 상대방과 대치된 상태에 있을 때 사용한다. 일본 등 다른 나라 팀과 축구경기 등 시합할 때 '대'일본전이라고 한다. 그 경기 결과는 몇 '대' 몇으로 나타낸다. 이때 사용되는 '대(對)'의 의미는 상대의 줄임말이며 상대방과의 대결이거나 경기 결과 등을 나타낼 때 사용된다.

언론을 통하여 정부가 아니 대한민국이 국민에게 담화나 성명을 발표하곤 한다. 언론은 '대'국민 성명 또는 '대'국민담화문이라 한다. 당연히 국민 모두에게 드리는 말씀이다. 그래서 우리는 이렇게 생각한다. 국민이 자랑스럽고 크게 위대하다는 의미로 이해해도 될까(大國民). 국민들은 바쁜 일상에 먹고 살기 힘들고 삶에 찌들어 있기 때문에 국민을 대신해서 하는 말씀으로 이해할 수 있을까(代國民). 국민이 주인이므로 국민을 대접하는 의미에서 사용한다고 믿어도 되는 것일까(待國民). 대국민담화·성명은 정부가 국민에게 꼭 하고자 하는 말씀인데 국민이 위대하는 의미도 국민을 대신해서 하는 말씀도 국민을 대접한다는 뜻도 아닌 것 같다. 내용을 보면 국민에게 부탁하거나 당부할 때 또는 국민에게 잘못을 인정하고 사과할 때 하는 것임에도 불구하고 그 제목은 국민을 적대시하거나 대결하는 상대로 생각하는 대국민(對國民)이라는 의미이다.

가끔 국내 거대 재벌 그룹들도 '대국민성명서'를 발표한다. 기업 역시 대부분 비리를 저지르거나 또는 실수를 하였을 때 사과하는 방법으로 사용하고 있다. 사과와 반성에서도 국민을 적대적 관계로 보는 듯하여 썩 받아들이고 싶은 마음은 별로 없다. 진정성이 없는 이런 사과와 반성하였어도 받아들이지 않고 이용하지 않으면 그만이다. 즉 기업에 대한 불매운동을 할 수도 있고, 소비자의 입장에서 이용하지 않으면 자신과는 별 이해관계가 없다.

그러나 정부는 그렇지 않다. 정부와 국가기관이 국민을 향하여 한마디의 말이나 표현에도 깊은 고민을 하여야 한다. 아직도 '대국민(對國民)' 담화나 성명을 내는 것은 안타까운 현실이다. 그것이 언론기관에서 관례대로 쓰는 표현인지, 언론기관이 정부를 비판하고 견제해야 하는 적대적 입장 때문인지 알 수 없으나 국민의 정부에서도 참여정부에서도 마찬가지였다.

국민 정부가 아니고 국민을 이겨야 하는 정부, 국민을 제압하겠다는 엄포용 국민께 드리는 말씀 정도로 이해되는 정부의 담화나 성명은 국민을 섬긴다는 의미보다는 국민을 지도하고 통치하려는 생각이 깊게 잔존해 있음을 알 수 있다. 세월호 사건 이후 대통령이 직접 발표한 말은 '세월호 대국민 담화'였다.

군사독재시대가 끝나고 국민의 정부와 참여정부를 거처 여기까지 왔다. 이제 정부가 국민을 섬기고 봉사하는 마음을 가지고 있는 것으로 생각했다. 국민은 국민과 정부는 하나라고 생각하고 있다. 대결해야 할 상대이거나 사라져야 할 적대적 관계가 아니다. 국민이 정부이고 정부가 국민인 것이다. 그러나 정부는 아직도 국민을 국민으로 보지 않고 대결하거나 자신들이 갑의 위치에서 국민 위에서 군림하고 있다는 상대로 관계를 설정하고 있다면 안타깝고 서글픈 일이다. 이런 사실을 우리 국민은 너무 잘 알고 있는데 정부는 국민을 자꾸만 멀리하려고만 한다.

대통령이 발표한 다른 담화문 그 원문의 제목은 "경제도약을 위해 국민 여러분께 드리는 말씀"이었다. 누가 누구에게 하는 말인지 알 수 있다. 어떠한 마음 자세로 성명서를 발표하고 국민을 배려하는지 조금은 알고 있는 듯하지만 언론은 '대국민 담화문'이라 발표한다. 언론은 아직도 국민을 이런 시각에서 보고 있는지 알 수 없지만….

제물론편에 나오는 이야기이다.

> 마음을 정하기도 전에 시비가 일어난다는 것은 '마치 오늘 월나라로 떠난 사람이 어제 그곳에 도착했다'는 말과 같다.
> 이것은 없는 것을 있다고 하는 것과 같은 것이다.
> 시금일적월이석지야(是今日適越而昔至也), 시이무유위유(是以無有爲有)

오늘 떠난 사람이 어제 이미 도착했다고 하니 앞뒤가 맞지 않는다. 앞에서는 칭찬을 하고 뒤에서는 욕하며 뒤통수 치는 것과 다름없다. 국민에게 부탁하고 당부하는 말을 하면서 국민을 적대시하고 대결하는 입장을 보이는 것과 비슷한 표현이 아닐까.

말 한마디에 천 냥 빚을 갚는다 하지 않는가. 국가기관들은 국민을 어떻게 보아야 하는지는 매우 중요하다. 정부나 교육행정당국 또는 학교 등 공공기관에서 근무하는 사람들은 이런 말을 한다. 아주 사소하고 보잘것없는 민원이 많다는 하소연이다. 요즘 민원은 이기적인 시민과 영악한 학부모와 학생들 때문이라고 탓하기도 한다. 그러나 민원을 해결하기 위해서 있는 것이 행정당국이다. 국가적인 사안이나 범국민적인 관심사만을 행정당국이 관심을 가지고 해결해야 하는 것이 아니다.

행정당국은 특히 시민과 직접 접촉하는 창구의 입장은 더욱 시민들의 사소한 관심사와 민원에 적극 협조하고 지원하여야 한다. 담당자의 입장에서 보면 아주 보잘것없고 사소하면서도 불필요하게 느껴질지 모르지만 민원인 당사자에게는 아주 심각한 문제일 수 있기 때문이다. 커다란 문제만이 문제가 아니라 아이들이 가장 사소하고 말하지 못하는 것을 알아서 도움을 주는 교사의 보살핌이 아이들에게 얼마나 커다란 힘이 될까? 이런 생각을 한다.

윌리엄 블레이크는 자연과 예술에서 가장 위대한 것은 가장 사소한 것이라고 했다. 자연과 예술뿐 아니라 행정당국은 가장 사소한 민원이 가장 위대한 업무라는 것을 인식하고 깨달아야 하지 않을까. 국민에게 가장 위대한 것은 정부의 아주 사소한 말 한마디 배려와 관심이다.

창의성 교육은 어디에서부터 출발하는가

영국의 한 성형외과 의사가 '세계에서 가장 완벽한 얼굴'을 공개해 화제가 된 적이 있다. 그는 대표적인 미인들을 선정, 이들의 얼굴에서 각각의 예쁜 부분을 모아 새로운 얼굴을 합성해 냈다. 그러나 이 모습을 본 사람들은 자못 실망스러워했다. "예쁜 부분 다 모아놔도 놀랍지는 않다", "예쁘기보다 매력이 있어야 해. 또는 원조들보다 못하다", 는 반응이 대부분이었다. 가장 아름다운 부분만을 모아서 조합하였으니 최상의 매력적인 얼굴이 될 것이라고 하는 생각은 빗나갔다. 아쉽게도 그렇게 만들어진 합성 미인은 별 감동을 주지 못했다. 부분 부분은 가장 아름다웠지만 아름답다는 부분들을 모아놓은 모습은 별 매력이 없었다. 그 이유는 무엇일까. 즉 그 개인만이 갖는 독특함이 없었기 때문이다. 아름다움과 매력은 독특함과 개성이 있어야 하는 것이다. 부분 부분을 조합한 얼굴은 전체적으로 아름답지도 않고 개성도 없고 매력적이지도 않는다는 것이다.

제물론편에 이런 이야기가 있다.

> 설결이 왕예에게 물었다. 선생께서는 모든 존재가 다 옳다고 여기는 것을 아십니까.
> 왕예가 대답한다. 내가 어떻게 그것을 알겠는가.
> 그러면 선생께서는 모르고 있다는 것에 대해 아십니까.
> 왕예가 대답한다. 내가 어떻게 그것을 알겠는가. 그렇다면 모든 존재에 대해 앎이 없습니까. 왕예가 대답한다. 내가 어떻게 그것을 알겠는가. 그러나 시험 삼아 말해보겠다. 어찌 내가 모른다고 한 것이 아는 것이 아님을 알겠는가.
> 그러면서 왕예는 계속 말을 한다.

또 내가 시험 삼아 자네에게 물어보겠다. 사람은 습한 곳에 자면 허릿병이 나서 죽게 된다. 미꾸라지도 그러한가. 사람이 나무에서 무서워서 벌벌 떨며 두려워한다. 원숭이도 그러한가. 이 세 가지 중에 누가 올바른 곳에 산다고 할 수 있는가. 사람은 고기를 먹고, 사슴은 풀을 먹으며, 지네는 뱀을 먹고, 올빼미는 쥐를 좋아한다. 이 네 가지 중에 어느 것이 올바른 맛을 아는가. 암컷 원숭이는 수컷 원숭이를 좋아하고, 사슴은 사슴과 교미하며, 미꾸라지는 물고기와 논다. 모장과 여희는 사람들이 미인이라고 하지만, 물고기는 그들을 보면 물속으로 도망가고, 새들은 하늘로 높이 날아가고, 사슴은 그들을 보면 급히 도망간다.

이 네 가지 중에 어느 것이 천하의 올바른 아름다움을 안다고 하겠는가. 내가 보건대 인의(仁義)의 단서나 시비(是非)의 길은 복잡하게 얽혀서 어지럽다. 어찌 내가 그 구별을 알겠는가.

라고 말한다.

설결과 왕예는 스승과 제자의 관계이다. 설결이 스승인 왕예에게 묻기를 세상이 모든 것이 옳다고 여기는 것을 아느냐고 묻는 것이다. 이에 왕예는 마지못해 답을 한다. 그것은 "대답하는 것 자체가 어렵기 때문이다"는 전제를 하면서까지 말한다. 그러나 제자의 거듭된 질문에 어쩔 수 없는 듯 '알지 못하지만 시험 삼아 말한다' 그러면서 사람과 동물이 자는 곳, 먹는 것, 사랑하는 대상이 서로 다름을 알려준다. 사람들은 미인을 보기만 하면 뒤를 따라다닌다. 모장과 여희라는 미인을 보면 좋아라 따라다니지만 다른 짐승들은 오히려 무서워 도망을 간다는 것이다.

그러면서 여러 가지 예를 든다. 사람과 미꾸라지가 사는 장소가 같을 수 없다. 사람이 습한 진흙탕에서 자면 반신불수가 되는데 미꾸라지는 그곳에서 산다. 사람이 나무 꼭대기에 머물면 무서워 벌벌 떠는데 원숭이는 그곳에서 산다. 사람이 먹는 것과 소양 등 동물이 먹는 먹이가 다르다. 사람은 소와 양, 개와 돼지를 먹는데 사슴은 풀을 뜯어 먹고, 지네는 뱀을 먹고, 솔개와 까마귀는 쥐를 즐겨 먹는다. 이 중에서 누가 올바른 맛을 아는가. 암컷 원숭이는 수컷 원숭이가 자신의 짝으로 여기고, 사슴은 사슴 종류와 사랑을 하고 미꾸라지는 물고기와 함께 헤엄치며 노닌다. 장자는 물었다. 무엇을 기준으로 하여야 하는가.

그리고 미인을 동물들은 어떻게 볼 것인가 이어 이야기를 덧붙인다. 아름답다고 여기는 모장과 여희들은 당대의 미인들이다. 사람들은 이들을 보고 싶어 멀리서도 달려 오지만 물고기는 그들을 보면 물속으로 도망가고 새는 하늘로 날아가고, 사슴은 힘껏 달아났다. 사람의 시각과 짐승들의 시각은 엄연히 다르다는 것을 말한다.

동물들은 아무리 미인일지라도 미인이 아니라 하나의 사람에 불과하다. 자신을 해칠 수 있는 무서운 존재인 사람인 것이다. 인간의 눈에는 아름다운 미인일지 모르지만 물고기에게는 똑같은 사람에 불과하다. 인간은 자신들을 헤치러 오는 다른 동물에 불과한 것이다. 인간이 보는 기준과 동물들이 갖는 기준은 전혀 다르기 때문이다. 사람과 동물들이 사는 곳과 먹는 것 그리고 사랑하는 법 역시 다르다. 이를 인간의 시각에서 보면 모두가 잘못된 것이거나 이해할 수 없는 것이라 할 수 있다.

우리는 우리의 시각으로 판단한다. 먹는 것, 자는 것, 사랑하는 법, 사람을 보는 것 등은 우리 모두가 다르다. 그렇다면 우리 시각도 바꿔 보면 어떨까. 생명을 바라보는 시각도 조금 바꿔보면 어떨까. 우리의 시각이 아니고 다른 사람의 시각으로 보면 전혀 다른 모습을 볼 수 있다는 것이다. 우리는 자신이 생각하는 것과 조금만 달라도 그것은 잘못된 것이라 여긴다. 전체적인 분위기에 어울리는 모습이 매력임에 반하여 아름다운 부분들을 모아놓은 것은 개인의 매력을 느낄 수 없다는 것이다. 그 모습은 분명 아름답지만 매력적이지는 않다는 것이다.

우리가 추구하는 것도 이런 모습의 삶은 아닐까. 모든 것에 만족하며 살고자 하는 것, 남들이 이렇게 하면 자신도 그렇게 하고 싶어하는 것이 욕망이다. 인간이 어떤 생각을 하며 살아가는가. 무엇을 어떤 기준에서 보며 살아가고 있는가. 모든 것을 인간의 기준으로 보면 자는 곳, 먹는 것, 사랑하는 것, 그리고 아름다움의 기준도 모두 다르다는 것을 인식할 수 있어야 한다.

우리는 인간이 만물의 영장이라고 자부한다. 이것 역시 인간이 인간의 관점에서 다른 동물과 비교한 결과이다. 만약 미꾸라지나 물고기의 기준에서 보아도 그 가설이 가능할까. 이것이 바로 인간이 인간을 바라보는 고정관념이 아닐까. 인간이 만물이 영장이라는 생각에서 벗어난다면 우리는 사물을 새로운 시각으로 볼 수 있을 것이다. 이런 시각을 벗어나면 사물의 속성을 알 수 있는 새로운 길이 열릴 것이다. 인간은 아름다운 미인을 보면 가까이서 보고 싶어 한다. 그러나 물고기는 미인이 와도 숨어버린다. 인간의 눈에는 미인으로 보이지만 물고기에게는 모두가 똑같은 인간일 뿐이다. 원숭이가 인간과 비슷하다고 하여 방을 마련하고 침대에서 생활하게 한다면 그것은 지옥과 같을 것이다. 이것 역시 인간의 관점에서 바라보았을 뿐이다. 이런 것들이 고정관념이 아닐까.

창의성은 다름을 인정하는 시각에서부터 시작된다. 자신을 자신의 눈으로 보는 것이 아니라 다른 사람의 눈으로 볼 수 있어야 함을 의미한다. 개성 있는 아이들을 기르기 위해서는 부모의 눈이 아니라 다른 사람의 눈으로 보는 것. 이것이 창의성의 출발점이 아닐까. 창의성은 인간이 인간의 눈으로 보는 것이 아니라 동물이나 식물의 시각으로 볼 수 있어야 한다는 것은 아닐까.

끝날 때 아쉽지 않으려면

2012년 6월 해남 땅끝마을에서 임진각까지 우리 국토를 걸은 적이 있다. 시간당 6 내지 7킬로미터 정도로 걸었다. 그리고 16박 17일 후 임진각에 도착하였다. 6월 중순 태양도 걷기에 부담은 되지 않았다. 걷는 동안 비가 오지 않았던 것도 행운이었다. 해남 땅끝 표지석에서 임진각 평화의 종각까지 단 1미터도 건너뛰지 않고 걸었다. 어느 누구에게도 자신 있게 말할 수 있고 나 자신에게도 떳떳하고 자랑스럽다. 단지 도와주는 친구가 있어 아침, 점심, 저녁을 같이 먹는 것을 제외하고 만나는 사람도 없이 혼자서 걸었다.

"천릿길도 한 걸음부터"라는 말도 실감하였다. 길을 걷는다는 것은 스스로가 한 발 한발을 걷지 않으면 앞으로 나갈 수 없다는 것도 알게 되었다. 아무리 힘들어도 아무리 가까운 곳일지라도 내 스스로 걸어야만 앞으로 갈 수 있음도 느꼈다. 혁신교육 경기교육의 성공과 아이들의 행복과 안전한 학교를 만들어야 한다는 마음을 다지기 위한 것이었다.

걷는 데 필요한 근육을 만들어야 한다는 생각으로 시작하기 8개월 전부터 연습을 하였다. 처음 두 달 정도는 저녁 시간을 이용하여 운동장을 1시간에서 1시간 30분 정도 걸었다. 세 달 이후에는 토요일과 일요일에도 4시간 정도 둘레길을 걸었다. 점차 훈련의 강도를 높여가며 준비하였다. 칠팔 개월쯤 되었을 때는 토요일~일요일에 8시간 정도씩 걷기를 하였다. 연습을 거듭하면서 걷는 것에 어느 정도 자신이 생겼다. 그렇지만 이틀 동안 연속 걸었을 때 무리가 된다는 것을 느꼈기 때문에 얼마나 오래 걸릴지 알 수 없는 길을 걷는다는 것을 자신할 수 없었다. 연습을 하면서 오랫동안 걷는 방법은 나름 어느 정도 터득하였다. 그러나 같이 걷는 사람도 없이 더구나 한 번도 해보지 않은 일이기 때문에 걱정이 많았다. 완주할 수 있을지 장담할 수도 없었다.

주로 1번 국도를 따라 걷고 걸었다. 보통 아침 일찍 6시경에 출발해서 해지기 전에 숙소를 정하고 저녁을 먹고 하루 일정을 마무리하였다. 처음에는 성공할 수 있겠다는 자신감도 있었다. 한적한 시골 도로를 걸으며 보는 산과 들의 모습은 아름답고 평화로웠다.

그러나 시간이 갈수록 체력은 소진되고 피로는 누적되어 자신이 없어졌다. 포기하고 싶은 생각도 컸다. 주위의 만류에도 불구하고 자신 있다며 어렵게 시작하였는데 중단할 수 없었다. 무리해서라도 끝까지 완주하는 것이 절대 목표였다. 나의 자존심이기도 하였다.

갈수록 누적되는 피로에 하루를 마치면 다음 날 걸을 수 있을지 자신감은 갈수록 없어졌다. 그러면서도 임진각에 꼭 다다르겠다는 마음으로 하루를 걷고 또 하루를 이어서 걸었다. 신발이 다 헤어져서 한 켤레를 더 사서 신어야 했다. 전지 크기의 지도 8장을 마련하여 가깝고 편한 길을 찾아 걸었다. 그러나 걸어가는 길이 지도에 나온 길과 다를 때는 방황하고 당황하기도 하였다. 어려운 길도 있고 쉬운 길도 있었지만 상황에 따른 어려움도 극복하고 힘들게 목적지에 도착했다.

이런 긴 장정을 드디어 해냈다는 뿌듯함, 꼭 한번 해보고 싶은 일을 했다는 기쁨. 우리 국토를 나의 발로 직접 걸어보았다는 자부심도 가득하였다. 일생 일대 이렇게 오랜 기간을 걷고 끝까지 해냈다는 것은 무엇과도 비교할 수 없는 긍지이기도 하였다.

지금 생각해 보면 어떻게 이런 일을 할 수 있었을까 하는 생각도 든다. 그러나 그때 해보지 않았다면 이것마저도 하지 못하였을 것이다. 좀 더 곰곰이 생각해 보면 정말 아쉽고 후회스러운 것이 있다. 그것은 걷는 동안 마음의 여유를 갖지 못하였다는 것이다. 지나는 길 근처에 유적지도 있고 명승지가 많고 역사적 지역도 많았다. 지나가야 할 길에서 조금만 더 들어가며 조금만 더 걸어가면 여러 곳을 볼 수 있었는데 마냥 걷는 것에만 집중하였던 것이다. 그런 곳을 거쳐 좀 쉬었다 가기도 하고, 역사적 의미도 새겨보는 마음의 여유를 가지고 걸었다면 더 좋은 생각을 하고 구경도 할 수 있었을 것이다. 더 풍요로운 국토걷기가 되었을텐데…

그렇게 하지 못한 것이 너무 아쉽다. 그때는 그냥 걷고 목적지에 도달해야겠다는 마음뿐이었다. 하루라도 빨리 목적지에 도착하고 싶은 마음에 다른 생각을 하지 못한 것이다. 두 번 다시 이렇게 이 길을 걷을 기회는 없을 것이다.

우리가 사는 삶도 이런 것이 아닌가 하는 생각이 든다.

어떤 목적을 정해두고 그 목적만을 이루겠다고 앞만 보고 달려가는 것은 아닐까. 그저 어떤 목적을 이루어야겠다는 마음에 그 생활에서 누려야 할 행복을 누리지 못하는 우를 범하고 있지는 않는지 모르겠다.

달생편에 나오는 이야기이다.

> 생명이 오는 것을 막을 수 없고 생명이 가는 것을 그치게 할 수 없다(생지래불능각 기거불능지 (生之來不能却 其去不能止).
>
> 슬프다.

세인들은 형체를 보양하면 생명을 보존할 수 있다고 생각한다.

10월이 되고 겨울에 접어들면 학교는 일 년의 결실을 맺기 위해 이런 저런 행사가 많다. 어떤 경우에는 행사를 위한 행사를 하는 경우도 있다. 이름하여 보여주기 위한 행사도 있다. 이런 실적 알리기에 급급한 행사에 아이들 관심은 뒷전으로 밀려나고 관심은 덜해지기 쉽다. 그동안 관심이 덜했던 아이에게 눈길 한 번 더 주고 손 한 번 더 잡아주는 소소하고 사소한 만남을 위한 장이 되면 더 좋을 텐데….

졸업식장에서는 3년 동안 또는 6년 동안 공부 잘하고 우수한 사람들에게만 서열에 따라 상을 주고 격려한다. 지금은 많이 개선되었지만 대부분의 아이들은 들러리에 불과한 경우도 있다. 학습을 잘하는 아이들을 격려하고 그런 분위기를 만들기 위해 자극을 주는 것은 필요하다. 자신의 노력으로 성취하고 대회에 나가 상을 받아오는 것도 중요하다. 이런 자랑스러운 모습을 보고 자극을 받아 자신도 할 수 있다는 다짐의 기회가 된다면 더 없이 좋을 것이다.

그러나 아이들의 모든 것은 학습력뿐인가? 아이들의 자랑은 각종 대회에 출전하여 상을 받는 것만이 자랑일 수 있는가. 자신의 일을 하루하루 성실하게 그리고 조금씩 조금씩 향상되어가는 대부분의 아이들에게는 어떤 찬사를 보내줄 수 있을까. 이들에게도 함께 즐기고 함께 격려와 응원을 해주는 행사는 가능할까.

귀중하게 만난 1년의 과정, 또는 3년의 그 시절은 다시 오지 않는다. 유난히 말썽꾸러기가 많았던 아이들도, 귀엽고 착하고 성실한 아이들도 다음에는 다시 보기 어렵다. 한 번 지나 온 길을 다시 되돌아 가기 어렵다. 힘들더라도 조금 더 잘 해줄 걸….

인생은 짧고 지식은 끝이 없다

암에 걸렸거나 불치병에 걸린 환자를 두고 우리는 '시한부 인생'이라 한다. 병마와 싸우는 암 환자는 자신의 삶이 얼마 남지 않았음을 안다. 환자는 자신의 그 짧은 시간에나마 자신을 되돌아 보고 성찰하는 시간을 갖는다. 그때가 돼서야 많은 것을 내려놓고 비로소 삶의 진정한 의미를 찾고 의미 있는 시간을 보내려 노력한다. 말기암 환자는 처절하게 투병하지만 결국 이겨내지 못하는 경우가 대부분이다. 병을 앓고 있는 사람들을 보면 젊었을 때 고생 고생하다 이제 살 만하다 싶으면 찾아온다. '이제 좀 편하게 살려고 했는데…' 이제 좀 살겠다 싶었는데 찾아오는 병환이 안타까운 현실이기도 하다.

불치병이라는 판단을 받고 나며 그들의 삶은 전혀 달라진다. 그동안 자식 키우기에 바쁘고 살림 불리기 위해 아등바등 살았던 삶이 이제는 병과 자신과의 처절한 투쟁을 한다. 암 선고를 받고 난 시한부 삶은 병마와 싸우다 결국 인생을 마친다.

암 환자의 고통을 지켜보면서 우리는 건강이 최고라며 자신의 건강을 되돌아보는 계기가 되기도 한다. 하지만 그런 마음도 그때뿐이다. 언젠가는 죽는다는 엄연한 사실을 잘 알고 있으면서도 자신의 삶에 대해서는 대수롭지 않게 생각하는 대범한 용기(?)를 가지고 있다. 말기암 환자는 병마가 정해준 시한부 삶을 살았듯이 우리들 역시도 시한부 삶을 산다.

말기의 암 환자만이 정해진 기간의 삶을 사는 것이 아니라 평균 삶이 80세가 되었고 예전보다 오래 살게 되었다고는 하지만 90세를 살아도 백 세를 살아도 우리의 삶은 시한부 인생이다. 우리 모두는 태어나면서부터 죽음을 받아 놓은 '시한부' 삶을 살고 있지 않는가. 그러면서도 우리의 삶이 시한부 인생이라 생각하지 않는다.

먹고살기에 바쁜 우리는 더 많은 지식 쌓기, 욕망 채우기에 급급하며 생활한다. 자아실현의 고상한 환상의 덫은 세상의 지식을 알아야 한다는 무모한 열망과 욕망으로 유혹한다. "아는 것이 힘이다"라는 말이 우리 시대 최고의 가치가 되었다. 더구나 지식정보사회에서 절대절명의 가치이다. 이 가치는 끝이 보이지 않는 지식쌓기 경쟁 속으로 더 깊게 밀어넣는다. 개인은 최대한 많이 그리고 보다 빨리 지식을 쌓아야 한다는 강박관념에 사로잡혀 조금이나마 더 생생한 지식과 정보에 가까이 가기 위해 노력해야 한다. 그런데 노력할수록 결국 정보의 늪으로 깊게 빠져들게 한다.

양생주편에 나오는 이야기이다.

> 우리의 삶에는 끝이 있지만 지식은 끝이 없다.
> 끝이 있는 것을 가지고 끝이 없는 것을 추구하게 되면 위태로울 뿐이다.
> 그런데도 지식을 추구하는 것은 더더욱 위태로울 뿐이다.
> *(오생야유애 이지야무애: 吾生也有涯 而知也无涯)*

유한한 삶은 삶이 끝이 있음을 의미이다. 삶은 오직 한 번뿐이라는 것이다. 절대 돌아오지 않는 단 한 번의 삶을 살면서 자신을 되돌아볼 여유를 갖지 못하고 사는 것이 우리이다. 직장생활을 잘하는 유능한 직장인은 자신의 업무에 관해서는 잘 알고 있으면서도 정작 자신에 대해서는 잘 알지 못한다. 이는 세상의 무한한 지식에는 해박한데 유한한 자신에 대해서는 무지하다. 그래서 자신을 알아야 한다고 했을까.

아이들에게도 행복해야 한다고 하면서 정작 우리는 지식쌓기 경쟁을 부추긴다. 아이들을 위한 교육이 되어야 한다고 하면서 정작 기성세대를 위한 교육을 한다. 우리는 흔히 물고기를 주지 말고 물고기 잡는 방법을 가르쳐야 한다면서 정작 물고기만을 더 주려 하고 있다.

우리 학교는 삶을 가르치기 보다는 더 많은 지식을 가르치고 있다. 과도한 학습량에 아이들이 신음하고 질식 상태에 있음을 잘 알고 있으면서도 우리는 지식으로 끝없는 경쟁을 유인한다. 이는 아이들을 무한한 지식의 동굴에 가두고 동굴 속만을 헤매게 하는 것과 비슷하다. 이런 환경 속의 아이들은 동굴 속을 헤매는 하루살이가 되어 허깨비를 좇기에 바쁜 존재로 전락하고 만다. 자신에 대한 앎보다 세계에 대한 앎을 강조할수록 개인은 자신을 잃고 개개인의 삶을 멀어지고 거대한 메커니즘에서 벗어나지 못하게 한다. 이것이 '삶'과 '지식'의 관계인 것이다.

지식은 끝이 없지만 삶은 유한하다. 이것은 성인에게만 유효한 것이 아니다. 아이들의 삶도 유한하기는 마찬가지이다. 우리 모두의 삶은 유한하기 때문이다. 이처럼 유한한 삶을 살고 있으면서 끝을 알 수 없는 지식경쟁에 빠져 있는 것이 우리의 현실이다. 아이들의 행복한 삶을 위해서는 학교에서의 학습량을 최소화할 필요가 있다. 과도한 학습량을 줄이고 자신의 삶에 관해 고민할 기회를 더 많이 제공하여야 하지 않을까. 우리는 무한한 지식경쟁이 위험한 삶이 된다는 것을 알면서도 그 위험 속으로 아이들을 계속 빠져들게 하고 있다. 아이들의 삶도 시한부 삶임을 알고 있으면서도 시한부 삶이라는 것을 헤아려 주지 않는다. 지식은 끝이 없지만 우리 모두의 삶은 유한함을 강조한다.

우리의 교육 생태계는 유한한 삶에 끝을 알 수 없는 지식경쟁에 빠져들게 하고 있는 것 같다. 이를 벗어나기 위해 기초기본교육을 충실하여 그 기초 위에서 자신의 삶을 설계하고 살아갈 수 있도록 하여야 하는 것은 아닐까. 학습량을 늘려 누가 학습의 성취를 높였느냐가 아니라 자신의 삶을 고민하는 교육을 하여야 하는 것은 아닐까. 이를 위해서는 사회적으로 평가에 관한 인식이 바뀌어야 하는 것은 아닐까. 학교에서도 학습에 관한 평가 방법 개선에 적극적으로 노력해야 하는 것은 아닐까.

우리는 삶과 지식이 무엇이 더 유한하고 무엇이 무한한가. 삶 속의 지식인가. 지식 속의 삶인가, 삶의 가치가 무엇인지를 깨닫게 하는 교육에 고민해야 한다.

나가는 글

장자 사상을 공부하면서 우리 삶을 다시 보고 생각하였다. 그 과정에서 인간의 본질을 보려고 노력하였다. 인간은 자기본위이며 모든 생물은 살려는 의지를 가지고 있다. 이러한 생존의 본능은 자기본위적 삶을 영위하게 한다. 이런 자기본위적 삶의 근원은 모든 생명이 살기 위한 생존욕구이며 생존하기 위한 처절한 생존의 과정이다. 인간의 삶 역시 생존하기 위한 생존 투쟁인 것은 두말할 필요는 없다. 이를 우리는 인간이 지닌 욕심이며 욕망이라 한다.

교육 역시 인간이 지닌 생존을 보다 잘 살기 위한 방법에 지나지 않는다. 자기를 보존하고 생존을 위한 생득적 본능적 활동인 것이다. 인간은 누구나 자신이 타고난 잠재능력을 최대한 발휘하고 싶어한다. 이러한 인간의 삶을 우리는 자아실현이라 말하고 이를 궁극목적이라 한다. 그러나 자신의 능력을 발휘한 사람은 거의 없다.

장자는 이러한 인간의 욕망을 절대자유라 하였다. 이 경지에 이른 사람을 성인, 군자, 지인, 신인 등으로 불리우고 있지만 이 절대자유의 경지에 이른 사람도 없고 누리는 사람도 없다. 장자가 말하는 절대자유도 마찬가지이다.

그러함에도 불구하고 왜 인간은 배우고 가르치는 일에 하루도 쉬지 않고 끊임없이 계속되는 것일까. 왜 때와 장소를 가리지 않고 지속되는 것일까. 그것은 가르치고 배우는 활동이 다른 무엇과도 바꿀 수 없는 인간의 본능이기 때문이다. 우리는 이를 중요하게 생각하면서도 한편으로 너무 제도적 또는 피상적으로만 생각하였다. 교육의 필요성은 인정하면서도 누구도 그 본질적인 문제 제기를 소홀히 한 것은 아니었을까.

이번 기회를 통하여 우리 교육 현실을 좀 더 객관적으로 보려고 다른 나라의 교육도 살펴보았다. 우리의 교육 현실이 너무 유별나게 출세지향적이며 자기중심적인 것이 아닌가 하는 생각도 하였다. 우리나라가 입시와 교육에 너무 집착하고 치열한 것이 아닌가. 그러나 이는 비단 우리나라만 그러한 것이 아니었다. 우리와 가까이 있고 비슷한 문화를 지닌 동아시아의 중국과 일본은 우리보다 더 치열하였다. 중국과 일본만이 그러는 것이 아니었다. 명상과 사유와 종교의 나라 인도는 조용하고 사색적일 것으로 생각하였다. 그러나 인도에서도 마찬가지였다. 오히려 더 치열한 것이 아닌가 하는 생각이 들 정도였다. 예술과 자유의 나라 프랑스에서도, 유대교를 믿는 유대인의 나라 이스라엘에서도, 복지가 잘 되어 있다는 핀란드에서도 예외는 아니었다. 아프리카의 오지에서도 삭막한 사막의 유목민에게도 배움을 향한 열정은 모두 동일하였다.

가르치고 배워야 하는 활동은 그야말로 살아가는 삶의 열정이며 365일 단 하루도 쉬지 않고 있다. 잘사는 나라는 잘사는 나라대로, 못사는 나라는 못사는 나라대로, 선진국은 선진국을 유지해야 하기 때문에, 못사는 나라는 더 잘살아야 하기 때문에, 그 이유는 달랐지만 세계 각국 어느 나라, 어느 곳 하나 빠지지 않고 교육과 배움에 전념하고 있다. 잘살고 못사는 것과는 관계가 없었다. 그 이유는 다양하지만 어느 곳 하나 빠짐없었다.

국가만이 그러한 것은 아니다. 국가는 국가 나름으로 노력하고 개인은 개인 나름으로 배움을 게으르고 소홀히 하지 않고 있다(우리나라와 동양문화권 국가들이 더욱 특별하고 유별난 것으로 이해하였지만 결코 그런 것만은 아니었다).

또 이러한 교육과의 전쟁은 지금뿐이 아니었다. 옛날 평화로웠던 시대에도 (우리가 생각하기에 편안하게 살았을 것 같지만 실상 평화롭지 못했던 시기도 많았다) 교육하고 배우는 것은 예외는 아니었다. 기록상으로만 보면 수메르 지역이 최초로 나타났지만 인류가 시작하면서부터 교육과 배움이 시작되었을 것이고 그 과정 역시 치열하였다. 그 교육과 배움의 치열함은 지금이나 예전이나 변함이 없었다.

배우는 목적도 개인의 발전을 위해 또는 가족을 위해, 사회를 위해, 국가를 위해, 지역에 따라 차이가 있을 뿐이었다. 공부하는 방법이 달라 암기 위주인 곳이 있고, 암송을 위주로 하는 곳도, 논쟁과 토론을 즐겨하는 곳도 있지만 그것은 문화의 차이에 따라 달랐을 뿐. 어느 곳도 교육과 배움을 게을리하는 나라, 게을리하는 개인은 없었다.

그러나 이 과정에서 개인은 갈수록 유용성의 가치에 매몰되어 가고 그 경쟁의 끝은 없다. 보다 나은 삶을 살기 위한 개인적, 사회적, 국가적 욕구는 이를 더욱 심화시키고 있으며 배울수록, 배움이 필요할수록 개인 간의 불평등은 커지는 현상을 보고 있다.

이를 해결할 수 있는 방법은 없는 것인가. 완전학습이론을 다시 살펴보았고. 옥스퍼드대학의 시스템을 생각해 보았다. 왜 옥스퍼드대학에만 1:1 튜터 시스템을 실시하여야 하는가. 완전학습은 여러 연구와 실천을 통하여 그 효과가 있음을 인정하면서도 개개인에게 현실화되지 않는 것은 무척 안타까운 일이다.

　인간이 교육을 통해서만 개인의 자아실현을 이룩할 수 있다면 모든 사람에게 학습할 수 있는 모든 조건을 마련하여야 한다. 그것은 교육이 기회평등에서 과정평등으로, 과정의 평등을 넘어 결과의 평등이 이루어져야 함을 의미한다면 더욱 그러하다. 이 길은 완전학습의 길이며 학습의 개별화 그리고 자기주도적 학습을 위한 가장 확실한 장이 되지 않을까. 인공지능의 발달과 활용이 계기가 된다면 이 새로운 학습세계를 만들 수 있지 않을까. 이는 그 어느 때보다 확실히 실현될 가능성이 한층 높아졌다고 생각한다.

　교육은 배우는 목적과 방법, 개인과 국가, 시대에 따라 달랐지만 교육과 배움 그 자체는 끝이 없다. 이것이 우리 인류의 과거이고 현재의 모습이다. 미래에도 이러한 모습은 여전히 지속될 것이다. 이는 무엇을 말하는 것인가. 배우지 않으면 자신의 삶을 살 수 없다는 것과 문명이 발달할수록 배우지 않으면 생존할 수 없다는 것을 말하고 있다. 생존을 위한 의식주를 해결하기 위하여 교육이 필수적 요인이 되었다. 이제 의식주보다 우선되는 것이 교육이라면 우리는 교의식주 시대에 살고 있다고 할 수 있다. 우리가 민주주의를 떠나서 살 수 없듯이 우리의 삶은 교육과 학습의, 교육과 학습에 의한, 교육과 학습을 위한 삶을 산다고 할 수 있다.　이런 점들이 인간을 교육적 동물, 배움의 존재로 바라보아야 한다.　이것은 인류와 개인의 행복을 위한 변함없는 인류의 여정이 될 것이다.

참고문헌

국내 도서

강순원,『평화, 인권, 교육』, 한울, 2000.

강신주,『노자 혹은 장자』, 오월의 봄, 2014.

강신주,『망각과 자유』, 갈라파고스, 2014.

강신주,『장자, 차이를 횡단하는 즐거운 모험』, 그린비, 2007.

고형렬,『장자의 하늘, 시인의 하늘』, 나남, 2011.

고형렬,『바람을 사유하다』, 희래출판사, 2013,

고창규 외 공역,『국가와 교육』, 배영사, 1991.

기세춘,『장자, 바이북스』, 2011.

김광웅,『우리는 미래에 무엇을 공부할 것인가』, 2009.

김동성 역,『장자』, 을유문화사, 1969.

김만겸,『장자철학의 세계』, 이문출판사, 2005.

김인회,『교육과 민중문화』, 한길사, 1983.

김인회,『학국교육의 역사와 문제』, 문음사. 1997.

김정탁,『제물론』, 성균관대학교 출판부, 2012.

김학주,『장자, 절대적인 자유를 꿈꾸다』, 연암서가, 2010.

김정환, 심성보 역,『세계교육사』, 풀빛, 1997.

민들레,『교육통념 깨기』, 민들레 편집실, 2010.

박문호,『뇌(생각의 출현)』, 휴머니스트, 2008.

박희채,『장자의 생명적 사유』, 책과 나무, 2013.

사이토 다카시, 홍성민 역,『세계사를 움직이는 다섯 가지 힘』, 뜨인돌, 2010.

서울평화교육센터 엮음,『대안교육의 모델과 실천』, 내일을 여는 책, 1997.

신영복,『강의, 돌베게』, 2004.

심성보,『한국교육의 새로운 모색』, 내일을 여는 책.

안동림,『장자』, 현암사, 2011.

안병주·전호근 공역, 『장자, 1~3』, 전통문학연구원, 2008.

안희진, 『장자: 21세기와 소통하다』, 시그마북스, 2009.

양승권, 『장자, 너는 자연 그래도 아름답다』, 한길사, 2013.

오강남, 『장자』, 현암사, 2011. 유네스코 21세기 세계위원회 편, 『21세기 교육을 위한 새로운 관점
　　　과 전망』, 도서출판 오름, 1997.

이돈희, 『교육정의론』, 고려원, 1997.

오욱환, 『교육과 사회변동』, 교육과학사, 1996.

오욱환, 『학교교육과 불평등』, 교육과학사, 1996.

오천석, 『스승』, 교육과학사, 2001.

우메네 사토루, 김정환 외 역, 『세계교육사』, 풀빛, 1997.

이규환, 『자본주의 사회의 교육』, 창작과 비평사, 1995.

이석명, 『장자, 나를 깨우다』, 북스톤, 2015.

이종태, 『대안교육과 대안학교』, 민들레, 2001.

이홍우, 『교육의 목적과 난점』, 교육과학사, 1998.

이홍우, 『교육의 개념』, 문음사, 1993.

장은주, 『생존에서 존엄으로』, 나남, 2007.

정용선, 『장자의 해체적 사유: 상식을 뒤집는 유쾌한 사유 실용적 장자 읽기』, 사회평론

정용선, 『장자, 나를 해체하고 세상을 해체하다』, 빈빈책방, 2019.

정용선, 『장자, 위대한 우화』, 인간의 기쁨, 2016.

정범모 편, 『교육난국의 해부』, 나남출판, 1995.

정범모, 『인간의 자아실현』, 나남출판, 1997.

정범모, 『한국의 내일을 묻는다』, 나남출판, 2004.

정범모, 『미래의 선택』, 나남출판, 1998.

정범모 외, 『교육본연을 찾아서』, 나남, 1994.

정범모, 『한국의 교육세력』, 나남출판, 2000.

전상인외, 『배움과 한국인의 삶』, 나남, 2008.

정진배, 『장자, 순간 속 영원』, 문학동네, 2013.

조평호, 『단국대 2018, 현장교육연구』, 단국대 현장교육연구소, 2018-01-제2집.

탁양현, 『장자철학』, 퍼플, 2014.

한신대 출판부, 『한국교육의 재인식』, 1998.

한준상, 『이교육』, 아침이슬, 2003.

한준상, 『새로운 교육학』, 한길사, 1981.

한준상, 『한국교육의 갈등구조』, 연세대학교 출판부, 1991.

한준상, 『한국교육의 민주화』, 연세대학교 출판부, 1992.

외국 도서

로널드 드워킨, 염수균 역, 『자유주의적 평등』, 한길사, 2006.

린다 달링 외 2인, 심성보 외 옮김, 『세계 교육 개혁』, 살림터, 2017.

마이클 애플, 박부권 외 역, 『교육과 이데올로기』, 한길사, 1985.

마이클 애플, 최원영 역, 『교육과 권력』, 1991.

윌리엄 블레이크, 김종철 역, 『천국과 지옥의 결혼』, 민음사, 1990.

조웰 스프링, 심성보 역, 『교육과 인간해방』, 1985.

존 롤즈, 황경식 역, 『사회정의론, 세광사』, 1989.

칼 융, 이부영 역, 『분석심리학』, 일조각, 2007.

켄 로빈슨 저, 정미나 역, 『학교혁명』, 21세기 북스. 2015.

헤르만 기섹케, 조성식 역, 『근대 교육의 종말』, 내일을 여는 책, 2002.

헨리 지루, 이경숙 역, 『교사는 지성인이다』, 아침이슬, 2001.

Papaiia. D.E, 박성연 역, 『교육과학사』, 1996.

Water Feinberg, Jonas Sotis, 고형일, 이두일 옮김, 『학교와 사회』, 풀빛, 1996.

논문

윤지원, 김원명, 「장자의 환상 그가 꿈꾸는 무하유지향」(새한철학논문집), 철학논총 75(1), 2014

이종성, 「장자 철학에 있어서의 마음 닦음의 해체적 성격」, 철학논총, 새한철학회, 21집, 2000.

이종성, 「장자 철학에서의 '성심'에 대한 성찰」, 대동철학, 대동철학회, 23집. 2003.

장윤수, 「장자철학의 정신치료적 함의: 자유이념과 좌망의 방법을 중심으로」, 새한철학논문집철학
　　　논총, 2007, 50(4).

정륜, 「도가의 생명존중 사상」, 범한철학회 논문집, 범한철학, 2004, 35

송정애, 「장자철학에 있어서 언어와 실재의 문제」, 새한철학회 논문집, 철학논총, 2013, 73(3)

허수선, 「장자사상을 통한 한국교육의 대안 모색」, 새한철학회 논문집, 철학논총, 2013, 75(3)

사전

박해용, 심옥숙, 『철학 용어 용례』, 돌기둥 출판사, 2005.

엘리자베스 클레망 등 3인 이정우 역, 『철학사전』, 동녘, 2006.

우리 사상 연구소, 『우리말 철학사전(1~5)』, 2007.

임석진 외 25인, 『철학사전, 도서출판 중원문화』, 2008.